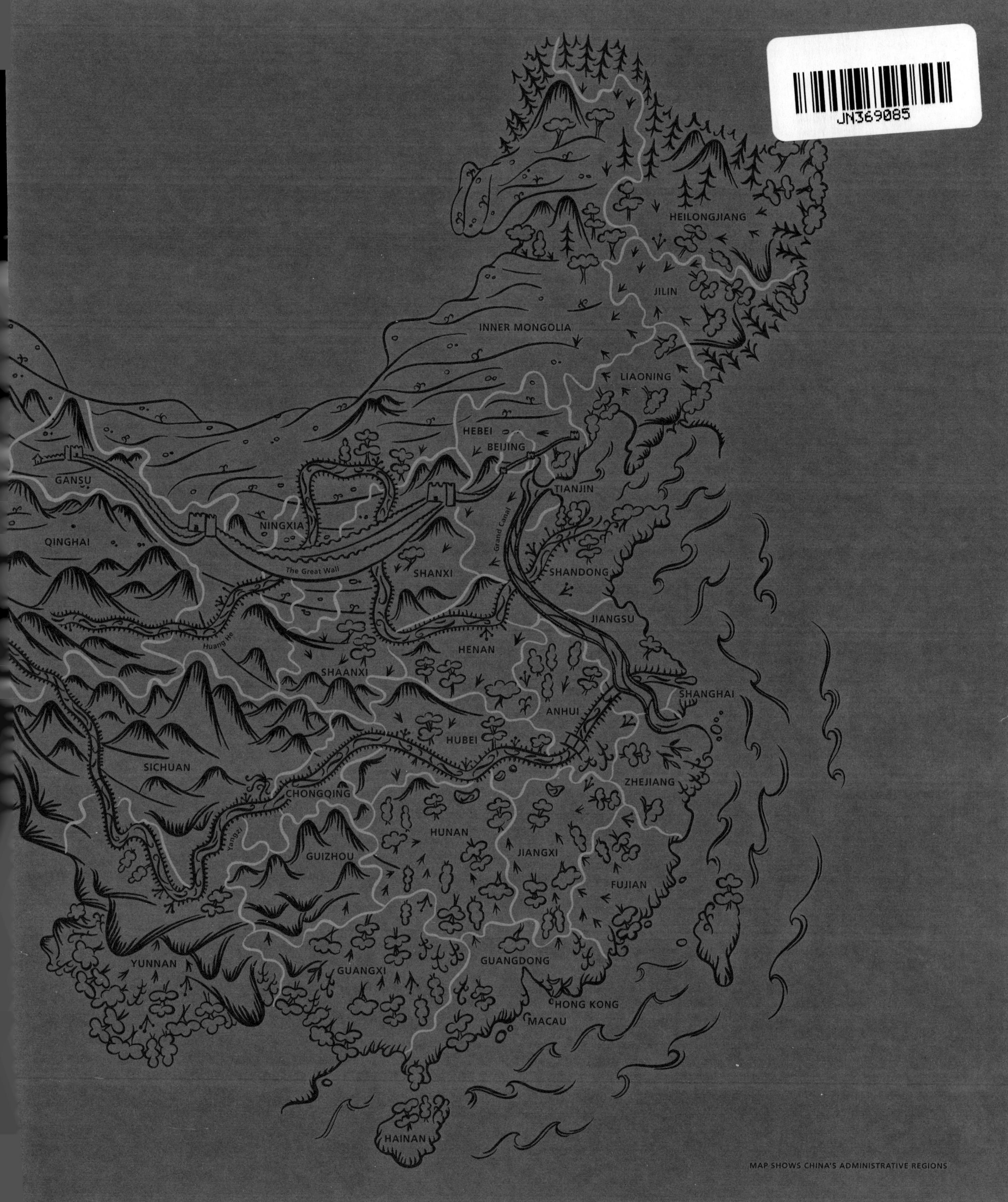
MAP SHOWS CHINA'S ADMINISTRATIVE REGIONS

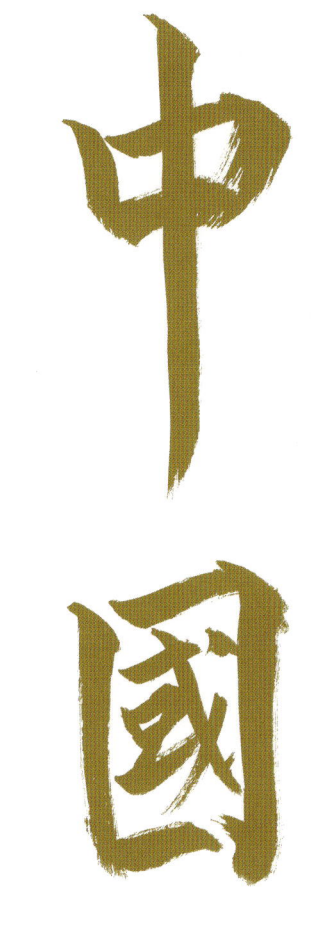

中國
CHINA

세상에서 가장 큰 중국책
CHINA

민안치, 크리스토퍼 필리츠, 로널드 냅, 피터 네빌-해들리, 앨리슨 베일리, J.A.G. 로버츠, 낸시 S. 스타인하르트 지음 | 최경화 옮김

A DORLING KINDERSLEY BOOK
WWW.DK.COM

ORIGINAL TITLE: CHINA
COPYRIGHT©2007 DORLING KINDERSLEY LIMITED, LONDON
FOREWORD©2007 ANCHEE MIN

세상에서 가장 큰 중국책
CHINA

지은이 / 로널드 냅, 피터 네빌-해들리 외

옮긴이 / 최경화

1판 1쇄 발행 / 2008년 5월 15일

발행인 / 이영혜

발행처 / 디자인하우스

서울시 중구 장충동 2가 162-1 태광빌딩

우편번호 100-855, 중앙우체국 사서함 2532

대표전화 (02) 2275-6151, 팩시밀리 (02) 2275-7884

www.design.co.kr

등록 / 1977년 8월 19일, 제 2-208호

편집장 / 진용주

편집팀 / 김은주, 장다운

디자인팀 / 이선정, 김희정

마케팅팀 / 박성경

영업부 / 공철우, 손재학, 이태윤, 이영상, 윤창수, 정홍천, 천연희

이 책은 영국 Dorling Kindersley사와 도서출판 디자인하우스의
한글판 독점 출판 계약에 의해 발행되었으므로 무단 전재와 복제를 금합니다.

이 도서의 국립중앙도서관 출판시도서목록(CIP)은
e-CIP 홈페이지(http://www.nl.go.kr/cip.php)에서 이용하실 수 있습니다.
(CIP제어번호: CIP2008000428)

ISBN 978-89-7041-957-2

값 38,000원

designhouse

일러두기 / 이 책에 실린 중국어 인명과 지명의 표기는 현행 맞춤법에 따라 중국어 원음대로 표기하였으나,
인명의 경우 1911년 신해혁명을 기준으로 이전의 인명은 우리 한자음으로 표기하였다.
지명의 경우에도 현재 사용하지 않는 지명은 우리 한자음으로 표기하였다.

CONTENTS 차례

머리말	6
풍경 중국의 지평선	
고지대 산, 고원, 초원	10
중간지대 사막, 스텝 지역, 강	36
저지대 언덕, 해안	64
역사 중국 이야기	
중국의 기원 신석기와 청동기 시대, 기원전 1122년까지	80
사상의 시대 주와 진 왕조, 기원전 1122-206년	82
중국의 형성기 한 왕조, 기원전 206년-기원후 220년	86
분열된 제국 첫 번째 분열기와 수 왕조, 220-618년	90
황금기 당 왕조, 618-907년	94
강력해진 남부 두 번째 분열의 시기와 송 왕조, 907-1279년	98
몽골의 지배 원 왕조, 1279-1368년	102
근세의 중국 명 왕조, 1368-1644년	104
세 황제 초기 청 왕조, 1644-1800년	110
위기의 중국 청 왕조 중기, 1800-80년	112
제국의 종말 청 후기와 공화국 초기, 1880-1928년	116
혁명으로 가는 길 국민당 시대, 1928-49년	118
중화인민공화국 마오쩌둥 치하의 중국, 1949-76년	120
마오 이후의 중국 현대 중국, 1976-2010년	124
중국의 미래 2010년 이후의 인민공화국	128

사람 일상의 풍경

황토 계곡의 농부 황토 경작, 산시 성	132
서예가 붓과 먹의 예술가, 베이징	140
차 생산자 찻잎을 따고 차를 만드는 이들, 윈난 성	146
장인 전통 악기 제작, 카슈가르	154
모쒀의 여가장 농가의 가장, 윈난 성	162
은퇴한 교사 친구와 가족들과 삶을 즐긴다, 상하이	170
학생 초등학교 학생, 산시 성	174
불교 승려 사원에서의 기도와 명상, 칭하이 성	184
중국 한의사 대체의학자, 윈난 성	192
귀뚜라미 장수 관위안 시장의 상인, 베이징	202
축제 책임자 사원의 축제 준비, 푸젠 성	208
사업가 보석 공예와 판매, 쑤저우	216
어부 지산 섬에서 어업, 저장 성	220
월극 배우 순회공연 중인 월극단, 저장 성	226

문화 중국의 정신

정신세계 중국 문화의 오랜 뿌리	234
철학과 종교 제자백가	242
붓의 길 서, 화, 시	252
고전문학 중국의 위대한 소설	266
전통 극 중국 희곡의 핵심	276

건축 나라를 짓다

성우러우 청 왕조 때의 하카 거주지, 푸젠 성	282
우팡팅 명 왕조 때의 거주지, 청칸, 안후이 성	288
사합원 벽으로 둘러쳐진 전통 주택, 베이징	292
각주 주택 둥족의 주거지, 광시 자치구	296
진마오 타워 88층의 호텔 겸 사무실 건물, 상하이	300
어우위엔 청 왕조 때의 개인 정원, 장쑤 성	308
베이젠 다리 지붕 덮인 무지개다리, 저장 성	312
쥐융관 원 왕조의 길, 만리장성, 베이징	314
만페이룽 백탑 다이족 불교 사원, 만페이룽, 윈난 성	318
쉬안쿵시 허공에 매달린 사원, 산시 성	324
틴하우 사원 천후의 신전, 홍콩	328
천단 명 왕조의 사원, 베이징	332
룽싱시 송 왕조의 불교 사원, 허베이 성	336
이드카 모스크 이슬람 사원, 신장-위구르 자치구	342
융러궁 도교 사원, 산시 성	346
수미푸서우 먀오 전통 티베트 사원, 청더, 허베이 성	350

찾아보기	356

FOREWORD 머리말

前言

옥 장식에 금실 옷을 입은 여인이
웃으며 향기의 흔적을 남기고 군중 속으로 사라져
인파 속에서 다시 찾아보아도
그녀는 보이지 않는구나
피리 소리가 울리고 보름달이 빛난다
밤바람은 자두나무를 꽃으로 장식하고
별들을 우수수 떨어뜨린다
실망하여 슬픈 마음으로 돌아서려 할 때
내 초롱불이 희미하게 빛나는 곳에서 여인이 나타나네

이 책을 처음 펼쳤을 때 12세기 시인 신치지의 시가 떠올랐다. 사랑하는 내 조국의 강산과 사람들의 사진이 내 기억을 휘저어 놓았다. 나는 중국에서 태어나 이십칠 년 동안 그곳에서 살았다. 중국은 〈붉은 진달래꽃〉〈마오 부인 되기〉〈난초 황후〉〈마지막 황후〉 등 내 저서의 주제였다. 오랫동안 난 서양 친구들에게 내가 태어난 곳을 설명해주고 싶었으나 그럴 수가 없었다. 그러나 이제 이 책으로 가능해졌다. 이 책을 만든 사람들은 중국인이 아니지만 그들은 내 조국의 정수를 잘 잡아냈다. '풍경: 중국의 지평선' 장을 보면서 난 사진작가들이 인간의 다리로 어떻게 그 위치에서 사진을 찍을 수 있었는지 놀라고 말았다. 또한 그들이 완벽한 빛을(혹은 그림자를) 잡아내기 위해 얼마나 일찍 일어나야 했는지(혹은 얼마나 늦게까지 깨어 있었는지) 그리고 몇 번이나 이런 사진을 찍기 위해 시도했는지 궁금해졌다.

이제껏 난 내가 중국을 잘 안다고 생각했는데 이 책의 시각은 그보다 더 놀라웠다. 예를 들어 난 중국의 전통 과자를 현대의 서양식 음료 옆에 나란히 배치하여 보여준다는 것을 생각해본 적이 없었다(182-83쪽). 전혀 기대하지 않았으나 명석한 선택은 '서도'였다(252-65쪽). 대나무, 산, 꽃 핀 복숭아나무, 구름의 혼합이 서예이며 이들은 중국의 서예가 무엇인지 잘 설명해준다. 어린 시절 붓을 다루는 법을 배울 때 선생님께서 말씀하셨다. "붓을 대나무처럼 곧게 잡아라. 글씨가 산처럼 자리 잡도록 써라. 네가 긋는 획이 복숭아꽃처럼 피어나게 하고 하늘의 구름처럼 변화무쌍하도록 써라." '고전문학'(266-75쪽)에서는 지혜,

도덕, 철학을 통해 수천 년의 중국 역사를 구체화했다. 이 책에 〈삼국지〉〈서유기〉〈수호지〉〈홍루몽〉이 소개되어 기쁘다. 난 특히 〈삼국지〉의 영웅이 나라를 구하기 위해 배를 타고 강을 건너는 장면을 묘사한 그림이 마음에 들었다. 이 그림은 황제를 위한 영웅의 충정이 얼마나 가치 있는지를 명확히 표현하고 있다. 이로써 현대의 지도자 마오쩌둥이 어떻게 국가를 조종하여 문화혁명을 일으킬 수 있었는지가 설명된다.

최근 중국의 변화는 '건축'과 '사람' 장에서 설명되고 있다. 건축물들이 이루는 장관을 볼 수 있도록 책 속의 건축기행은 고대의 천단에서 상하이에 있는 현대식 진마오타워까지 이어진다. 모두 상징과 예술적인 측면에서 최고의 건축이다. '사람' 장에서 월극을 준비하며 화장하는 여인의 사진은 날 감동시켰다(226쪽). 내가 그 여인이던 때가 있었기 때문이었다. 친구와 나는 문화혁명 중 대중에게 공산주의의 메시지를 전달하는 마오쩌둥의 선전용 연극에 참여해야만 했다. 전통 곡조에 대사만 바꾼 공연이었다. 이 시절은 학교가 세뇌를 위한 기관으로 변모했던 때였고 우리는 마오쩌둥의 어록을 발췌한 〈붉은 수첩〉만 읽을 수 있었다. 우리 가족의 식량은 다 떨어졌고 난 쓰레기더미에서 먹다 남은 음식을 차지하기 위해 이웃 아이들과 싸웠다. 그때 난 연극에 몰두했었는데 그것을 통해서 당시의 삶에서 탈출할 수 있었기 때문이었다. 화장으로 아름다운 가면을 쓰게 되면 나는 여걸의 삶을 살게 되었다. 사진 속 소녀의 얼굴 표정과 사과 같은 뺨을 보건대 그녀는 가난에서 벗어나기 위해 화장을 하는 것 같진 않다. 이 소녀는 풍족한 삶을 살고 있으며, 제 삶을 즐기고 있다.

閔安琪

ANCHEE MIN

LANDSCAPE
风景
CHINA'S HORIZONS
풍경 중국의 지평선

중국의 국토 면적은 미국과 비슷하고 유럽에 비해서는 두 배나 크다. 그렇다보니 중국의 풍경이 이토록 다양하고 광대하다는 것은 그리 놀랄 일이 아니다. 중국만큼 인간의 행위로 광범위하게 변화해온 땅은 없을 것이다. 중국은 오랫동안 광대한 영토를 차지하면서 계단식 논의 인상적인 풍경부터 고층건물의 도시 풍경까지 문화적 지형을 형성했다. 오랜 기간에 걸친 이러한 변화는 강렬한 아름다움만큼이나 유용한 국토를 만들어냈다. 중국 대륙은 세 부분으로 나누어 볼 수 있다. 주요 강의 발원지인 서쪽의 티베트–칭하이 고원의 '고지대'에서 강은 동쪽으로 흘러가면서 계곡, 분지, 평원의 '중간지대'를 지난다. 그리고 강물은 해안의 평평하고 기름진 '저지대'를 흘러 바다로 들어간다. 세 지역의 풍경을 담은 사진에서 여러분은 중국의 믿을 수 없는 다양함과 아름다움을 만나게 될 것이다. 이러한 자연이 주는 아름다움을 담고자 많은 사진가들이 사진을 찍었고 화가들은 그림을 그렸다.

LANDSCAPE CHINA'S HORIZONS

高
级
阶
梯

티베트-칭하이 고원은 중국에서도 그 장대함을 견줄 곳이 거의 없다. 놀라울 만큼 높은 산과 평균 고도가 4,000미터에 달하는 넓은 고원 등 중국의 고지대는 '세계의 지붕'이라고 알려져 있다. 네팔과의 남쪽 국경 지대에는 에베레스트산과 7,000미터가 넘는 다른 험준한 산들이 우뚝 솟아 있다. 긴 겨울과 적은 강수량으로 인해 고원지대는 아직 사람들의 발길이 닿지 않은 곳으로 남아 있다. 조금 더 따뜻하고 강수량이 풍부한 티베트의 라사와 시가체 지역 등에만 사람들이 모여 살 뿐이다.

HIGHEST STEP
MOUNTAINS, PLATEAUS, AND GRASSLANDS　고지대 산, 고원, 초원

탕글라 산의 양쯔 강, 칭하이
낮게 깔린 구름과 일 년 내내 끼어 있는 안개에 둘러싸여서
탕글라 산의 울퉁불퉁한 비탈에 천천히 눈과 얼음이 축적되었다.
눈과 얼음이 녹은 물은 거대한 양쯔 강의 원류가 된다.

LANDSCAPE CHINA'S HORIZONS

HIGHEST STEP

詩 | 바람은 … 하늘과 땅의 숨결이다.
높거나 낮거나, 고귀하거나 천하거나 바람은 어디나 닿지 않는 곳이 없다.

바람, 송옥(기원전 290-223년)

캄 지방, 쓰촨
깊은 계곡과 많은 강설량이 티베트 고원 동부 황량한 지역의 특징이다. 외따로 이어진 자갈길만이 쓰촨에서 티베트의 외진 지역까지 갈 수 있는 유일한 길이다.

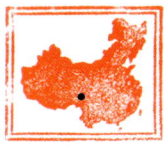

LANDSCAPE CHINA'S HORIZONS

诗 바위의 궁전에는 흰 구름이 피어난다.
흰 구름은 초록 이끼에 제일이다.
구름을 가르며 바위 길을 밟고
누가 혼자 오겠는가?

바위의 궁전, 원결(719-772년)

강가 산, 쓰촨
티베트 고원의 동쪽 끝은 눈으로 뒤덮여 있고
다른 한쪽은 짧은 풀과 바위가 많아 대조적인 풍경을
자아내고 있다. 강가 산은 돌출된 화강암 바위로 유명하다.

LANDSCAPE CHINA'S HORIZONS

诗 | 산중턱, 산의 사원

가을날 나는 그곳에 오른다

HIGHEST STEP

사원은 산의 중턱에, 비스듬한 아름다운 바위와 함께 있고

정상의 외로움은 가장 높은 곳에 있구나.

산사에 오르며, 두순학(846-907년)

사캬 사원, 티베트

외곽을 회색, 빨간색, 흰색의 줄무늬로 채색한 사캬파 사원이
티베트의 산기슭에 웅장하게 자리잡고 있다.
사캬파는 화려한 색으로 유명한 티벳트 불교의 한 종파이다.

LANDSCAPE CHINA'S HORIZONS

 저녁의 바람, 아침의 서리… 이들이 고독을 아름답게 한다.

가을의 화초, 대나무, 바위, 윤수평 (1633-1690년)

송잔린 사원, 윈난

산기슭에 둘러싸인 송잔린 사원은 '작은 포탈라 궁'으로 알려져 있다. 달라이 라마의 라사 궁을 본따서 만든 17세기의 이 불교 사원에는 1,200명의 승려들이 거주한다.

LANDSCAPE CHINA'S HORIZONS

祷 | 너의 사랑이 우주에 흐르도록 하라
높고 깊고 넓은
한정 없는 사랑은 미움이나 원한이 없다.

수타니파타, 부처

메이리 설산, 윈난

메이리 설산의 성스러운 봉우리는 중요한 불교 순례지이다. 설산의 순례길을 따라 스투파 또는 초르텐으로 불리는 흰 불탑들이 밀집해 있다.

LANDSCAPE CHINA'S HORIZONS

22 | HIGHEST STEP

내가 사는 이 산을 아무도 모른다.

흰 구름에 파묻혀 영원토록 비어 있고 고요하다.

차가운 산, 한산(7-9세기 추정)

캄파종, 티베트
눈 덮인 히말라야 남쪽이 보이는 가파른 바위 위에
지어진 이 위풍당당한 요새는 인도와 티베트 사이의
중요한 무역로에 위치해 있다.

LANDSCAPE CHINA'S HORIZONS

诗 | 나는 계속 고독을 갈구한다　　　　한 번도 가본 적 없는 길을　　　　목적 없이 떠돌고

HIGHEST STEP

방향을 바꿀수록   길은 더욱 험해진다
                    고독을 찾아서, 조의(1727-1814년)

티베트 평원, 부랑 근처
강디세 산에 둘러싸인 티베트 고원 서쪽 지역은
바위가 많아서 농사를 지을 수가 없다.
그래서 사람들은 양과 야크, 염소를 친다.

LANDSCAPE CHINA'S HORIZONS

HIGHEST STEP

诗 고요 속에서 바라보면 친구가 보이지 않는다

허공으로 시선을 돌리면 메아리도 들리지 않는다

악기의 현 하나만 울리는 것처럼

소리는 나지만 음악은 없다.

분부, 육기(260-303년)

티베트 사막
티베트는 빙하산과 푸른 호수로 널리 알려져 있다.
그러나 티베트의 서쪽 지역에는 바르한(초승달 모양의
움직이는 사구)과 함께 황량한 황색 사막이 펼쳐져 있다.

歌

붉은 색이 흩뿌려진 길,

초록으로 덮인 평원.

향기로운 풀을 밟으며, 안수(991-1055년)

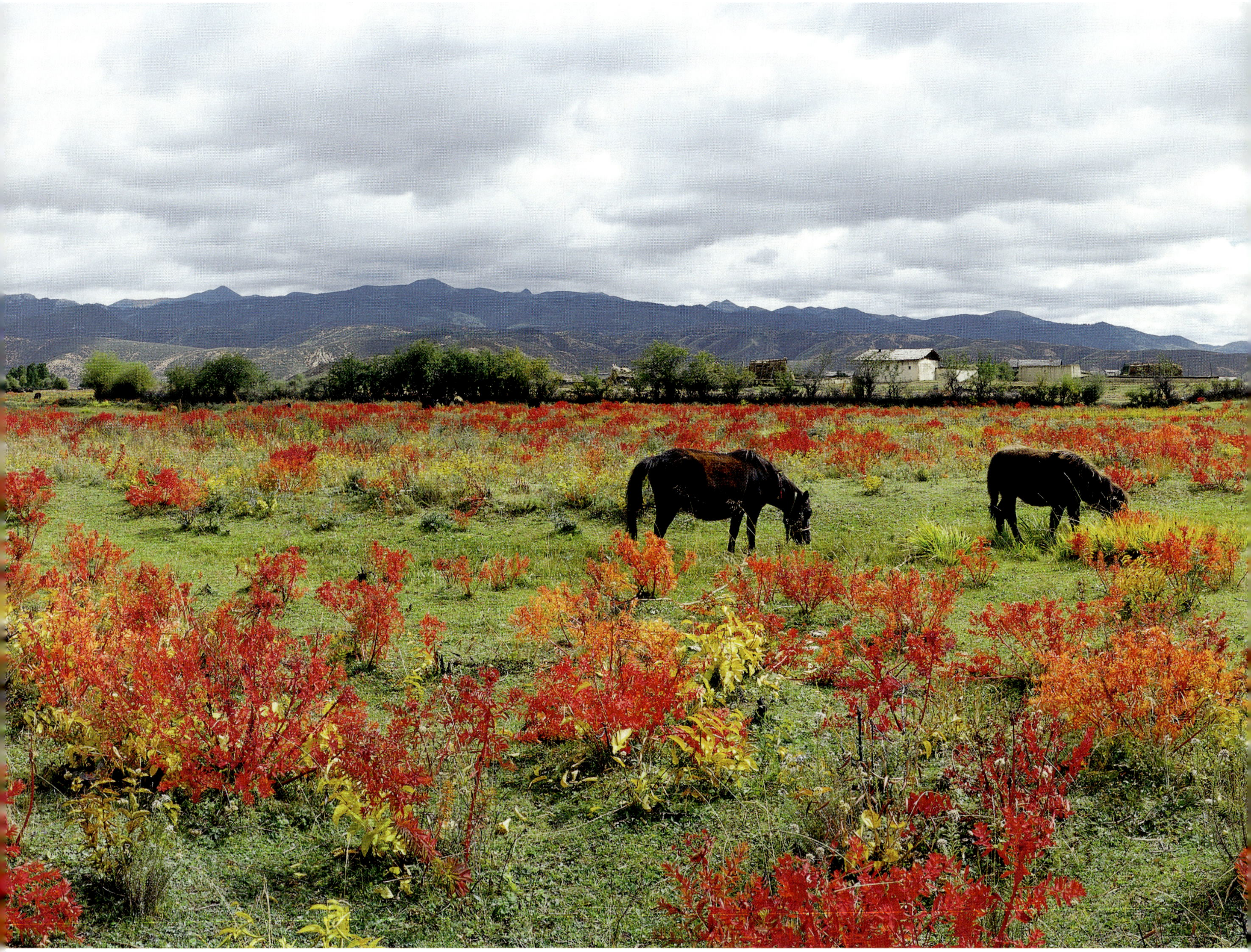

종디안, 윈난
종디안 또는 '샹그리라'에는 눈 덮인 산과
고산 호수, 그림 같은 티베트 마을이 점점이 있다.
잎이 무성한 등대풀이 가을의 들판을 붉게 물들였다.

引语 지혜로운 사람은 물을 좋아하고 어진 사람은 산을 좋아한다.
지혜로운 사람은 동적이고 어진 사람은 정적이다.
지혜로운 사람은 즐겁게 살고 어진 사람은 장수한다.

논어, 공자(기원전 551-479년)

주자이거우, 쓰촨
'구채구' 주자이거우는 험준한 협곡, 혼합림,
선명한 푸른색 호수로 유명하다. 이 지역은 유네스코의
세계유산등록지이며 생물권보전지역이다.

引语

안읍 남문 밖
누구네 집, 높은 담장인가
봉성원 안의 땅
담장 틈으로 쑥이 보인다.

농가를 지나며, 두목(803-853년)

구이더 근처의 마을, 칭하이
집집마다 담장을 둘러친 이 마을은 황허강 상류에
맞닿아 있다. 이곳의 농부들은 밀, 보리, 콩, 감자 등
건조한 지역에서 잘 자라는 곡식을 재배한다.

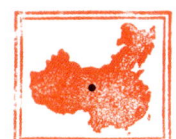

LANDSCAPE CHINA'S HORIZONS

诗 | 바닷새는 바람에 맞서 솟구쳐 올라가고   북쪽의 새는 추위를 피한다   꽃눈이 돋아나면 새들은 북으로 돌아갈 것이다

그러나 서리가 남쪽으로 그들을 다시 보내준다　　　　　작별 인사는 성강 너머로 울리고　　　　　벗들은 강과 호숫가에서 잠든다.

산에서 살며, 사령운(385-433년)

칭하이 호수, 칭하이
중국에서 가장 큰 호수인 칭하이 호수는 태초의 깨끗함을
간직하고 있다. 주위의 건조한 지역에서는 농사를 짓고
가축을 먹이기 위해 이 호수의 물을 쓴다. 바위가 많은
호숫가엔 가마우지 같은 철새가 수없이 찾아든다.

LANDSCAPE CHINA'S HORIZONS

中级阶梯

중국의 중간 지대는 매우 대조되는 풍경들로 가득하다. 중국 북부 신장과 내몽골의 건조한 사막과 스텝 지역은 여름엔 숨이 막힐 듯하고 겨울엔 매섭게 춥다. 수량이 풍부하고 따뜻한 남부의 쓰촨, 구이저우, 윈난 성에서는 넓은 분지와 좁은 계곡들을 만날 수 있다. 이곳은 또한 그 유명한 계단식 논의 본고장이기도 하다. 쓰촨의 적색 분지는 높은 산에 둘러싸여 있어서 북쪽의 찬바람을 막아주고, 이 지역을 저지대와 분리시켜 준다.

MIDDLE STEP
DESERTS, STEPPES, AND RIVER BASINS 중간지대 사막, 스텝 지역, 강

장자제, 후난
우링위안이라고도 하는 장자제 지역엔 3,000개의 좁은 사암 기둥과 봉우리가 있다. 이 봉우리들 사이엔 골짜기, 개울, 연못, 폭포, 동굴, 자연 다리가 있다.

歌

연못의 얼음이 삼 척이 되고

흰 눈이 사방에 쌓이면

내 마음은 소나무와 노송처럼 되겠지.

그러나 너의 마음은 어떻게 될까?

겨울, 자야(265-320년)

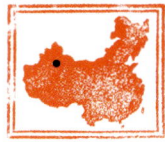

톈치 호수, 톈산, 신장
사막과 스텝 지역으로 알려진 신장에는 초승달 모양의
톈치 호수가 있으며, '하늘 호수'로도 불리우는 이 호수의 물은
놀랄 만큼 맑다. 톈산의 고지대에 있는 눈이 녹아 호수를 이루고 있다.

LANDSCAPE CHINA'S HORIZONS

散文 | 이 곳은 화염산이라고 불린다.   수백 리 넘게 불꽃이 뒤덮고 있어서 풀 한 포기도 자랄 수가 없다.

이 산에 오르면 청동 해골에 철로 된 육신이어도 녹아버릴 것이다.

서유기, 오승은(1590년경)

화염산, 신장
멀리서 보면 화염산은 불이 붙은 것처럼 보인다.
햇빛이 풍화된 돌의 표면과 상호작용하면서
밝은 빨간색이 불꽃처럼 깜빡인다.

诗 | 오래된 궁전은 폐허이다

길은 사라졌고　　　　　풍경은 똑같다　　　　　인간의 작품은 소멸한다.

폐허가 된 궁전을 지나며, 온정균(812-870년)

가오창, 신장
가오창은 실크로드의 부유한 중심지였으나 14세기부터 폐허로 남아 있다. 마을은 화염산 기슭까지 뻗어 있고 도시엔 궁전터가 있다.

LANDSCAPE CHINA'S HORIZONS

诗 얼마나 많은 산과 바다를 통해

높은 흙벽과 긴 벽이 굽이치고 굽이쳤는가?

우리의 눈이 비탈을 좇고 나서 알게 된다

어떻게 이것이

우리 조상의 용의 심장을 먹어치웠는지

그리고 결국 누구를 위해 지어졌는지.

만리 장성, 납란성덕(1655 - 1685년)

MIDDLE STEP

만리장성, 베이징

쓰마타이에서 진산링까지는 명 왕조의 장성 중 가장 웅장한 부분이어서 이 부분만으로도 장관을 이룬다. 만리장성도 몸부림치는 용처럼 산등성이를 오르내린다.

聖歌 | 부드러운 비가 개울을 채우고 강으로 쏟아져 들어가며 바다에서 만나듯이
너의 선한 매 순간의 힘이 지금 여기 있거나 지나갔거나 아직 오지 않은
모든 존재를 깨우고 치유해줄 것이다.

기도와 치유를 위한 찬불가

낙산대불, 쓰촨

쓰촨 서남쪽 세 강이 만나는 곳의 절벽면에 조각된 부처상은 세계에서 가장 큰 석불이다. 석불 제작은 713년에 시작해서 완성까지 90년이 걸렸다.

LANDSCAPE CHINA'S HORIZONS

引语 | 스승님께서 말씀하셨다.   "거친 밥을 먹고 물을 마시며 팔베개를 하고 누워 있어도 즐거움이 그 속에 있으며.

의롭지 않은 부와 귀는 나에게는 뜬구름과 같다."

논어, 공자(기원전 551-479년)

논, 위안양, 윈난
하니족과 이족은 윈난의 언덕 지형에서 벼를 재배하기 위해 경이로운 계단식 논을 만들었다. 봄에 논이 물로 가득 차면 흡사 비뚤거리는 은 사다리 같아진다.

LANDSCAPE CHINA'S HORIZONS

50 | MIDDLE STEP

| 诗 | 호수는 넓디넓고 기러기 그림자 희미한데

첩첩이 솟은 산봉우리, 옷처럼 둘러싼 구름

적막이 흐르는 긴 다리, 차가운 봄밤

시인 한 사람 있어 커다란 배 타고 돌아온다.

제야에 석계에서 초계로 돌아오다. 강기(1155-1221년)

흑룡담, 윈난

위룽 산을 배경으로 한 흑룡담은 나시족의
달빛 머금은 정자와 흰 대리석 다리 등의 건축물이
어우러져 마법 같은 경관을 자아내고 있다.

LANDSCAPE CHINA'S HORIZONS

诗 | 태양이 질 때의 석양에서　　　　　　　　　　　　　　　　　　새들의 소리가 급류 소리와 섞이고

개울은 저 멀리 굽이치는데 고독의 즐거움은 끝날 것인가?

목련, 배적(716년-?)

백조의 호수, 바얀불락, 신장
중국의 유일한 백조 보호구역인 이 호수는
수천 개의 연못과 개울들이 연결되어 이루어졌다.
이곳은 몽골어로 '풍요로운 샘'이라
불리는 광대한 고원 스텝 지역의 일부이다.

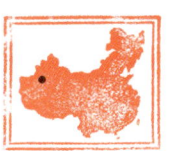

LANDSCAPE CHINA'S HORIZONS

54 | MIDDLE STEP

詩 | 무엇 때문에 푸른 산에 사느냐면

웃으며 대답 못해도 마음만은 한가롭네.

복사꽃 물길따라 아득히 흘러가는

여기는 별천지 인간 세상 아니라네.

산중문답, 이백(701-762년)

유채꽃 평원, 뤄핑, 윈난
윈난 동부의 침식된 카르스트 지형에 만들어진 유채밭 평원.
2,3월에 피는 황금색 꽃은 양봉산업의 기반이 된다.

LANDSCAPE CHINA'S HORIZONS

MIDDLE STEP

| 诗 | 붉은 언덕이 서쪽에 비스듬히 놓여 있고

불같은 산은 남쪽에서 눈부시게 빛나네

붉은 언덕, 포조(414-466년)

중가르 분지, 신장

중가르 분지의 특징은 광활한 초원이지만 일부 지역에는
날카로운 산등성이가 산재해 있다. 다양한 색으로
뒤덮힌 바위들은 바람에 의해 불규칙하게 풍화되었다.

诗

대나무 숲에 홀로 앉아 있네
…
밝은 달이 와서 숲과 나를 비추네

죽리관, 왕유(701-761년)

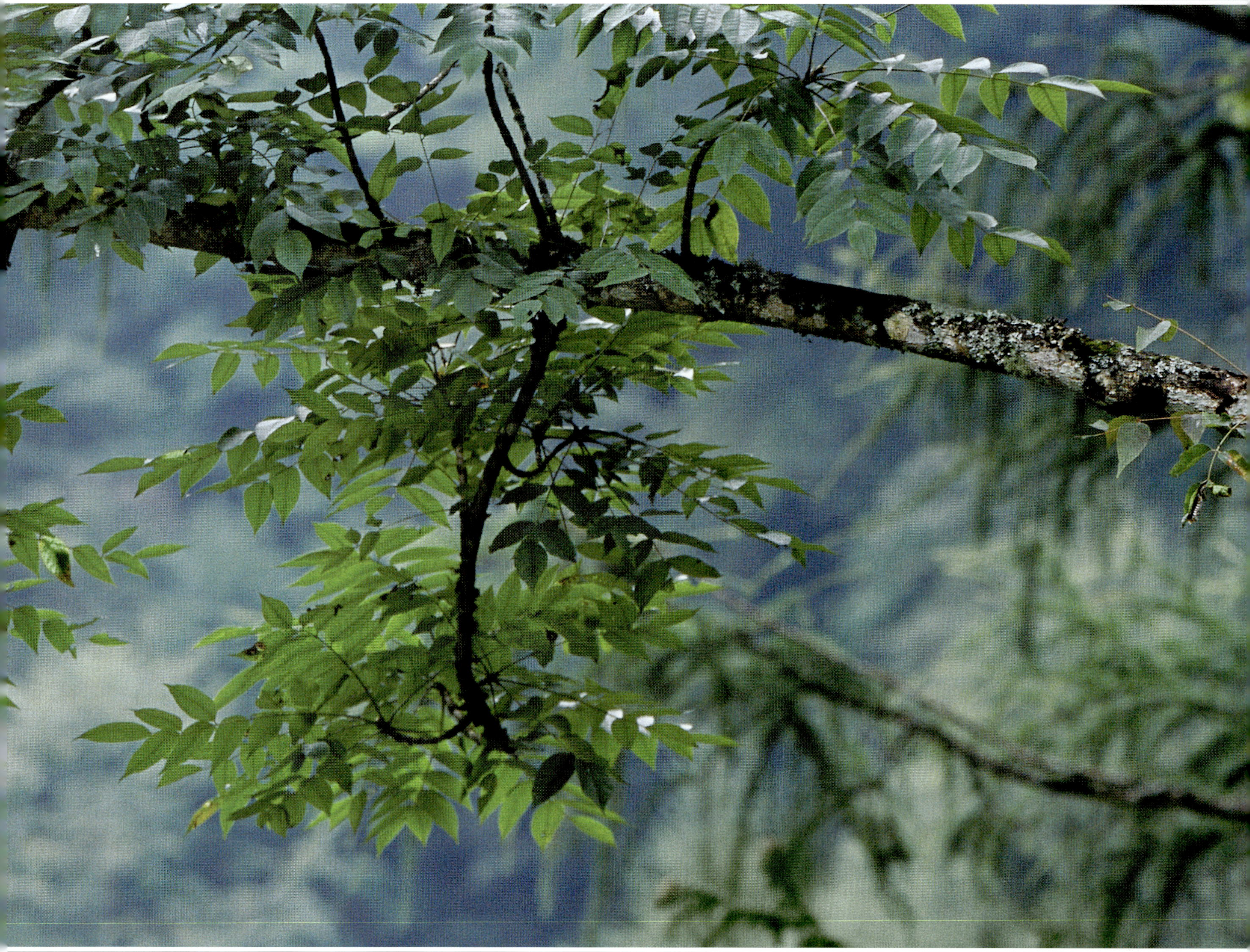

워룽 보호구역, 쓰촨
자이언트 판다는 중국의 상징 동물이다.
워룽 보호구역은 위험에 처한 야생 판다를 보호하며
판다를 번식시키기 위한 연구를 장려하고 있다.

LANDSCAPE CHINA'S HORIZONS

MIDDLE STEP

诗 | 모든 초목이 봄은 곧 가리라는 것을 안다.
수많은 분홍, 자주색 꽃이 서로 겨루고
버드나무 솜털과 느릅나무 꼬투리는 이 영리한 방법을 모르니
하늘을 눈으로 채우는 것만 아는구나.

만춘, 한유(768-824년)

자작나무 숲, 헤이룽장
헤이룽장의 빽빽한 자작나무 숲과 숲속의 여러 식물은
소수민족인 '오로첸(순록을 잡는 사람들)' 민족이
유목과 사냥으로 살아가는 데 도움을 준다.

诗 나의 새 고향은 대나무가 자라는 곳. 봄이면 죽순이 계곡과 언덕을 채운다.
산의 나무꾼이 한 아름 베어와 이른 시장에 팔러 내려온다.

죽순을 먹으며, 백거이(772-846년)

대나무 숲, 창닝, 쓰촨
대나무 숲은 쓰촨의 언덕과 산등성이에서 퍼져 자란다.
대나무는 빨리 자라기 때문에 발판부터 바구니까지
다양한 물건을 만드는 재료로 쓰인다.

LANDSCAPE CHINA'S HORIZONS

중국의 저지대는 만주의 쑹화 강, 랴오 강과 중부의 황허 강, 양쯔 강의 풍부한 곡창지대를 포함하고 있다.

低级阶梯

양쯔 강 일대는 중국의 주요 교통의 중추이면서 가장 생산성 높은 농업지역이다. 중국 남부의 험준한 산악 지대는 쌀과 차 산지인 계곡들로 분리된다. 중국의 저지대는 주요 산업지대이기도 하다. 제국 시대부터의 오래된 수도인 베이징과 역동적으로 성장하는 상하이 같은 대도시들은 현대 국가로서의 중국의 새로운 면모를 보여준다.

LOWEST STEP
HILLS AND COASTAL PLAINS 저지대 언덕, 해안

빅토리아피크에서 본 홍콩의 스카이라인

홍콩의 인상적인 현대 건축은 간척으로 넓힌 땅 위에 건설되었다. 빅토리아 항구에서 본 코룽 반도, 멀리 신지에가 보인다.

诗 숨어있는 용은 그윽한 자태를 뽐내고
날아가는 기러기 울음소리 멀리 들리네
하늘에 이르러 뜬구름을 부끄러워하고
물가에 살면서 깊은 연못을 부끄러워하네.

연못가 누각에 올라, 사령운(385-433년)

황산, 안후이
안후이 성 남쪽 황산의 웅장한 화강암 봉우리,
바람 따라 휘어진 나무, 산턱에 걸린 구름은
자주 중국 전통 회화의 소재가 되었다.

引语 | 정오에 벼를 베는데 땀이 땅에 떨어진다.

밥 한 그릇의 쌀알이

노동의 결과인 것을 아는가?

벼를 베며, 작자 미상

종화, 구이린 언덕, 광시
추수가 끝난 논에는 벼의 그루터기만
남아 있다. 저 멀리 보이는 풍화된 석회암들이
환상적인 광경을 자아내고 있다.

LANDSCAPE CHINA'S HORIZONS

歌 우레가 산과 강에 지나가고

어두운 구름이 따뜻한 날을 부르니

새싹이 머리를 드는구나.

은장식을 머리에 단 소녀들은 서로 노래에 화답하고

누구의 바구니가 가장 많이 채워졌나.

집에 와도 향기는 손끝에 남아 있고

가장 좋은 찻잎은 원님에게 먼저 드리네.

찻잎을 따며, 고계(1336-1374년)

차 농장, 푸젠
푸젠과 주변 성들에는 온통 차 나무로
뒤덮인 언덕들이 많다. 아열대 기후와 적당한
산의 토양은 차를 재배하기에 이상적이다.

诗 어린 대나무 껍질로 만든 모자, 연잎 옷을 입고

어부는 서두를 것 없이 낚시하러 간다

어부의 배는 머물 곳이 없어 보이는데

오늘 밤 낚싯대를 든 어부는 어디로 갈까.

어부의 노래, 고적(716년경-765년)

어장, 메이저우 섬, 푸젠
푸젠 성은 인근 바다에서 저인망 어업으로 고기를 잡는 것으로 유명하다. 그러나 그물과 낚싯대 사용이 금지된 해안가 양식장에서는 물고기를 기르기도 한다.

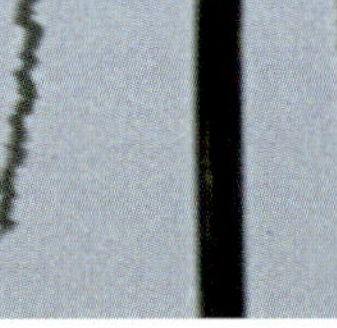

이 작은 섬에 도착하다니 얼마나 아름다운 밤인가

이 배에 너와 함께 타고 있다니 얼마나 아름다운 날인가.

갑판장의 노래, 작자 미상

대운하, 우시, 장쑤

베이징부터 항저우까지 약 2,000킬로미터에 달하는 대운하는 지금도 부분적으로 수송로로 사용된다. 쌀을 운반하는 장거리용 바지선과 마을의 작은 배들은 우시 같은 마을의 생명선이다.

诗 다진 흙으로 만든 흙벽

탑과 봉화루 무리

오산보다 높으며

둑보다 더 넓고

깎아지른 절벽만큼 가파르며

긴 구름처럼 곧게 올랐구나.

황폐한 도시에서, 포조(414-466년)

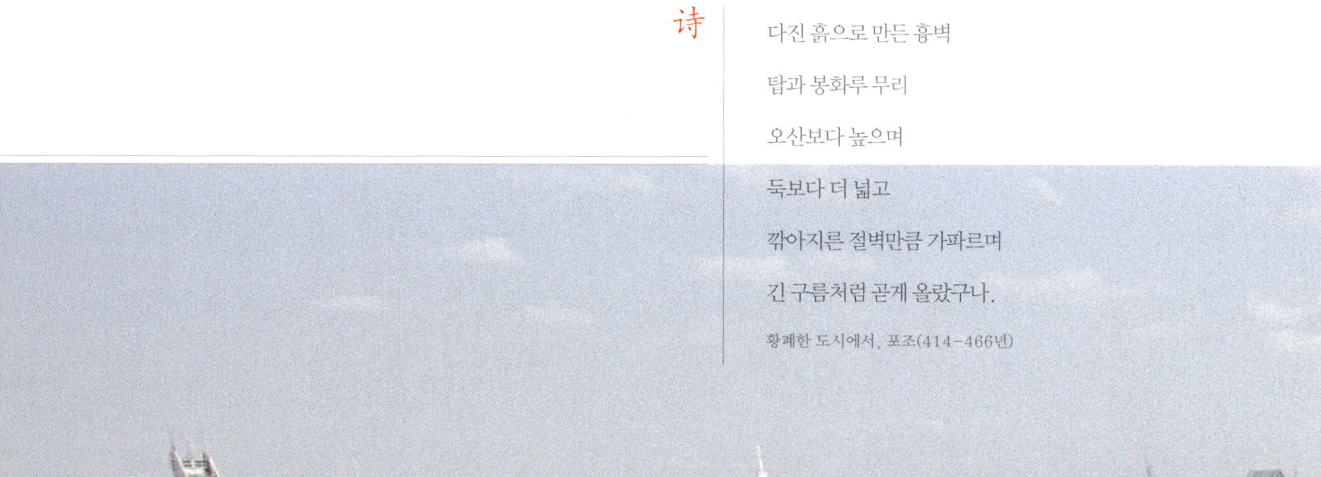

상하이의 스카이라인
황푸 강을 따라 이쪽 편으로 구 상하이 구역과 고층빌딩들이 공존하고 있다. 보다 미래적인 상하이의 면모를 보려면 황푸 강을 건너 푸둥으로 가야 한다.

HISTORY
历史
THE STORY OF CHINA

역사 중국 이야기

수많은 왕조들의 명멸과 교체로 복잡하게 중국 역사를 바라보는 건 이제 구시대적이 되었다. 지금은 굵직한 왕조들을 중심으로 좀더 선명하게 중국 역사를 조명하는 것이 유행이다. 1970년대에 발견된 진시황의 테라코타 군대는 먼 과거를 극적으로 보여주었다. 한 왕조는 그 권력과 정교함에 있어서 동시대의 로마 제국과 견줄 만하며, 당과 송 왕조는 기술과 예술적 업적에서 세계적으로 가장 높은 성취를 이룩했다. 명 왕조 때는 대규모 해외 탐험이 이루어졌다. 마지막 왕조인 청은 중국의 국토를 가장 넓게 확장했다. 처음엔 선교사와 무역업자, 뒤이어 제국주의자들이 중국에 도착하면서 제국의 체계를 휩쓸어버린 변화가 가속되었다. 마침내 중국 공산당이 권력자로 떠올랐고 중국을 사회주의 국가로 바꾸었다. 1976년 마오쩌둥의 사망 이후 중화인민공화국의 주석 덩샤오핑은 중국을 세계의 초강력국가로 만들 새로운 길로 이끌었다.

HISTORY THE STORY OF CHINA

史前史

수렵과 채집 생활 위주였던 구석기 시대와 달리 신석기 문화는 곡식을 경작하고 가축을 길렀으며 토기를 사용한 것이 특징이다. 중국의 신석기 문화는 동아시아의 기후가 따뜻하고 다습하게 변화함에 따라 기원전 8000년경부터 나타났다. 한때는 정착 농경문화로의 변화가 중국 북부 평야 지역에서만 일어났다고 여겨졌지만, 사실은 여러 지역의 문화적 환경 속에서 각각 고유한 방식으로 이러한 변화들이 진행되었다. 중국 전통에 따르면 중국엔 하, 상, 주라는 세 고대 왕국이 있었다. 기원전 3000년경 시작한 중국의 청동기 시대는 하 왕조 때 발전하여 상 왕조에서 전성기를 맞았다. 상 왕조는 기원전 2000년경에 황허 강 유역까지 지배했다.

앙소 문화 기원전 5000–3000년경
황허 강 중부의 앙소 문화는 붉은 흙으로 빚어 그 표면에 정교한 그림을 새겨 넣은 항아리로 유명하다. 처음엔 물고기나 사람의 얼굴이 그려진 상징적인 문양이 대부분이었으나 나중엔 대담하고 추상적인 무늬도 나타났다.

앙소의 채색 도기

쌀 기원전 5000년경
이 시기부터 쌀을 논에서 경작했다는 명백한 증거가 1973년 중국 남서부 저장 성의 허무두에 있는 신석기 시대 주거지에서 고고학자들에 의해 발견되었다.

옥 기원전 3500년경
옥은 신석기 시대부터 중국 문화에서 중요한 역할을 차지하였으며, 각종 의례에 활용되었다. 구멍을 뚫은 벽(璧) 옥판은 하늘을 상징했으며, 사각형 통 모양의 종(琮) 옥은 땅을 상징했다.

벽(璧) 옥판

용산 도기 ›
용산 문화는 쿠에이라는 도기를 생산했다. 쿠에이는 다리가 세 개에 원통형 목, 위로 솟아나온 주둥이가 있는 주전자이다.

| 5000 | 4800 | 4600 | 4400 | 4200 | 4000 | 3800 | 3600 | 3400 |
| 4900 | 4700 | 4500 | 4300 | 4100 | 3900 | 3700 | 3500 | 3300 | 3100 |

a neolithic village
신석기 유적지

중국에서 가장 널리 알려진 신석기 유적지는 시안 근처 반파의 기원전 4500–3750년경의 유적이다. 마을은 건물 백여 개로 이뤄져 있으며, 각각의 집에는 초가지붕을 받치는 중앙 기둥과 불을 피우는 구멍이 있다. 흰색 흙을 바른 마루도 발견되었고 화덕, 선반, 의자 등도 흙으로 빚어 만들었다. 반파에선 가마 여섯 군데와 많은 도기 파편들도 발견됐다. 마을 묘지도 있는데, 성인은 개별적으로 매장되었으며 시신과 함께 토기를 묻기도 했다. 아이들은 도기 항아리에 넣어 집 근처에 묻었다. 그들은 돼지, 개, 양, 소 등을 길렀으며 식량 보충을 위해 물고기를 잡고 사슴을 사냥하기도 했다.

‹ **복원된 마을**
원래 유적지 근처의 박물관에 복원된 반파 마을.

비단 생산 기원전 3750년경
중국의 비단 생산을 보여주는 가장 이른 시대의 유물은 반파의 신석기 유적지에서 발견된 누에고치이다. 한 왕조 때까지 중국인들은 비단 제작 방법을 철저히 비밀로 지켜왔으며, 누에의 수출도 금지했었다. 그러나 기원후 300년경 비단 제작 기술은 인도와 한국에 전해졌다.

THE ROOTS OF CHINA
NEOLITHIC AND BRONZE AGE CHINA, TO 1122 BCE
중국의 기원 신석기와 청동기 시대, 기원전 1122년까지

shang culture
상 문화

상 왕조는 기원전 18세기경부터 중국 북부의 황허 강 유역에서 발달했다. 상 왕조는 수도를 여섯 번 바꿨다고 하는데 그중엔 허난 성의 정저우와 이보다 동쪽으로 240킬로미터 정도 떨어진 안양이 있었다. 정저우에는 흙을 다지는 기법을 사용하여 6.5킬로미터 정도 되는 성벽이 건설됐다. 성벽 안에는 큰 건물과 도기, 술, 청동기, 섬유 제품을 제작하는 특화된 구역이 있었다. 안양에는 후기 상 왕조의 의식과 행정을 담당하는 별도의 구역이 있었다.

두 유적지에서 가장 의미 있는 발견은 소의 어깨뼈였다. 뜨거운 청동 도구로 열을 가한 후 뼈의 균열을 해석하여 점을 치는 용도로 사용했는데, 여기 새겨진 글자에서 초기 중국어 문자가 발전했다. 안양의 왕족 무덤은 대부분 오래 전에 약탈당했으나 1976년에 온전한 무덤이 하나 발견되었다. 그것이 바로 상왕 무정의 배우자였던 호 부인의 묘로 묘 안에는 미라가 된 호 부인과 16명의 인간 제물, 엄청난 부장품들이 있었다. 이 중에는 1.6톤에 달하는 청동기도 있었는데 이는 호 부인이 매우 높은 지위에 있었음을 시사한다.

▽ 호 부인 묘의 부장품
호 부인 묘에서 발견된 정교한 술잔. 상아와 터키석을 박아 넣었다.

황허 강 기원전 2600년경
후기 신석기 시대에 황허의 수로가 최소한 두 번 크게 바뀌었는데 이로 인해 광범위한 피해와 장기간의 경제적 혼란이 야기되었다.

하 왕조 기원전 1900–1350년

상 왕조 기원전 1766–1122년

3000 | 2700 | 2600 | 2500 | 2400 | 2300 | 2200 | 2100 | 2000 | 1900 | 1800 | 1700 | 1600

용산 문화 기원전 3000–2000년경
용산 문화는 양쯔 계곡 중하부 마을들에 널리 퍼졌었다. 용산 문화에서는 물레를 이용하여 흑색 도기를 만들었고, 예언을 하기 위한 뼈, 의식용 옥 조각, 층층이 판 구멍의 화려한 매장법 등이 특징이었다.

성벽으로 둘러싼 주거지 기원전 2500년경
다진 흙으로 벽을 세우는 기술이 용산 문화권의 마을 성벽을 만드는 데 처음 사용되었다. 나중에 따로 빼낼 수 있는 나무 틀 안에 흙을 얇게 여러 층으로 다져 넣어 흙벽을 세웠다. 이렇게 하면 흙이 시멘트처럼 단단해졌다.

청동 작품 기원전 1800년경
상 왕조 때는 의식용뿐만 아니라 가정용으로도 청동기가 제작되었다. 술잔 모양의 줴와 구, 다리가 세 개인 딩이 일반적이었다. 청동기는 주로 동물 문양으로 장식됐다.

상 왕조의 음식용 청동기 팡딩.

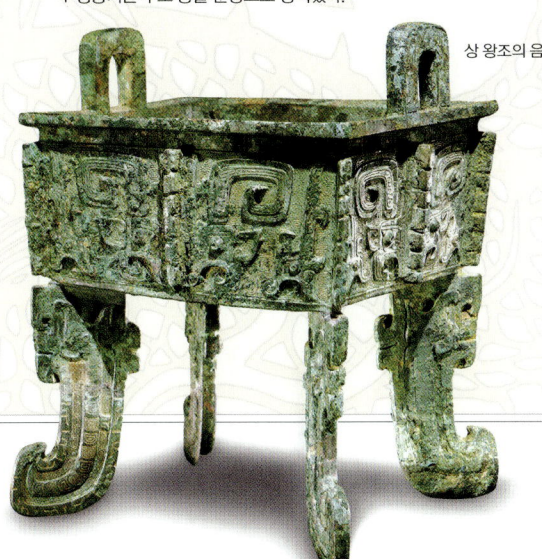

하 왕조 기원전 1900–1350년경
오랫동안 역사가들은 하 왕조에 대한 이야기가 전설이라고 믿었다. 그러나 최근에 허난의 얼리터우에서 궁궐 같은 건물과 무덤이 발굴됨에 따라 기원전 1900년경부터 1350년경까지 실제로 하 왕조가 번성했다는 것을 알게 되었다. 하 왕조 지배자의 혈통은 〈사기〉에도 기록되어 있는데, 훗날 점술용 뼈에 새겨진 증거가 발견되면서 사실로 입증되었다.

◁ 하 왕조의 청동기
하 왕조의 청동 접시는 용의 비늘을 상징하는 터키석으로 세심하게 상감되었다.

HISTORY THE STORY OF CHINA

기원전 12세기경 상 왕조는 목야 전투에서 서쪽의 주에게 패배했다. 주는 하늘의 권력 즉 통치를 할 수 있는 권력이 그들에게 내려졌다고 주장했다. 주는 서주 시대(기원전 1122-771년)와 동주 시대로 나뉘는데 동주 시대는 다시 춘추시대(기원전 771-481년)와 전국시대(기원전 481-221년)로 구별한다.

周朝至秦朝

주 왕조는 빠르게 170개의 국가로 분열되었다가 다시 일곱 국가로 재편되었다. 기원전 260년경부터 서쪽의 진나라가 군사적으로 강력해지면서 마침내 기원전 211년 처음으로 중국을 통일하기에 이르렀다. 한편 주 왕조 때는 중국 철학의 각 유파를 대표하는 천재들이 활동한 사상의 시대이기도 했다.

서주
기원전 1122-771년

위대한 사상가 공자

the hundred schools of thought
제자백가

공부자 즉 공자(기원전 551-479년)는 이 시기 가장 큰 영향을 미친 사상가로서 그의 사상의 중심은 부모에게 순종하고 나이 든 부모를 돌봐야 한다는 '효'였다. 그는 군주들이 자비심을 가지고 백성을 다스려야 하며 선한 신하들을 두어야 한다고 조언했다. 공자의 경쟁자는 묵자(기원전 470-391년)였는데 그는 공자가 설파한 조건적 사랑 대신 보편적인 사랑을 주장했다. 공자의 충실한 계승자인 맹자(기원전 372-289년)는 군주가 선하게 백성들을 다스리지 못하면 백성들은 반역할 권리가 있다고 했다. 맹자는 인간은 본래 선하다고 믿었지만 순자(기원전 298-238년)는 인간의 본성은 악하며 선함은 습득해야 하는 것이라고 했다. 도가의 가장 오래된 경전인 〈도덕경〉에서 노자는 이상적인 군주란 깨달음을 얻은 현인이라고 했다. 도가의 중요한 원칙은 '자연에 따라 행할 뿐 인위적인 것을 하지 않으면 질서가 찾아온다'는 '무위'이다.

천명 1105년경
공자에 따르면 하늘에서 내려준 권한이라는 개념은 주왕의 동생인 주공에 의해 처음으로 성립되었다. 이는 상 왕조 전복을 정당화하기 위해서였는데, 주공은 하늘이 옳지 못한 군주에게서 정당성을 빼앗아 다른 이에게 준다고 했다. 주 왕조는 이런 방법으로 왕위를 차지했다. 이후의 왕조들 역시 권력 약탈을 정당화하기 위해 이 사상을 이용했다.

1100 — 950 — 900 — 850 — 800 — 750 — 700

주 왕조의 전차 기원전 1122년경
말 두 마리가 끄는 전차는 상 왕조 때 시작되어 서주 왕조 때 널리 퍼졌다. 춘추시대엔 말 네 마리가 끄는 전차로 대체되었다.

춘추시대
기원전 771-481년

봉건사회 기원전 800년경
주 왕조의 군주는 신하들에게 땅을 하사하고 군사적 지원을 약속받았다. 기원전 8세기경에는 200여 명의 영주들이 부분적으로 독립적인 영토를 가지고 있었는데 이는 봉건제의 전형적인 형태였다. 봉건 영주의 임명은 작위를 수여하면서 형성됐고 청동기에 기록되었다.

금과 은으로 세공된 주 왕조의 황소 머리 전차 장식

하늘의 전차
이 그림에서 주 왕조의 무왕은 극락으로 가는 전차를 타고 있다.

역법 기원전 841년
사마천의 기록에 따르면 주 왕조의 왕이었던 여는 기원전 841년에 왕좌에서 물러났다고 한다. 사마천은 중국의 역사를 연대기적으로 서술한 한 왕조의 위대한 역사가이다.

THE AGE OF IDEAS
THE ZHOU AND QIN DYNASTIES, 1122–206 BCE
사상의 시대 주와 진 왕조, 기원전 1122-206년

용 문양이 있는 주 왕조의 종

장례용 종
증후을묘에서 발견된 악기 중에는 종 65개도 있었다. 악사 다섯 명이 나무망치를 이용해 연주했다.

주 왕조의 악기 기원전 433년
주 왕조 초기에 이미 세련된 악기가 사용되었다. 대부분의 악기가 대형 석종처럼 이동이 불가능하도록 설계되었다. 기원전 5세기 초반 주 왕족의 무덤인 증후을묘에는 120가지가 넘는 악기들이 부장품으로 함께 묻혀져 있었다.

진의 부상 기원전 260년
장평에서 진의 군대는 조 왕조의 군대를 패퇴시켰다. 이로써 진은 전국시대의 가장 강한 나라가 되었다.

한비자
기원전 280년경-233년
철학자인 한비자는 귀족 가문에서 태어났다. 한비자의 법가 사상은 그가 지은 책들에 잘 나타나며 군주의 권력과 의무에 초점을 맞추었다. 법가는 진 왕조 때 인기가 많았다.

진 왕조
기원전 221-206년

600　500　400　300
650　550　450　350　250

철제 기술
기원전 650년경
중국인들은 기원전 7세기부터 서쪽에서 수입된 철 제조 방법을 알고 있었다.

전국시대
기원전 481-221년

초기 동전
기원전 500년경
상 왕조 때에는 조개껍질과 옷감이 화폐로 사용되었다. 춘추시대 후기에 금속 화폐가 도입되었는데 초기의 동전은 농기구의 모양으로 주조되었다.

토지 개혁
기원전 594년
기원전 6세기 초의 토지 개혁 이전까지 농민들은 작은 땅을 일궈 스스로 먹고 살면서 귀족 소유의 공동 경작지도 일궈야 했다.

new weapons
새로운 무기

상 왕조 때 귀족들은 전차를 타고 전투했으나 주 왕조 때에는 전투 방법이 달라졌다. 기원전 685년, 전국시대의 국가 중 하나인 제나라의 재상 관중이 마을에서 병사를 직접 모집하여 평민의 군복무 제도를 실시하였다. 전국시대에 전차는 기마병과 보병으로 대체되었다. 군사 전략에 대한 가장 오래된 책인 〈손자병법〉(기원전 500년경)에서 손자는 전투에서 승리하기 위해서 장군은 어떤 일이라도 해야 하며, 또한 부하들이 장군의 의지만을 따르도록 하기 위해 부하의 눈을 가리고 귀를 막아야 한다고 주장했다. 그리고 모든 전투는 속임수를 기반으로 한다고 썼다. 기원전 5세기경 병사들은 청동 미늘창과 청동 합금으로 가장자리를 댄 칼, 철기 칼 등을 들고 싸웠다. 주된 무기는 석궁과 갑옷을 뚫을 수 있는 청동 촉 화살이었다. 석궁을 사용한 전투에 대한 첫 번째 기록은 기원전 341년의 마일링 전투이다.

칼과 삽 모양의 주 왕조의 동전

청동 단검과 칼집

83

the first emperor 첫 번째 황제, 진시황

◁ 전제 군주
중국을 통일한 뒤 진시황은 국가의 모든 것에 대해 자신이 직접 통치하고 관여하면서 제국의 통일성을 강조했다.

기원전 221년 진의 정왕은 주변 나라들을 정복하고 처음으로 중국을 통일했다. 그리고 진 제국의 첫 번째 황제 진시황이 되었다. 짧지만 다사다난했던 11년간의 통치 기간 동안, 진시황은 수많은 기술적 업적을 이룩하여 새로운 제국의 기반 시설과 방어능력을 향상시켰다.

제국의 건설

운송을 발달시키기 위해 황제는 수도인 함양부터 내몽골에 이르는 800킬로미터의 길을 닦도록 지시했다. 수로도 건설했는데, 비용이 많이 드는 터널이나 수문을 만들지 않기 위해 지형을 활용하여 만들었다. 운하는 양쯔 강을 통해 중국 남부로 연결되었으며, 초기엔 남쪽의 군대를 지원하기 위한 곡물을 이송하는 데 사용했다. 이 운하는 오늘날도 사용한다.

또한 북쪽의 오랑캐로부터 나라를 보호하기 위해 기존의 성벽을 연결하여 거대한 방어용 장벽을 만들었다. 장벽의 길이는 제국의 북쪽 국경을 따라 4800킬로미터가 넘는다. 15세기에 이 성벽 중 남아 있던 부분이 만리장성을 만드는 데 활용되었다.

오명과 영원한 생명

진시황은 후대의 역사가들에 의해 잔인한 과대망상증 환자라고 비난받았다. 이는 '분서갱유'라 불리는 두 가지 악명 높은 행동 때문이었다. 기원전 213년 궁정 학자들이 그의 통치를 비판하자, 진시황은 제국의 모든 책을 불태우도록 명령했다. 정책에 반대하는 이들은 강제 노역에 보내졌다. 다음 해엔 황제의 불로장생에 대한 집착을 비판한 460명의 학자들이 산 채로 땅 속에 묻혔다고 한다. 진시황은 기원전 210년 '불멸의 땅'으로 불렸던 봉래산을 순례하던 중 사망했다. 그는 죽기 2년 전부터 공사에 착수한 호화로운 무덤에 테라코타로 만든 병사들의 호위를 받으며 묻혔다. 1976년 병마용이 처음 발견되자 황제의 부와 권력을 나타내는 이 놀라운 유적은 그가 생전에 그토록 갈망하던 영원한 생명을 확실하게 보여주었다.

◁ 제국의 화폐
진의 화폐는 둥근 구리 동전에 사각형 구멍이 뚫린 모양으로 통일되었다. 이러한 동전 모양은 20세기 초까지 중국 화폐에 활용됐다.

引语 | 현명한 군주의 나라에는 책이 없는 대신 법이 스승의 역할을 한다. 선왕이 했던 말이 없어도 관리들은 스승처럼 행동한다.

한비자(기원전 280년경-233년)

병마용
아직도 발굴이 덜 된 진시황릉의 테라코타 군대는 8000개 이상의 실물 크기의 병사와 말로 구성돼 있다. 각 병사들은 모두 생김새가 다르며 실제 무기를 들고 있었다고 한다.

HISTORY THE STORY OF CHINA

진 왕조는 소작인 출신의 유방이 이끈 반란군에 의해 무너졌다. 고조 황제로 알려진 그는 한 왕조를 세웠고 중앙 권력을 강화했다. 문제(기원전 180-157년) 치하에서 제국은 안정과 번영을 이룩했고 무제(기원전 141-87년)는 중국의 영향력을 중앙아시아와 고조선까지 확장했으며 능력에 따라 인재를 기용함으로써 행정 관료 제도를 개혁했다.

汉
朝

스스로 신 나라를 세운 왕망의 짧은 통치 이후 한 왕조의 후손이 왕조를 재건했고 후한 시대에도 영토 확장은 계속되었다.

그러나 기원후 2세기경부터 다시 재연된 내부 분열과 북쪽에서 온 흉노족의 공격으로 결국 한 왕조는 무너졌다.

칠기 기원전 206년
칠기는 상 왕조 때부터 사용되긴 했지만 한 왕조 때에 이르러 주요 산업이 되었다. 한 왕조의 칠기는 보통 부드럽고 진한 갈색에 양식화된 새와 동물 무늬가 붉은색으로 그려졌다.

한 왕조
기원전 206년-기원후 220년

헌납한다는 내용의 글귀가 적힌 칠기 그릇

유교적 가치 기원전 196년
한 고조는 처음엔 유교 학자를 업신여겼으나 기원전 196년에 능력에 따라 관료를 뽑는다는 칙령을 발표했다.

새로운 수도 기원전 194년
한의 수도는 장안(현재의 시안)에 세워졌는데 장안이 당시의 중국을 남북으로 잇는 축의 중심이었기 때문이다. 장안은 108개의 구로 나뉘었고 밤엔 각 구의 성벽과 문을 닫았다.

death and the afterlife
죽음과 사후세계

한대에 이르러 죽음에 대한 믿음과 관습이 정교해졌다. 이는 매장할 때의 부장품에 반영되었다. 후난 성 마왕두이에 있는 기원전 168년의 다이 부인의 묘에서 발견된 부장품이 그 생생한 예시이다. 미라가 된 다이 부인의 시체와 함께 부인을 천국으로 데려다 줄 여러 부적들이 발견되었다. 부인의 영혼이 가야 하는 길, 즉 불멸의 땅인 봉래산에서 천국의 문까지를 비단에 그린 그림도 그중 하나다. 무덤에서 발견된 청동 거울에는 복잡해진 사후세계에 대한 믿음이 표현되었다. 거울은 T, V, L자 무늬와 오행(241쪽 참조), 12간지 등으로 장식되어 있는데, 여기 새겨진 알파벳 T, V, L자처럼 생긴 표시들은 점을 치기 위해 사용되었던 것들이다. 거울은 그것을 지닌 인물이 우주와 올바른 관계를 맺고 있는지 확인하는 데 이용됐다.

200 190 180 170 160 150 140 130

고조 황제 기원전 206년
유방은 소작농도 황제가 될 수 있다는 것을 보여주었다. 그는 처음엔 독립적인 열 개의 제후국을 인정했으나, 후에는 이들 나라를 자신의 친척들에게 재분배했다. 고조는 황제와 그를 보좌하는 세 명의 고관으로 운영되는 관료제도를 완성하였다. 세 명의 고관은 또 다시 각 아홉 명의 하급 관리들의 보좌를 받게 된다.

유방, 한 고조

농업 경제 기원전 180년
중국 농업을 특징짓는 주요한 것들이 문제 치하에서 모두 드러났다. 짧은 시간 내에 더 많은 수확을 거두기 위한 세련된 치수 기술, 개인적인 필요 이상의 잉여 농작물을 생산함으로써 경제를 번성시키는 자유 소작인, 자연 재해에 대한 취약함, 국가의 지나친 요구 등이 바로 그것이다.

농경 장면을 묘사한 화상석

무제 기원전 141-87년
긴 통치 기간 동안 무제는 중앙아시아, 베트남, 고조선 등으로 공격적인 팽창 정책을 폈다. 그리고 부패를 막기 위해 경제와 제도를 적극적으로 개혁했으나, 노년기엔 불로장생에 대해 집착했다.

연금술 기원전 133년
도가의 책에 묘사된 대로 중국의 연금술사들은 우주의 물질로 불로장생의 약을 만들고자 했다. 무제는 불로장생의 약을 찾아 불멸의 존재가 되길 원했다.

CHINA TAKES SHAPE
THE HAN DYNASTY, 206 BCE–220 CE
중국의 형성기 한 왕조, 기원전 206년-기원후 220년

다이 부인의 묘에서 발견된 비단천. 땅에서 천국까지 가는 길이 그려져 있다.

국가의 독점 기원전 119년
무제는 철과 소금의 생산, 판매를 정부가 독점하도록 했다. 이로써 중요한 세입원이 생겼으나 불법 시장 역시 성행했다.

110

고조선 기원전 108년
무제의 군대는 고조선을 이기고 한사군을 설치했다. 그중 하나인 낙랑군은 기원후 313년까지 중국인들의 수중에 있었다.

태학 기원전 124년
장안에 세워진 태학은 공자의 가르침을 공부하는 학생 50명으로 시작한 학교였다. 학생들은 시험에 합격하면 관직을 선택할 수 있었다. 혈통으로 관직을 차지하는 관습은 서서히 사라졌고 태학의 학생들이 하급 관료 자리를 차지하기 시작했다.

the silk road
실크로드

실크로드는 장안과 서아시아를 잇는 8000킬로미터 정도의 무역로이며 기원전 200년경부터 이 길을 따라 상업적 접촉이 이루어졌다. 이 길을 안전하게 통제하기 위해 중국의 강력한 군사력이 필요했다. 기원전 138년 무제는 중앙아시아의 월지국을 정벌하여 중국의 영향력을 파미르 고원 지역까지 넓히기 위해 장건 장군을 파견하였다. 기원후 91년에는 반초가 군대를 카스피 해안까지 이끌고 갔으며 로마 제국에 사절을 보내기까지 했다.

교역과 문화

로마 제국에서 인기가 많았던 상품인 비단은 실크로드로 운반하는 물품 중 가장 값나가는 것이었다. 로마의 원로원은 비단으로 옷을 만들

∨ 오색 비단
6세기경 투르판 지역에서 생산된 품질 좋은 비단은 한 왕조의 몰락 이후에도 계속 거래되었다.

어 입는 것을 금지하기도 했는데, 이는 비단을 수입하기 위해 제국의 막대한 양의 금이 흘러나가기 때문이었다. 실크로드에서는 교역뿐만 아니라 기술과 종교적 사상의 교류도 일어났다. 실크로드가 타클라마칸의 남북으로 갈라지는 곳인 둔황에는 불교의 가장 중요한 사원이 세워져 불교 미술과 문학의 저장고가 되었다.

실크로드가 가장 중요한 역할을 했던 때는 당 왕조(618-907년) 때였다. 당시 장안은 세계에서 가장 큰 도시였는데, 중앙아시아의 이국적인 대상들뿐만 아니라 조로아스터교와 네스토리우스파 기독교까지 유입되었다. 실크로드는 7세기에 이슬람 세력이 커지면서 쇠퇴했으나 13세기에 몽골의 정복으로 인해 정치적 안정이 이루어지자 다시 살아났다. 그리고 다시 베네치아 상인 마르코 폴로 같은 여행자들의 주된 상업로가 되었다.

∧ 실크로드 도시
실크로드 북쪽 지로의 교하 고성 폐허. 한 왕조 때 교하는 제후국의 수도였다.

∨ 천국의 말
좋은 말로 명성이 높았던 페르가나종 말을 묘사한 후한 시대의 청동 조각.

HISTORY THE STORY OF CHINA

위대한 역사가 사마천

학자 반소

무덤 조각상 기원전 100년경
기원전 1세기경부터 풍수적으로 중요한 위치에 조각상을 세우기 시작했다. 이 조각상들은 훗날 황제의 무덤까지 이어지는 비석의 길, 즉 '정신의 길'로 발전하였다.

위대한 역사가 기원전 83년
위대한 역사가 사마천은 〈사기〉를 저술했다. 〈사기〉는 남아있는 사료를 참고하여 중국의 역사를 광범위하게 수집, 정리한 책이다.

최초의 인구조사 기원후 2년
중국 최초의 인구조사에 따르면, 세금을 낼 수 있는 인구는 57,671,400명이었다.

황제의 부엌 기원전 7년
한 왕조 때부터 음식에 대한 기록을 했을 정도로 초기 중국에서 음식은 중요한 요소였다. 왕궁의 부엌에서는 3000명이 넘는 노비들이 일했다.

반소 기원후 45년경-115년
중국의 첫 번째 여성 역사가인 반소는 〈여계〉라는 저서에서 남편에게 공손하며 순종하라고 가르쳤다. 남편이 죽으면 여자는 재혼해선 안 된다고도 했다. 반소는 유교학자들에게 중국의 가장 위대한 여성 학자로 칭송되었다.

```
100    80    60    40    20   BCE-CE   20    40
   90    70    50    30    10    10    30    50
```

concubines and eunuchs
첩과 환관

기원전 8세기경부터 중국 황제는 거세한 남성들을 궁전의 하인으로 두기 시작했다. 환관들은 청소하고 부엌에서 일하는 등의 천한 일을 하기도 했고 궁중의 광대로 일하기도 했다. 가장 나이 많은 환관에게는 황제의 후궁들이 사는 규방을 지키는 일이 주어졌다. 후궁들은 황제의 정식 부인은 아니었지만 황제의 후계자가 될 수 있는 적법한 자손을 낳을 수 있었다. 한 왕조 때는 후궁과 환관들의 수가 늘어나 기원후 1세기경엔 궁궐에 3000명 정도의 환관이 살고 있었다. 이로 인해 만만치 않은 권력층이 생겨났고 제국의 개혁 능력을 약화시키는 파벌주의의 근원이 되었다. 이후 유교 역사가들은 한의 몰락이 환관 대신들 때문이라고 탓하기도 했다.

< **떠나가는 왕소군**
원제의 후궁이었던 왕소군은 중국의 4대 미녀 중 하나인데, 흉노족 왕의 부인이 되기 위해 떠나고 있다.

왕망 기원후 9-23년
1세기 초반, 어린 황제의 섭정을 했던 왕망은 왕위를 강탈해 신 나라를 세웠다. 왕망은 토지 사유제도를 폐지하고 염철법을 다시 도입했다. 그는 온몸에 깃털을 달면 멀리 날 수 있어서 흉노족의 움직임을 알아낼 수 있다고 주장하는 사람의 요구를 받아들여 황당한 실험을 하기도 했다. 그만큼 당시 중앙아시아의 흉노족은 중국에게 골치 아픈 적이었다. 기원후 23년에 왕망은 반란군에게 쫓겨나 살해당했다.

다층 건물 기원후 25년
한 왕조 시대에 목조 건물이 다층으로 건축되기 시작했는데, 일층엔 가축이 사는 마당, 중간층엔 주거용 공간, 꼭대기엔 감시탑이 있었다. 이러한 건축 양식은 후에 불교 탑 양식에 적용되었다.

> **도자기 탑**
도자기로 1미터 크기의 3층 건물을 만든 한대의 무덤 부장품.

the invention of paper
종이의 발명

왕실의 환관인 채윤(기원후 50년경-121년)이 종이를 처음 만든 발명가라고 전해진다. 그는 뽕나무의 껍질 안쪽 부분과 대나무의 섬유질을 물과 섞고 나무 도구로 두드렸다. 이 혼합물을 천 위에서 말리면 섬유질만 남아서 가볍고 값싸며 만들기 쉬운 종이가 된다. 그의 발명은 서류와 책 등에 급속히 적용되었다. 종이 제조업자들은 광택 나는 종이, 물들인 종이, 벌레 먹지 않는 종이 등을 개발했다. 600년경엔 목판 인쇄가 발명되었다. 그리고 740년엔 최초의 신문이 등장했다. 종이 제작법은 3세기경에 한국과 베트남에, 610년에는 일본에 전해졌다. 종이 제작 과정은 8세기경에 서양에도 전파되었다.

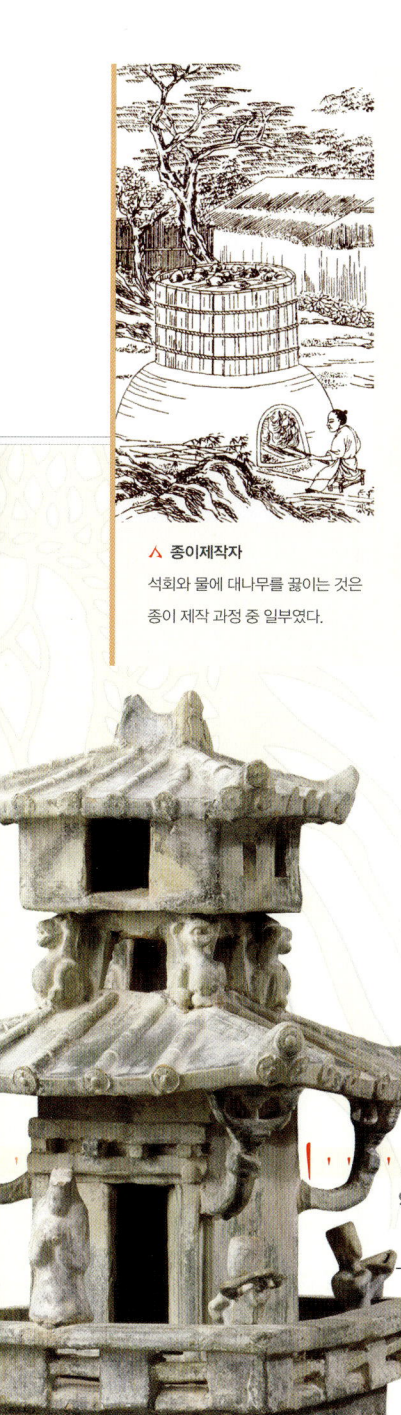

▲ 종이제작자
석회와 물에 대나무를 끓이는 것은 종이 제작 과정 중 일부였다.

장형의 지진계 모형

지진계 기원후 132년
장형이라는 천문학자가 지진계를 발명했다. 지진계는 항아리처럼 생겼고 가운데에는 추가 있었다. 지진이 일어나면 추가 흔들리고 지렛대가 움직이게 된다. 항아리에 청동 공을 물고 있는 용 여덟 마리가 붙어 있고 공이 항아리 밑의 두꺼비로 떨어지면 어느 방향으로 지진이 났는지 알 수 있었다.

반초 기원후 91년
반초는 흉노족에 맞서 전투를 한 것으로 잘 알려진 장군이다. 그는 타림 분지에서 한나라의 우위를 재확립했다. 기원후 91년에는 서부 지역을 보호하는 장군이 되었고 98년에는 파미르 고원 너머로 군대를 이끌고 카스피 해안까지 진격했다.

손수레 기원후 100년
손수레 같은 기구는 기원전 1세기경에 이미 묘사된 바 있지만, 손수레가 나타난 가장 오래된 이미지는 기원후 2세기 초반 쓰촨 성 무덤 벽의 띠장식 부조이다.

소가 끄는 쟁기 기원후 72년
황허 강에서의 수력발전으로 유명한 기술자 왕진은 소가 끄는 쟁기를 개량하여 내놓기도 했다. 철로 주조한 쟁기의 날(보습)은 중국에서 기원전 3세기에 처음으로 나타났다. 개량된 보습은 마찰을 줄였고 소 한 마리나 두 마리만으로도 쟁기를 사용할 수 있게 되었다.

최초의 사전 기원후 100년
허신이 편찬한 〈설문해자〉는 기원후 121년에 만들어져 황제에게 바쳐졌다. 이는 중국어의 최초 사전이자 세계에서도 가장 이른 것이다. 발음과 의미를 함께 기록한 이 최초의 사전은 이후 중국어 사전의 구성 방식을 확립했다.

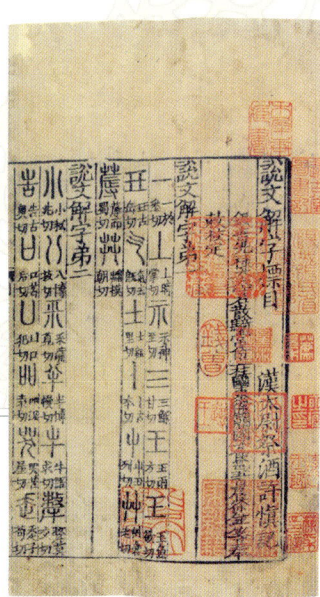

최초의 중국어 사전 중 한 쪽

HISTORY THE STORY OF CHINA

220년부터 589년까지 중국엔 통일된 국가가 없었다. 280년에 서진이 짧게 중국을 통일한 적이 있었으나 316년 이후엔 다시 남북으로 분열되었다. 북부에서는 16국시대라고 하는 분열의 시대가 계속되다가, 384년 탁발 씨가 북위 왕조를 세우며 통일됐다. 493년 북위는 다퉁에서 뤄양으로 수도를 옮겼다.

三国至隋朝

534년에 이르러 북위는 다시 분열되었는데 이 정치적 분열은 589년에 문제가 남북 중국을 수 왕조로 통일할 때까지 계속됐다. 이 시기는 정치적으로는 불안정한 시기였으나 도교의 연금술 실험 같은 발전이 있었고 풍경화가 출현하였다.

early buddhism in china
중국의 초기 불교

불교는 인도에서 중국으로 전해졌다. 기원후 2세기 말, 불교 공동체가 뤄양 같은 도시에 생기기 시작했고 불교 경전의 중국어 번역이 시작되었다. 중국 남부의 최초의 불교 추종자들은 불교를 새로운 도교의 출현이라고 받아들이며 거기에 매력을 느꼈던 이들이었다. 존재와 비존재라는 도교의 사상이 불교의 사상과 비슷했기 때문이었다. 북부에서 불교는 관료들의 지지를 받았다. 중앙아시아에서 온 불도징이라는 승려는 310년에 뤄양에 도착했는데 후조 왕조의 후원을 받으며 포교에 나섰다. 첫 번째 북위 군주였던 도무제는 불교의 진흥과 확산을 위해 승려를 행정관으로 임명했다. 유교학자들은 불교 승려를 죽이라고 북위의 태무제(424-51)를 설득했지만 불교 박해는 그리 오래 가지 않았다. 460년에 윈강에 불교 동굴사원 건설이 시작되었고 490년대엔 룽먼의 석굴 건축이 시작되었다.

∧ 룽먼 석굴
뤄양에서 가까운 룽먼의 석굴에는 100,000체 이상의 부처상과 그림. 40여 개의 탑이 있다.

북위 시대의 좌불

삼국 220-265년
3세기 중반, 삼국, 즉 위, 촉한, 오나라는 우위를 차지하기 위해 치열하게 싸웠다. 이 시기는 소설로 다뤄져 민속 우화와 대중적인 영웅 이야기의 출전이 되었다.

고개지 344-406년
중국 회화의 창시자 고개지는 시인이자 서예가이기도 했다. 그의 원작은 남아 있지 않으나 복제품은 몇 점 남아 있다. 그의 작품 중 가장 잘 알려진 것은 귀족 출신 여인들이 지켜야 하는 품행에 대해 그린 작품이었다.

왕희지 353년
왕희지의 글씨체는 복사본과 탁본으로만 알려져 있다. 그의 작품 중 가장 유명한 것은 '난정서'이다.

◁ 궁정의 모습
삼국시대를 다룬 소설 〈삼국지연의〉 중 한 장면.

고개지의 '낙신부도'

AN EMPIRE DIVIDED
THE FIRST PERIOD OF DISUNITY AND THE SUI DYNASTY, 220–618
분열된 제국 첫 번째 분열기와 수 왕조, 220–618년

> **관리의 인장**
> 청동 인장은 정부의 문서에 찍기 위해 사용됐다.
> 때로 동물 모양 장식이 붙어 있기도 했다.

인장 600년
중국의 인장은 본래 황제나 황제가 지정한 사람이 국정 문서가
가짜가 아님을 증명하기 위해 사용하던 국새에서 시작됐다.
6세기에는 인장의 사용 폭이 넓어져서 화가나 서예가들이 자신의
작품임을 나타내기 위해 사용하게 되었다. 빈번한 인장 사용은
목판 인쇄의 발달과 책의 생산에 공헌했다.

∧ **성스러운 싸움**
소림사의 승려들은 무술을
연마한다.

소림사 495년
중국에서 30년 이상 포교했던 불교 승려 발타선사는 5세기 말 허난 성에
소림사를 창건했다. 이후 수백 년 동안 소림사는 무술의 원조가 되었다.
오늘날에도 소림사의 주지 승려는 무술과 명상 수련 담당으로 분리되어
활동하고 있다.

개황 583년
중국을 통일하여 수나라를 세우기 전 문제는 율령
'개황'을 선포했다. 개황은 명료한 용어로 법을
규정했으며 훗날 중국의 법률에 모범이 되었다.

440 460 480 500 520 540 560 580 600 620
430 450 470 490 510 530 550 570 590 610

균전제 485년
일을 할 수 있는 모든 남자들은 개인당 땅 7.5
헥타르를 받았는데, 일부는 영구 상속 토지였고
나머지는 죽을 때 국가에 귀속되었다.

북위 왕조 493년
북위는 흉노를 무찌른 4세기 말부터 점차 중국 북부에 대한
지배력을 행사하게 되었다. 정부 관리에게 급료를 주지 않는
등 중국적이지 않은 풍습도 여전히 유지하고 있었지만, 493
년에 뤄양으로 수도를 옮긴 뒤 점차 중국화 되었다.

수 왕조
589–618년

티베트 600년
7세기 초반 티베트는 통일 국가가 되었다.
손챈감포 왕(620–49년)은 중국화 정책을
시작했고 오늘날의 쓰촨 성까지 티베트의
영역을 확장했다.

북위의 기병대
조각품들

> **황제의 여행**
> 수 양제는 떠있는 궁전이라고 할 수 있을 정도로 호화로운 배를 타고 대운하를 따라 제국을 여행했다.

the grand canal 대운하

605년 수 왕조의 두 번째 황제 양제는 대운하 건설을 지시했다. 야심에 찬 계획이자 공학상의 유례없는 업적인 대운하는 기존의 운하를 연결하고 강 다섯 개를 연결했으며, 완성까지 5년이 걸렸다. 대운하 완공으로 서신 왕래 속도와 제국 내의 상품 운송 속도가 엄청나게 향상되었으며 다음 왕조인 당까지 번영의 기초가 되었다.

새로운 대운하의 전체 길이는 2400킬로미터였다. 도로와 우체국이 운하 옆에 건설되었고 중요 지점마다 거대한 규모의 곡식 창고가 지어졌다. 운하의 여러 거점들이 쌀을 북쪽으로 운송하는 데 이용되었고, 양제가 612년에 고구려를 침입할 때 활용했던 것처럼 군사적 이동을 위해서도 사용되었다. 운하 건설에는 복잡한 공학적 기술이 필요했다. 수심이 얕은 곳에서도 바지선이 통과할 수 있도록 수문을 짓는 것도 이에 포함된다. 이런 대규모 건축은 국가의 재정을 투자하고, 건설 현장에서 일할 수많은 사람들(이들 중 다수가 공사 도중에 죽었다)을 징발할 수 있어야만 가능했다. 대운하 건설은 국가를 쇠약하게 만들어 수 왕조가 단명하는 요인이 되기도 했다.

이후의 발전

운하 주변엔 대도시들이 발달했다. 960년부터 송 왕종의 수도였던 카이펑의 인구는 60만 명에서 70만 명에 이르렀는데, 당시 세계에서 가장 큰 도시였다. 13세기에는 항저우부터 원나라의 수도였던 베이징까지 운하가 계속해서 추가로 건설되었다. 마르코 폴로는 대운하를 일컬어 거대한 배까지 통과할 수 있는 '엄청나게 넓고 깊은 거대한 운하'라고 했다. 15세기에 이르러 운하의 많은 부분이 침적토 때문에 사용할 수 없게 되자 곡식은 내륙보다는 바다로 운반되었다. 대운하는 명 왕조인 1411년에 재건되었는데 30만 명의 일꾼들이 100일 동안 210킬로미터에 이르는 운하를 청소하고 수문 38개를 짓기 위해 고되게 일해야 했다. 공사가 끝났을 때는 밑바닥이 납작한 바지선 3000척이 한 해 30만 톤의 곡물을 베이징으로 운송할 수 있게 되었다.

> **운하의 뱃사공**
> 운하에는 곡물을 나르는 큰 배뿐만이 아니라 각 도시와 마을의 작은 배들도 운항할 수 있었다.

引语 이 운하의 세세한 부분을 이루는 수문과 다리 등은 장인의 솜씨로 아름답게 만들어져
장식되어 있다. 이 우아한 운하는 긴 노정 끝에 부드럽게 황허 강으로 흘러들어간다.

– 중국 대사, 맥카트니 경(1737–1806년)

∧ **지금도 사용중인 대운하**
대운하 중 장수 성 지역은 중국 남부에서 아직
배를 운항할 수 있는 곳 중 하나이다.

HISTORY THE STORY OF CHINA

618년에 수가 무너지고 당 왕조가 개국하면서 정치, 문화, 경제적 성공의 시대가 열렸다. 당 태종(626-49년) 치하에서 당은 개혁을 이뤘고 제국의 영토는 중앙아시아까지 확장되었다. 현종(712-56년) 때는 문학과 예술이 꽃피었으며 수도인 장안은 국제적인 도시가 되었다.

唐朝

755년부터 763년까지 제국은 안녹산의 난으로 흔들렸다. 반란은 진압되었으나 당은 완전히 회복되지 못했고 875년엔 황소의 난이 일어났다. 황소가 장안에서 체포되면서 반란군은 결국 항복했지만 이미 당의 권력은 무너질 대로 무너진 뒤였다. 907년에 황소의 추종자였던 이가 양 왕조를 세우면서 당 왕조는 몰락했다.

당 앵무새무늬 은병

은세공 618년
당 초기에 많은 은세공업자들이 페르시아에서 당으로 이주해 왔다. 그들은 자신들의 은세공 기술과 중국의 금속공예 기술을 결합하여 높은 품질의 금은 세공품을 생산하였다.

초기 기독교인 635년
시리아 지방의 기독교, 즉 예수가 인성과 신성의 분리된 정체성을 지니고 있다고 믿은 네스토리우스파는 중국에 와서 그들의 경전을 태종에게 선물했다. 네스토리우스파의 첫 번째 교회가 638년에 장안에 만들어졌고, 781년에는 그들의 가르침을 새긴 비석도 세워졌다. 이 비석은 네스토리우스파와 다른 외국 종교들이 박해받았던 845년 이후 모두 파묻혔다.

이슬람교 유입 651년
첫 번째 공식 이슬람교 사절이 중국 장안에 도착해 고종의 환영을 받았다. 고종은 이슬람교로 개종하진 않았지만 그들이 중국에 이슬람 사원을 짓는 것을 허락해주었다.

당 왕조 618-907년

태종 626-49년
태종의 치세는 중국 역사상 가장 빛나는 시기 중 하나였다. 태종과 신하들과의 관계 역시 모범적이었다. 또한 그는 국립학교를 설립했는데 학교를 졸업한 학생들은 일정한 시험을 치른 뒤 관직에 오를 수 있었다. 657년에 태종의 장군 소정방은 이식쿨에서 서투르크 군대를 격파하고 페르시아 국경까지 중국의 영향을 떨쳤다.

the empress wu
측천무후
측천무후는 중국을 황제의 자격으로 다스린 유일한 여인이다. 그는 683년에 남편 고종이 죽은 뒤에 그의 후계자들을 좌지우지했다. 690년엔 왕위를 빼앗고 스스로 왕조를 세워 기존 지배이었던 귀족 계급 밖에서 지지자들을 얻었다. 그녀는 불교를 장려하고 새로운 사원 건축을 승인했는데 그곳에서 측천무후의 연인이었던 주지의 참관 하에 열광적인 종교 의식을 치렀다고 한다. 측천무후는 비현실적인 건축 계획과 거란과 티베트에 대한 군사 활동 때문에 재정을 낭비했다. 697년부터 측천무후는 장역지 형제를 사랑하게 되었는데 그들은 호사를 일삼고 고위 관료들의 권위를 무시해서 추문을 일으켰다. 705년에 관료들은 장역지 형제를 죽이고 여제를 폐위시켰다. 측천무후는 그 다음해에 사망했다.

티베트로의 불교 전파 650년
티베트를 618년부터 650년까지 다스렸던 손챈감포 왕이 티베트에 불교를 들여왔다. 그는 불교 스승들을 받아들였으며 경전 번역을 지시했다. 또한 그는 라사에 조캉 사원을 건립했고 그의 두 부인은 중국인, 네팔인 불교 신자였다.

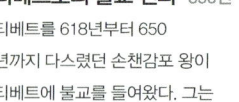

라사 근처의 불상

A GOLDEN AGE
THE TANG DYNASTY, 618-907
황금기 당 왕조, 618-907년

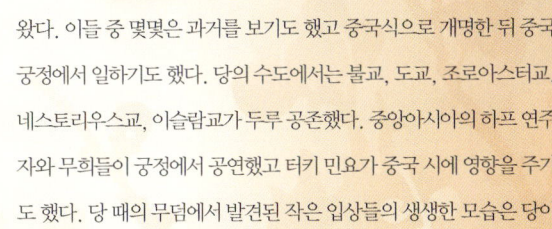

외국의 패션
당 때 만들어진 이 도자기 인형들 중 가운데 부인 모양의 인형이 입은 꽃무늬 옷은 외국의 영향을 보여준다.

the cosmopolitan tang
국제적인 나라 당

현종의 치세 동안 세계와의 교류는 최고조에 달했다. 또 중앙아시아에 미친 중국의 영향 또한 정점에 달했다. 장안의 인구는 백만 명이 넘었고 전 세계에서 가장 큰 도시였으며 국제 문화의 중심이었다. 실크로드를 통해 페르시아와 소그디아나 상인들이 들어왔다. 타림 분지에서 말, 비잔틴에서 유리 공예품, 신장에서 옥, 사마르칸트에서 크리스탈, 투르판에서 면 등을 수입했다. 중국에서는 비단, 차, 종이, 도자기를 수출했다. 신라와 일본의 학생들이 유교와 불교를 공부하러 장안으로 유학을 왔다. 이들 중 몇몇은 과거를 보기도 했고 중국식으로 개명한 뒤 중국 궁정에서 일하기도 했다. 당의 수도에서는 불교, 도교, 조로아스터교, 네스토리우스교, 이슬람교가 두루 공존했다. 중앙아시아의 하프 연주자와 무희들이 궁정에서 공연했고 터키 민요가 중국 시에 영향을 주기도 했다. 당 때의 무덤에서 발견된 작은 입상들의 생생한 모습은 당이 얼마나 외부 세계와 교류가 많았는지를 보여준다. 당삼채 중 상당수가 큰 코에 수염이 많은 외국인이며 중앙아시아의 특산품인 말과 마부 상도 있다.

당 권력의 몰락

당의 세련된 문화는 중앙아시아에 대한 당의 통제력에 의해 크게 좌우되었다. 중국은 630년에 동투르크를 정복했고 657년 이식쿨에서의 승리 뒤에 서투르크를 점령했다. 그러나 티베트로의 확장에는 어려움을 겪었다. 더 심각한 일은 무슬림 군대가 630-40년대에 페르시아를 정복한 후 중앙아시아에 진출했을 때였다. 8세기 초반에 무슬림은 타슈켄트까지 진출했다. 40년 동안 지속된 불안정한 휴전으로 751년까지 노골적인 대립은 막을 수 있었다. 사마르칸트에서 무슬림의 지배에 반대하는 반란이 일어나자 당이 개입하였으나 탈라스 강에서 처참하게 패배했다. 당은 실크로드에 대한 통제권을 잃었고 세입이 줄었으며 중국의 문화적 관심은 다시 중국 내부로 향했다.

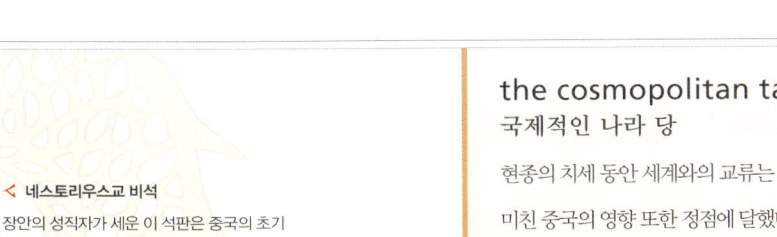

네스토리우스교 비석
장안의 성직자가 세운 이 석판은 중국의 초기 네스토리우스파의 역사를 기록했다.

마니교 694년
3세기 이란의 예언자 마니의 추종자들이 7세기에 중국에 도착했다. 그들의 신앙은 그리스도교, 조로아스터교, 불교의 요소를 섞은 것이었다. 마니교는 당 때 번성했으나 이후 간헐적인 박해가 이어졌고 끝내 명 왕조에서 금지되었다.

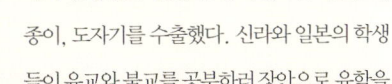

690　　　　　600

대상 음악
당삼채에 나타나는 중앙아시아인의 전형적인 모습은 악사였다.

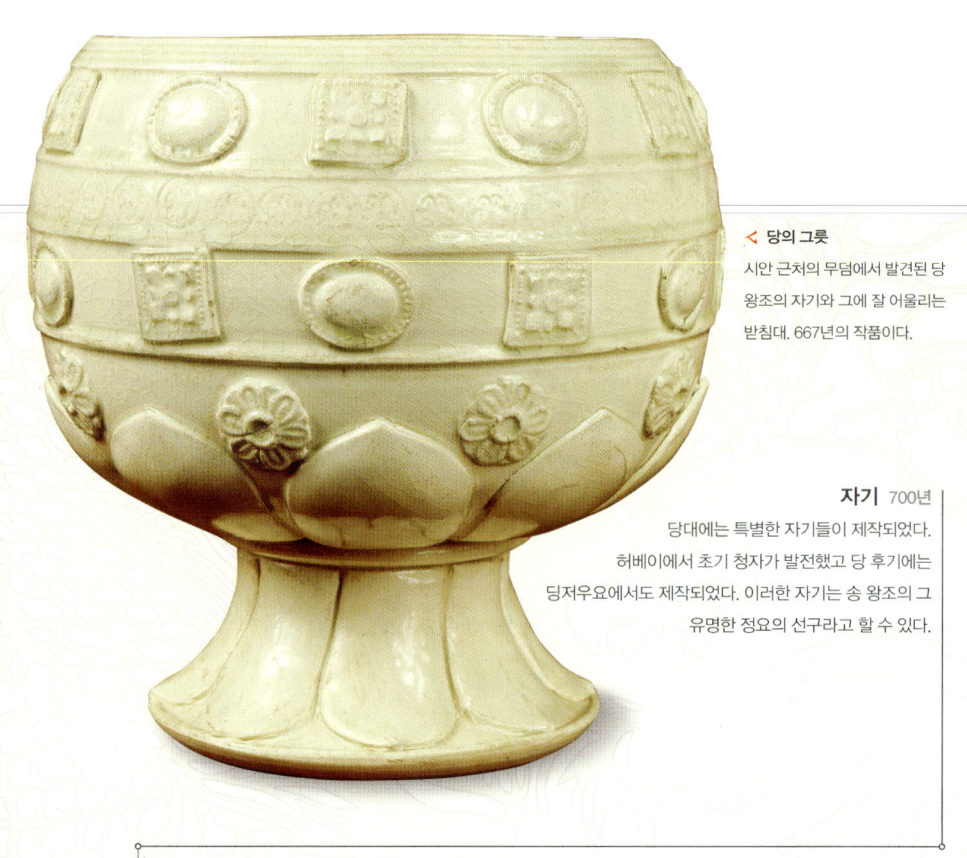

◁ 당의 그릇
시안 근처의 무덤에서 발견된 당 왕조의 자기와 그에 잘 어울리는 받침대. 667년의 작품이다.

the rebellion of an lushan
안녹산의 난

740년대에 현종이 후궁 양귀비에게 정신이 팔리면서 양귀비의 사촌 양국충이 궁정의 권력자가 되었다. 양국충의 경쟁자였던 안녹산은 북부 국경지대의 군 지휘관이었고 현종의 총애를 받았다. 755년에 안녹산은 양국충이 공격할까 봐 두려워 반란을 일으키고 장안에서 황제를 쫓아냈다. 현종이 피신해 있는 동안 군대가 양귀비를 죽일 것을 종용했고 현종은 결국 양귀비의 사형을 명령했다. 안녹산은 757년에 살해되었으나 763년까지 반란군은 진압되지 않았다.

자기 700년
당대에는 특별한 자기들이 제작되었다. 허베이에서 초기 청자가 발전했고 당 후기에는 딩저우요에서도 제작되었다. 이러한 자기는 송 왕조의 그 유명한 정요의 선구라고 할 수 있다.

◁ 피신하는 왕실
현종이 장안에서 피신했다는 것은 당 황금기의 종말을 의미했다.

현종 치세의 당 예술 740–60년
현종이 다스리던 시기엔 미술과 조각에서 중요한 발전이 이루어졌다. 오도자(700년경–60년)가 중국 양식의 불상을 창조했고 시인이자 화가인 왕유(701–61년)는 산수화를 발전시켰다. 한간(715년경–81년)은 황제가 아끼는 말들을 그렸다.

한간의 '밤의 백마'

다경 780년
육우는 차를 기르고 마시는 방법을 적은 〈다경〉을 저술했다. 〈다경〉에 따르면 먼저 찻잎을 덩어리로 굽는다. 덩어리에서 잘라낸 차 조각을 그릇이나 잔에 담고 소금을 약간 넣고 끓인 물을 붓는다.

당 시 700–800년
당의 시는 이후 중국 시의 모범이 되었는데 이를 따른 후대의 시인들 중 누구도 당대의 시를 능가하지는 못했다. 가장 유명한 두 시인은 중국에서 가장 사랑받는 시인인 이백(702–62년)과 과거 시험에 떨어져 실망했었던 두보(712–70년)이다.

◁ 이백
기인 이백의 시는 달과 술에 대한 사랑을 다룬 작품이 많았다.

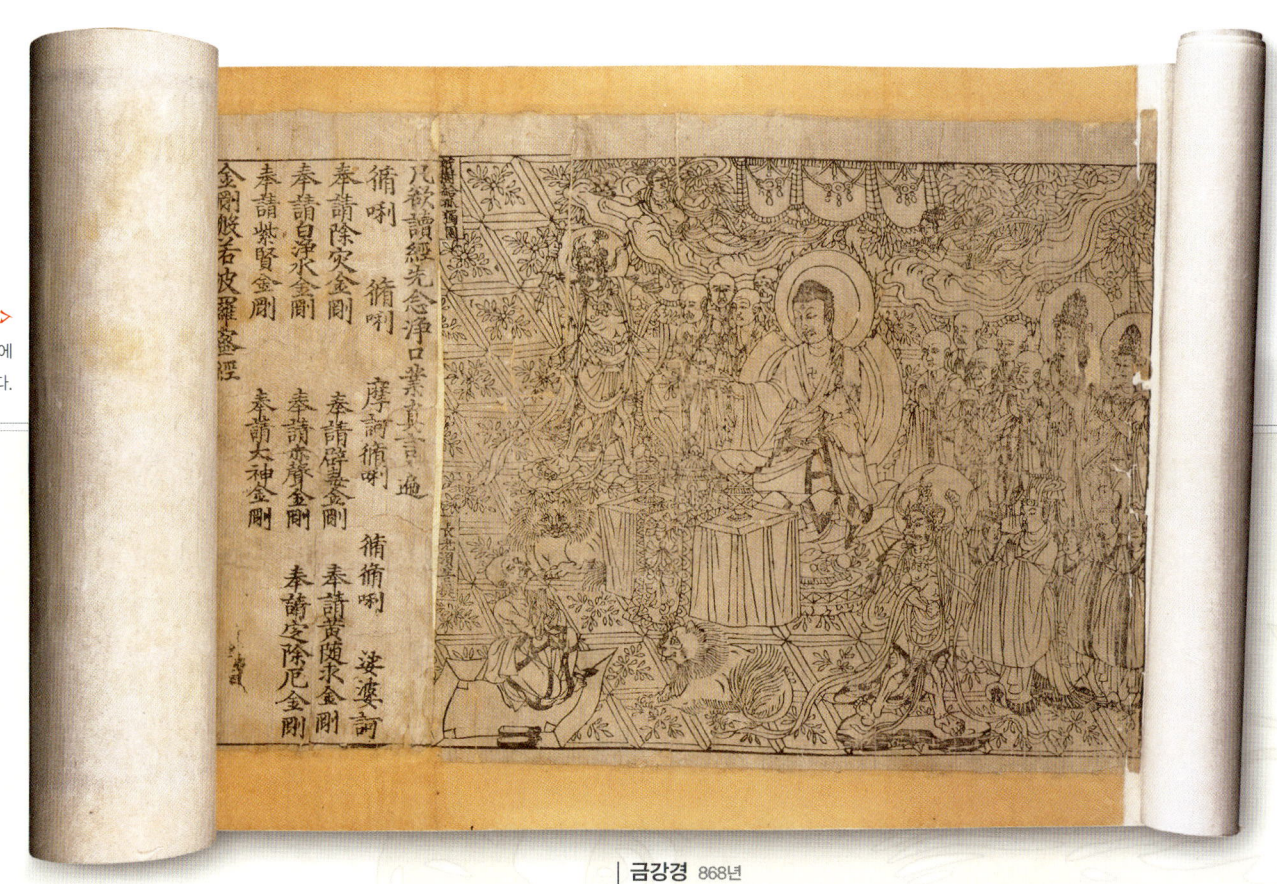

금강석처럼 날카로운 ▷
〈금강경〉이라는 이름은 "그 가르침이 세속의 환상에 대해 금강석 칼날처럼 날카롭다"고 하여 붙여졌다.

시안의 비림

사서오경 837년
유학 책인 주역, 서경, 시경 등의 사서오경이 114개의 석판에 새겨졌다. 이 비문은 시안의 비림에서 볼 수 있다.

단성식 853년
신데렐라 이야기의 가장 이른 판본은 당 때의 작가인 단성식이 쓴 것인데, 농부들 사이에 전해오던 설화에서 유래했을 것으로 추측된다.

금강경 868년
인쇄된 책 중 가장 오래된 판본인 〈금강경〉은 실크로드의 끝에 있는 둔황에서 발견됐다. 868년에 인쇄된 〈금강경〉은 노란 색으로 물들인 종이에 인쇄되어 조각된 나무틀에 부착된 5미터 길이의 두루마리다.

| 810 | 820 | 830 | 840 | 850 | 860 | 870 | 880 | 890 | 900 |

한유 819년
불교 반대파였던 유학자 한유는 부처의 것이라 알려진 손가락뼈에 기도하는 황제를 비판했다. 한유의 공격은 당시 늘어나고 있던 불교 박해의 전형적인 모습이었다.

◁ **차 상자**
도금된 차 상자는 당대에 차 마시기가 얼마나 의례화 되었나를 보여준다.

불교 사원의 해체 845년
불교의 부와 영향력에 대한 비판이 거세지자 무종은 사찰에 토지를 포기할 것을 명했다. 불상들을 녹여서 구리로 만들었고 사찰 4,600 군데 이상, 사당 40,000 군데 이상을 파괴했으며 25만 명에 이르는 승려들을 환속시켰다.

당 왕조의 몰락 874년
기아가 만연하고 반란이 거듭 발발하여 왕조가 몰락의 길로 빠져들고 있을 때에도 당 왕조가 이를 완화하기 위해 취한 조치나 개선책은 거의 없다. 당은 전형적인 왕조의 순환을 따랐다. 처음엔 능력 있는 왕이 효율성 있는 정부를 이끌면서 경제를 번영시키지만, 후기의 약한 왕들은 사리사욕을 따지는 관리와 귀족들에게 사로잡혀 경제를 무너뜨린다. 반란군들은 결국 구체제를 버리고 새로운 왕조를 만들며, 이러한 순환이 또 반복된다.

◁ **성산**
산시 성의 우타이 산엔 350개 이상의 불교 사원이 있었으나 지금은 47개만 남아 있다.

HISTORY THE STORY OF CHINA

당 왕조의 몰락 후 중국은 다시 분열되었다. 거란의 요가 동북부를 지배하는 동안 남부는 10국으로 나뉘어 있었다. 북부는 960년까지 왕조가 다섯 번 바뀐 끝에 조광윤이 송 왕조를 세웠다. 송 왕조는 전성기였던 11세기 중반에 중국의 대부분을 지배했다.

宋朝

1125년엔 만주 동부의 여진이 요를 물리치고 금 왕조를 세웠다. 금은 중국 북부까지 확장하여 1127년에 송 왕조의 세력을 남부로 국한시켰다. 남송은 1279년까지 존속했다. 송은 군사적으로는 약했지만 위대한 예술적 업적을 남겼다.

송의 도시생활
장택단의 '청명상하도'는 송의 수도 카이펑의 떠들썩한 삶을 잘 묘사하고 있다.

카이펑 960년
송은 대운하에 위치한 카이펑을 수도로 정했는데 이곳은 장안보다 쌀을 공급받기가 용이했다. 11세기에 카이펑은 세계에서 가장 큰 도시였으며 엄청난 물량의 교역을 소화했다. 1126년에 카이펑은 여진이 세운 금에게 함락당했으며 최후의 북송 황제는 포로가 되었다.

술병
중국 남부 징더전에서 청자와 백자가 생산되었다.

자기 1004년
국가에서 운영하는 카이펑 근처의 가마들은 자기 제작의 중심지가 되었다. 비 온 후의 푸른 하늘 빛 같은 색의 청자, 정교한 무늬가 상감된 투명한 백자인 정요 등이 생산되었다.

운하의 수문 984년
송 때 대운하의 수위를 유지하는 수문이 발명되었다. 인공수로 두 개를 거리를 두고 지은 것이었고 대운하에서 처음 사용됐다.

요 왕조 907-1125
몽골계 부족 거란의 야심찬 지도자 아바오지가 907년에 요 왕조를 세운 후 요녕을 수도로 삼아 중국식 도시로 만들었다. 요 왕조는 1125년까지 중국 북부를 지배했으며 그들만의 풍습을 유지하면서도 남부 출신의 중국인 관리들을 등용했다.

요 왕조의 도금 왕관

송 왕조 960-1279년

과거 제도 1002년
이 해에 카이펑에 과거를 보러 온 응시자는 14,500명에 달했다. 한대에 처음 실시된 관리 등용 시험이었던 과거 제도는 송대에 이르러 관료를 뽑는 가장 중요한 방법이 되었다.

학자 관료
송대에는 과거에 합격한 관료들의 수가 증가했다.

POWER MOVES SOUTH
THE SECOND PERIOD OF DIVISION AND THE SONG DYNASTY, 907-1279
강력해진 남부 두 번째 분열의 시기와 송 왕조, 907-1279년

◁ **하늘의 선녀**
둔황석굴의 327번 동굴에 그려진 북위 시대의 프레스코화. 하늘을 나는 선녀가 그려져 있다.

폭죽 ▷
화약은 군사용 외에 축제 때의 폭죽으로도 사용되었다.

화약 1044년
송 왕조 때 화약 제조법을 다룬 책이 처음으로 출판되었는데 이는 유럽보다 200년 앞선 것이었다. 9세기의 도교 문서에 화약의 재료가 언급되었으나 정확한 제조법을 기술하진 않았다.

인구 성장 1020년
송대에 중국의 인구는 일억 명에 달했고 이 중 2/3가 중국 남부에 살았다.

둔황석굴 1035년경
4-11세기에 둔황의 불교 승려들은 동굴을 파 만든 사찰에 그림을 그렸다. 1002년 이후부터 승려들은 예식에 쓰던 두루마리와 비단에 그린 그림 등을 동굴에 보관하기로 했다. 소장된 양이 워낙 많아서 동굴의 바닥부터 천정까지 가득 찰 정도였다. 1035년에 입구가 봉해졌고 동굴과 그 안의 유물들은 1907년에 발견될 때까지 사람들의 머리에서 잊혀졌다.

왕안석 1068년
신종은 신법당에 학자 왕안석을 임명했다. 그는 군대를 위한 자금을 만들기 위해 차를 전매했고, 세금 납부를 교묘히 피해가던 부유한 가문에 도전했으며, 무거운 빚에 시달리던 농부들에게 무이자 대출을 제공했다.

| 1020 | 1040 | 1060 | 1080 |

1010 1030 1050 1070 1090

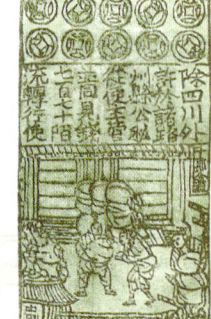

지폐 1024년
쓰촨 성의 상인들이 발행한 증서가 성공적으로 유통되자 정부는 이를 받아들여 지폐를 발행했다. 이 지폐엔 3퍼센트의 이용 수수료가 있었고 유효기간은 3년이었다.

송 상인의 교환증서

주조 활자 1045-58년
비성이 발명한 주조 활자가 인쇄에 사용되었다. 목판 활자는 9세기 말에 개발되었으나 비성의 주조 활자는 여러 책을 만들 때 활판을 다양하게 만들어 사용할 수 있었다.

나침반 1044년
송대에 세계 최초로 나침반이 제작되었다. 자석으로 만든 물고기가 물을 담은 접시 위에서 남쪽을 가리키게 되어 있었다.

수송의 천문 시계 모형

물시계 1090년
공학자 수송이 만든 천문 시계에는 높이 12미터의 목재 탑에 태양, 달, 별의 움직임을 재현하는 청동 구가 설치되었다. 이는 3.3미터 높이의 물레방아가 돌아가는 힘으로 움직였다.

농업의 발전 1012년
송대에 남부지역에서는 베트남으로부터 빨리 익는 참파 벼 등의 새로운 종자가 도입되어 농작물 수확량이 증가했다. 관개 시설이 확충되었고 노동력을 줄일 수 있는 장비들도 개발되었다.

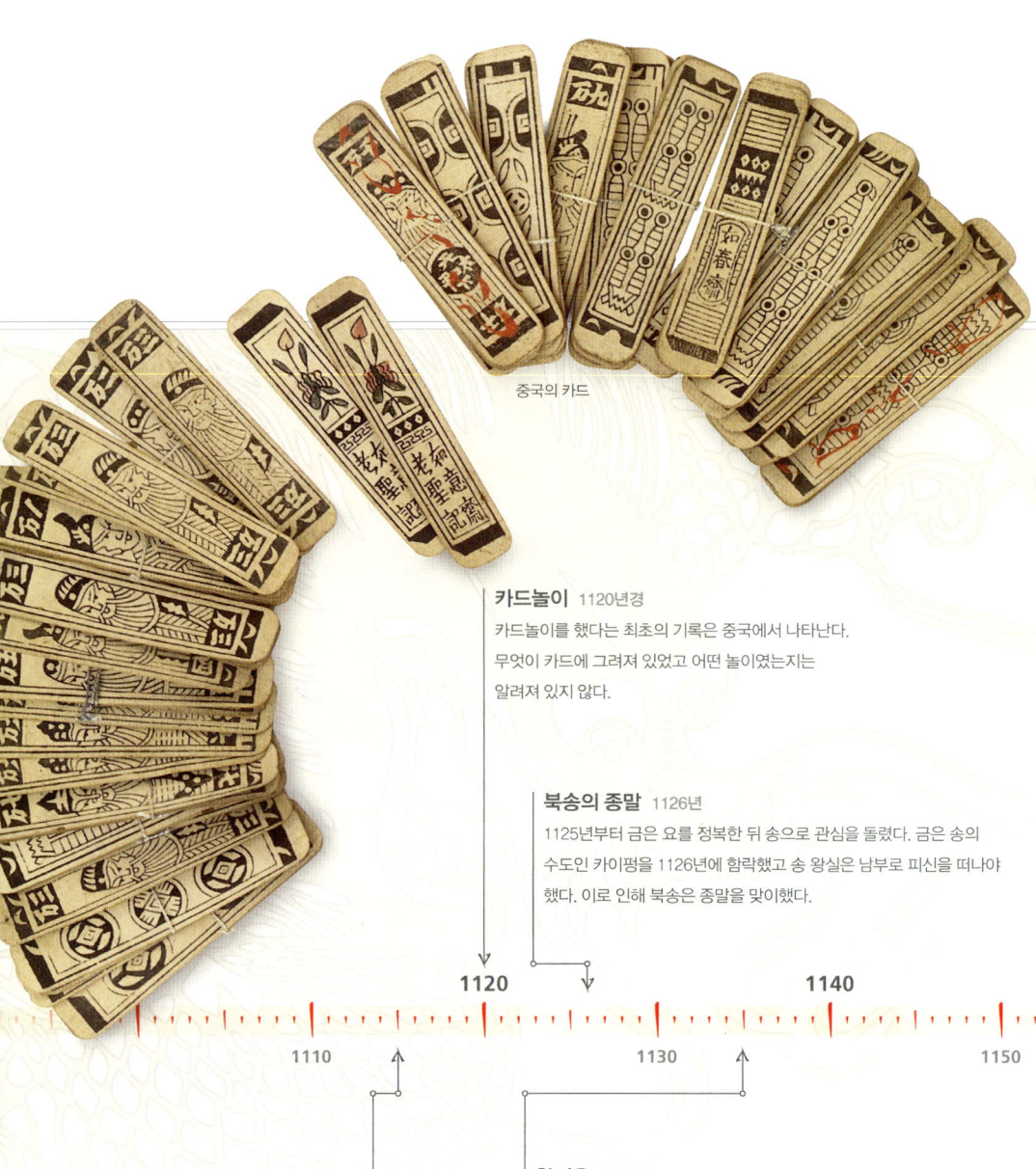

중국의 카드

song painting
송의 회화

시인이자 화가이며 정치가였던 소동파(1036-1101년)는 학자의 산수화는 자신의 감정을 표현하기 위해 산과 나무의 형태를 빌리는 것이라고 했다. 송대에 회화, 특히 산수화는 절정에 이르렀다. 이 시기의 뛰어난 산수화가로는 범관(990년경-1020년), 미불(1051-1107년), 하규(1195-1224년) 등이 있다.

다른 양식의 회화 역시 송대에 꽃피었다. 북송의 마지막 왕인 휘종(1100-26년 재위)은 화조화에 능했다. 남송 시대에는 선종화가 번성했다. 선종화의 가장 대표적인 인물은 목계(1200년경-70년)이다.

하규의 산수화

카드놀이 1120년경
카드놀이를 했다는 최초의 기록은 중국에서 나타난다. 무엇이 카드에 그려져 있었고 어떤 놀이였는지는 알려져 있지 않다.

북송의 종말 1126년
1125년부터 금은 요를 정복한 뒤 송으로 관심을 돌렸다. 금은 송의 수도인 카이펑을 1126년에 함락했고 송 왕실은 남부로 피신을 떠나야 했다. 이로 인해 북송은 종말을 맞이했다.

| 1110 | 1120 | 1130 | 1140 | 1150 | 1160 | 1170 | 1180 | 1190 |

항저우 1135년
1135년에 고종은 중국 북부를 포기하고 대운하 끝에 있는 항저우로 수도를 정했다. 남송 때에 항저우는 카이펑의 뒤를 이어 세계에서 가장 큰 도시가 되었다. 항저우는 중국의 가장 중요한 비단 생산 중심지였고 활발한 경제로 인해 지폐 사용 같은 세련된 상업 방식이 유행했다.

해운 무역 1162년
효종 때 해외 무역은 경제의 중요한 위치를 차지했고 관세는 국가의 수입에 크게 기여했다. 나침반이 일찍이 발명되었고 4-6개의 돛을 단 큰 돛배를 개발했기 때문에 먼 나라와의 교역도 가능해졌다.

여진의 금 왕조 1115-1234년
여진은 10세기에 거란의 요에게 정복당했던 반 유목민족이었다. 1115년에 여진의 지도자 아구다가 반란을 일으킨 뒤 금 왕조를 세웠다. 금은 전성기엔 북중국, 만주, 내몽골까지 차지했었다. 그들은 중국인들의 지역에서는 중국인 관료들을 기용하고 중국의 관습을 받아들였다.

항저우의 서호 풍경

▽ 전사 왕
여진의 금 왕조를 무찌르는 칭기즈 칸의 군대

genghis khan
칭기즈 칸

몽골 부족장의 아들인 테무친은 1167년경에 태어났다. 몽골의 책 〈몽골비사〉에 따르면 그는 아버지가 독살당한 뒤 부족장의 자리를 요구했다고 한다. 테무친은 훈련받은 군대를 키웠고 군대를 1000명 단위로 나누었으며 말을 타고 싸우는 기술을 이용한 새로운 군사 전법을 고안했다. 1206년에 그는 유목민족들의 통치자라는 칭기즈 칸 호칭을 받았다. 1210년에 그는 서하 왕국(현대의 간쑤 지방)을 정복하여 서북쪽을 향한 중국의 무역로를 막았고 1215년엔 여진의 금 왕조의 수도를 포위했다. 칭기즈 칸은 그 다음 십 년 동안 서쪽으로 관심을 돌렸고 중앙아시아에 집중했다. 그는 1226년에 서하 왕국을 정벌하기 위해 돌아왔으나 다음 해에 죽었다.

화창

카이펑 포위 1232–33년
몽골의 오고타이는 카이펑을 포위하고 여진의 금 왕조를 파멸시켰다. 금 왕조는 화약을 이용한 로켓과 화창이라고 알려진 원시적인 화염방사기를 활용하여 도시를 방어하려고 했지만 소용없었다. 카이펑은 다음 해에 함락당했다.

곽수경 1276년
뛰어난 과학자였던 곽수경(1231–1316년)은 달력을 개정해야 한다는 것을 쿠빌라이 칸에게 설득시켰다. 그는 천문 도구를 고안하기 위해 관성대를 만들었다. 그가 개정한 달력에서 일 년의 길이는 현대의 달력과 26초 차이밖에 나지 않는다.

덩펑에 있는 곽수경의 관성대

주자학 1200년
유학의 여러 유파들이 사상가 주희(1130–1200년)에 의해 통합되었다. 그는 개인이 지켜야 할 도를 강조했는데, 유학의 가르침을 따르는 이라면 유학의 고전을 연구하면서 개인적인 수양을 통해 도를 따라야 한다는 것이었다. 주희는 백성은 지도자에게, 자녀들은 부모에게, 아내는 남편에게, 동생은 형에게 복종해야 한다고 주장했다.

주자학자 주희

song women
송의 여인들

일부 역사학자들은 송대에 이르러 여성의 자유가 악화됐다고 주장한다. 전족이 확산되고 과부의 재혼 금지, 여성의 재산권 박탈 등이 있었기 때문이다. 그러나 전족은 본래 무희와 첩들이 하던 것인데 여성적인 매력을 돋보이도록 하기 위해 여성들이 전족을 받아들였을지도 모른다. 또한 송의 법률은 과부의 재혼을 허용했지만, 재혼을 하면 여인이 속해 있던 가문의 정절이 훼손된다는 이유로 사회적으로 재혼에 대한 거부감이 강했던 것이다.

송의 법은 딸들에게 아들의 유산 상속분의 반을 가질 권리를 주었다. 그러나 이 법률은 아들이 가족의 의식과 재산을 물려받는 것이 이상적이라고 한 주자학에 위배되었고 몽골의 법에서도 그러했다. 때문에 1279년 남송 왕조가 몽골에게 함락당한 후에도 여성의 권리 박탈은 계속되었다.

비단을 만드는 송의 여인들 ▷
송대의 여인들은 이후 왕조의 여인들보다는 권력을 조금 더 누리긴 했으나 전통적인 역할 외에는 거의 힘이 없었다.

101

HISTORY THE STORY OF CHINA

1259년 몽골의 칸 몽케는 중국 북부를 다스리도록 동생 쿠빌라이를 임명했다.

元朝 쿠빌라이는 1271년에 나라를 세워 국호를 원이라 하였으며, 남송 공격을 시작했다. 1279년, 남송을 멸망시킨 후 원은 중국 전체와 주변의 유목민족들까지를 포함하는 대제국이 되었다. 1281년에 일본 침략이 태풍으로 인해 좌절된 후 1294년 죽을 때까지 쿠빌라이는 중국을 다스리는 것에 전념했다.

1307년까지 중국을 다스린 쿠빌라이의 손자 테무르는 쿠빌라이 통치의 좋은 점을 계승했으나 테무르의 후계자 카이산은 독단적으로 나라를 다스렸다. 1329년부터 통치한 툭테무르는 불교의 수호자였다. 원 왕조는 토곤 테무르의 통치 때에 약화되었고 1368년 왕실은 몽골로 피신했다.

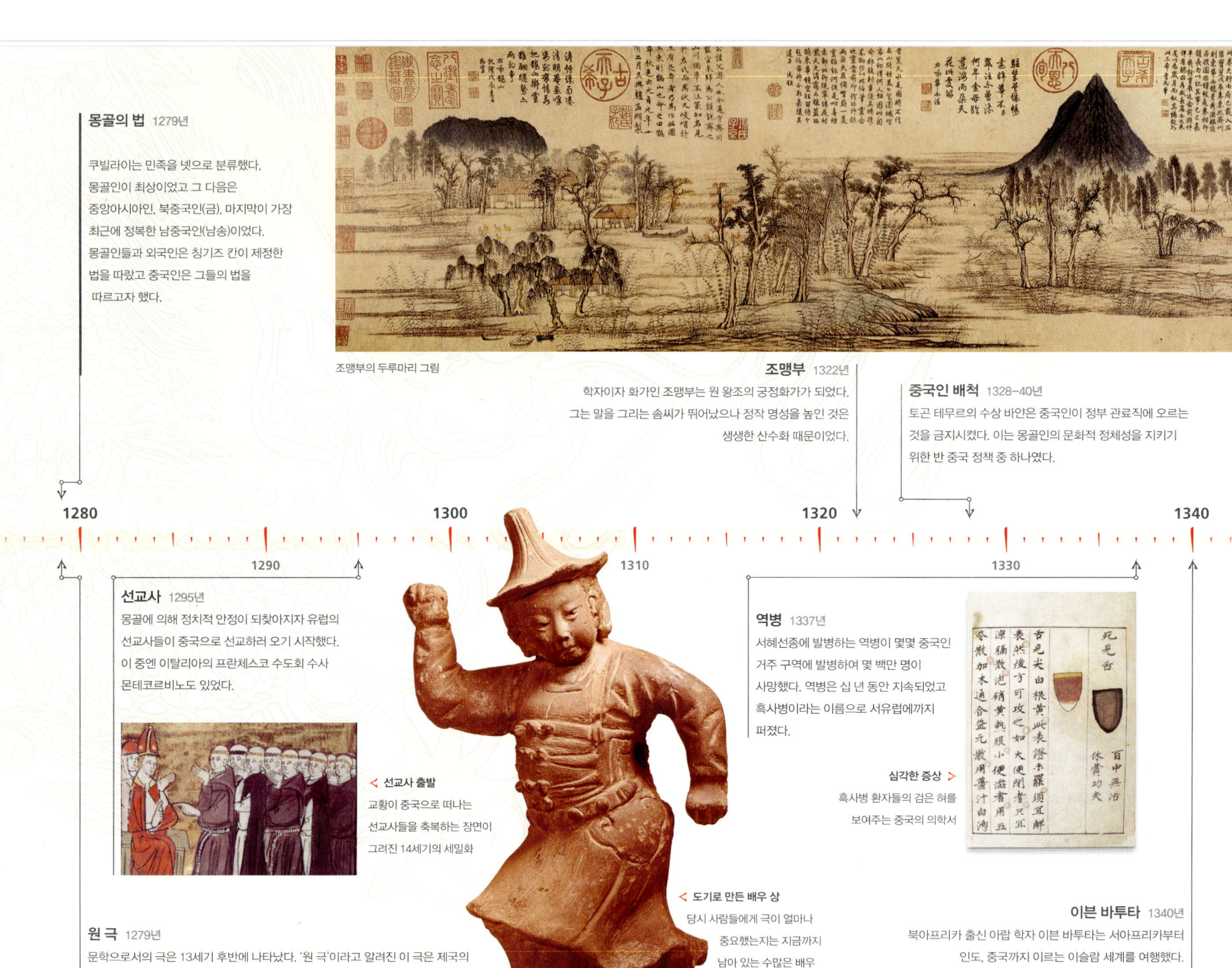

몽골의 법 1279년
쿠빌라이는 민족을 넷으로 분류했다. 몽골인이 최상위였고 그 다음은 중앙아시아인, 북중국인(금), 마지막이 가장 최근에 정복한 남중국인(남송)이었다. 몽골인들과 외국인은 칭기즈 칸이 제정한 법을 따랐고 중국인은 그들의 법을 따르고자 했다.

조맹부의 두루마리 그림

조맹부 1322년
학자이자 화가인 조맹부는 원 왕조의 궁정화가가 되었다. 그는 말을 그리는 솜씨가 뛰어났으나 정작 명성을 높인 것은 생생한 산수화 때문이었다.

중국인 배척 1328-40년
토곤 테무르의 수상 바얀은 중국인이 정부 관료직에 오르는 것을 금지시켰다. 이는 몽골인의 문화적 정체성을 지키기 위한 반 중국 정책 중 하나였다.

선교사 1295년
몽골에 의해 정치적 안정이 되찾아지자 유럽의 선교사들이 중국으로 선교하러 오기 시작했다. 이 중엔 이탈리아의 프란체스코 수도회 수사 몬테코르비노도 있었다.

< **선교사 출발**
교황이 중국으로 떠나는 선교사들을 축복하는 장면이 그려진 14세기의 세밀화

원 극 1279년
문학으로서의 극은 13세기 후반에 나타났다. '원 극'이라고 알려진 이 극은 제국의 수도였던 베이징에서 공연되기 위해 집필되었다. 원의 극작가들 중 다수는 정부에서 일하다 쫓겨난 교육받은 남송인이었다.

< **도기로 만든 배우 상**
당시 사람들에게 극이 얼마나 중요했는지는 지금까지 남아 있는 수많은 배우 인형으로 증명된다.

역병 1337년
서혜선종에 발병하는 역병이 몇몇 중국인 거주 구역에 발병하여 몇 백만 명이 사망했다. 역병은 십 년 동안 지속되었고 흑사병이라는 이름으로 서유럽에까지 퍼졌다.

심각한 증상 >
흑사병 환자들의 검은 혀를 보여주는 중국의 의학서

이븐 바투타 1340년
북아프리카 출신 아랍 학자 이븐 바투타는 서아프리카부터 인도, 중국까지 이르는 이슬람 세계를 여행했다. 그는 중국의 질 좋은 자기가 아라비아의 평범한 도기보다 값이 더 싸다고 기록했다.

CHINA UNDER MONGOL RULE
THE YUAN DYNASTY, 1279-1368
몽골의 지배 원 왕조, 1279-1368년

국정

페르시아 출신의 궁정화가가 스케치한 그림 속의 쿠빌라이 칸이 관료와 학자들과 함께 뭔가를 의논하고 있다.

몽골의 쇠락 1356년

원 왕조의 몰락은 몽골에 대한 중국인의 증오, 중국인의 기대에 맞추는 몽골인의 지배 실패, 군사력의 약화 등이 그 원인이었다. 원 왕조는 더 오래 살아남을 수도 있었으나 1350년대 황허 강의 범람, 대운하 재정비를 위한 수많은 노동자 징발 등의 악재가 겹쳤다. 반란이 터졌고 1368년에 원 왕실은 몽골로 피신했다.

khubilai khan
쿠빌라이 칸

칭기즈 칸의 손자인 쿠빌라이는 1260년에 칸으로 선출되었다. 그는 내몽골의 카이핑에 중국식 수도를 설계했다. 후에 이 도시는 상도라고 개명됐고 서양에는 재너두라고 알려졌다. 1271년 쿠빌라이는 남송을 침략하기 시작했다. 1279년에 항저우가 함락되고 남송의 대군이 패배하자 몽골에 반대하던 남송인들도 무너졌다.

쿠빌라이는 자신의 왕조 이름을 대원 즉 위대한 근원이라고 지었다. 그는 송 정부의 많은 특징들을 그대로 유지했으나 과거 제도는 아니었다. 따라서 남송인들은 관료직에 오를 수가 없었다. 중국인과 몽골인을 다스리는 법 체계도 달랐는데, 죄인으로 판결 받은 몽골인은 몽골의 법규에 명시된 대로 문신을 새기는 벌을 받았다.

외국의 영향과 쿠빌라이 칸 이후

중국의 영향에 맞서기 위해 쿠빌라이는 외국인을 중요한 자리에 기용했다. 아버지와 함께 중국을 여행했던 베네치아 상인 마르코 폴로는 17년 동안 원 왕실에서 일했다. 쿠빌라이는 마르코 폴로에게 미얀마로 가는 임무 등 여러 외교 임무를 맡겼고 항저우에서는 세금 관리자로 3년 동안 일하도록 했다. 그의 여행 뒤에 구성된 여행기에서 마르코 폴로는 쿠빌라이의 왕실, 북중국, 그가 킨사이라고 부른 항저우 등에 대해 자세하게 서술했다. 쿠빌라이는 재정, 의학, 천문학, 건축 등의 업무를 무슬림에게 맡기기도 했다. 중앙아시아인들 중 가장 악명 높은 이는 아흐마드인데, 그는 남송 지역에 소금 전매를 강요해서 많은 원성을 들었으며 20여 년 동안 재정 업무를 맡았다.

윈난과 고려로 간 원정이 성공적으로 끝나자 1281년에 쿠빌라이는 일본을 침략하려 했으나 태풍 혹은 '신풍'이 그의 함대를 몰살했다. 고려를 점령하려는 시도와 이후의 군사적인 시도 때문에 재정이 어려워졌고 인플레이션도 심해졌다. 그가 총애하던 부인과 황태자 친킴의 죽음은 그의 말년에 어두운 그림자를 드리웠다. 1294년에 쿠빌라이가 죽었을 때 후계자 자리를 놓고 다툼이 벌어졌으며 이 싸움은 쿠빌라이의 손자 테무르가 왕위에 오르면서 종식되었다.

원 왕조의 자기

청백자기 1350년

14세기 초반에 이르면 유약을 바르기 전에 코발트로 자기에 그림을 그리는 방법이 고안됐다. 자기를 굽고 나면 선명한 푸른색 그림이 나타나는 이 기법은 중국 남부 징더전에서 발달했다. 발톱 있는 용이 네 마리 그려져 있는 꽃병(오른쪽)은 사찰에서 사용하던 것이며 이러한 양식의 뛰어난 예이다.

타타르 옷을 입은 베네치아인 >

몽골 제국의 소수집단인 타타르의 전통 의상을 입은 마르코 폴로.

HISTORY THE STORY OF CHINA

명 왕조를 세운 주원장은 원 왕실이 피난가기 조금 전인 1368년 1월에 왕위에 올랐다. 그는 새로운 왕조의 이름을 명이라고 짓고 연호를 홍무라고 하였다. 그는 1398년까지 나라를 다스렸는데 중국 역사에서 가장 오래 지속된 왕조를 굳건하게 설립했다. 그의 넷째 아들 영락제는 해외 원정대를 연달아 보낸 것으로 유명하다.

明朝

1424년에 영락제가 죽은 뒤 명은 천천히 기울기 시작했고 1644년에 농부들의 반란과 만주족의 침략으로 붕괴하고 말았다. 명대는 중국의 문화사에서 가장 세련된 시기 중 하나였다. 위대한 학문 연구가 완성되었고 새로운 문학 장르가 번성했으며 서예와 회화에 새로운 양식이 출현했다.

황제의 비밀 경찰 1382년
홍무제의 정부는 비밀 경찰과 엄격한 처벌을 활용했다. 은 60냥 이상의 뇌물을 받은 관리들에게는 참수형이 내려졌다. 그들의 머리는 장대에 꽂아 놓아 누구나 볼 수 있게 했다.

이국적인 짐승
정화는 원정에서 돌아오면서 기린처럼 그때까지 알려지지 않았던 동물들을 들여왔다.

명 황릉, 조각상이 늘어선 성스러운 길

황책 1381년
홍무제는 황책에 들어갈 호적을 정비하라고 명령했고 전 국토에 대한 토지 장부를 만들었다.

정화의 원정대 1405-21년
영락제는 해외 원정대를 여섯 번 보냈다. 첫 번째 원정은 환관 정화의 지휘 하에 배 317척으로 구성되었고 인도의 항구에 도착했다. 나중에는 페르시아의 호르무즈까지 도달했으며 아프리카 해안을 따라 말린디까지 탐험했다.

명의 무덤 1420년경
명의 황제들은 풍수 전문가들의 조언을 받아 왕조의 무덤을 계획했다. 장소는 북쪽에서부터 오는 나쁜 기운을 비켜가야 한다는 풍수의 원칙에 따라 결정되었다. 그리하여 산으로 둘러싸여 있고 검은 흙과 고요한 물이 있는 조용한 계곡이 무덤 자리로 선택됐다.

명 왕조 1368-1644년

토목의 변 1449년
몽골 오이라트의 지도자인 에센은 1449년에 대대적인 중국 침략을 시작했고 명의 군대를 다퉁 근처에서 격퇴시켰다. 스물두 살의 황제 정통제는 영향력 있던 환관 왕전의 격려를 받아 반격에 나섰다. 황제의 군대는 토목에서 매복군에게 걸렸고 황제가 포로로 잡혔다. 오이라트는 북경 정복에 실패했지만 토목의 변으로 인해 명 왕조의 팽창 정책 역시 종결되었다.

hongwu, the peasant emperor
홍무제, 농부 황제

1328년, 원 왕조가 기울고 있던 시기에 태어난 주원장은 홍건적이라는 반란 단체에 들어간 뒤 곧 자신의 군대를 만들고 난징을 차지했다. 그리고 1368년 명 왕조를 세우고 연호를 홍무라고 했다. 원 왕조의 특징이 많이 남아 있었던 홍무제의 중앙 정부는 두 승상이 이끄는 중서성, 군사기구인 오군도독부, 제국의 관료를 감찰하는 도찰원으로 구성되었다. 그리고 중서성의 지부가 지방을 관리했다. 이 체계는 1380년 그가 호유용의 음모를 캐내어 그와 연관된 3만 여명을 숙청하기 전까지 지속되었다. 홍무제는 이후 스스로 승상 역할까지 겸임했다. 홍무제 치하에서 과거 제도가 부활했고 특정 집단에 일정 수의 합격자를 배정하는 할당제가 시작되었다. 1만5천명의 관리가 일하는 홍무제의 관료사회에서 진사 871명만이 관료로 임명받았을 뿐이었다.

EARLY MODERN CHINA
THE MING DYNASTY, 1368–1644
근세의 중국 명 왕조, 1368–1644년

> **유목민을 막기 위한 방벽**
> 만리장성 중 진란싱 지역. 11킬로미터의 장벽에 100개의 방어탑이 있다.

마카오, 성 도메니코 교회

만리장성 1474년
토목의 변 이후 명은 유목민족의 침입이 시작되는 대초원을 통제할 수가 없게 되자 방어적인 전략을 도입했다. 그들은 몽골의 위협을 억제하기 위해 가장 위험한 오르도스 지역부터 시작하여 장성을 건설하기 시작했다.

왕양명 1506년
'마음이 곧 우주'라는 사상을 펼친 신유교학자 왕양명은 궁정에서 영향력이 있었으나 환관의 노여움을 사 좌천되었다.

중국의 포르투갈인 1514–60년
포르투갈인 세 명이 중국에 도착하고 3년 뒤인 1517년, 토메 피레스라는 외교관이 광저우에 도착해서 결국 베이징까지 여행해도 된다는 허락을 받았다. 포르투갈인들은 1550년대에 마카오에 무역 거점을 설립했으나 중국인들과 따로 떨어져서 살아야 했다.

| 1480 | 1490 | 1500 | 1510 | 1520 | 1530 | 1540 | 1550 | 1560 |

신사 계층 1487년
팔고문은 과거 시험을 위한 극도로 엄격한 글쓰기 형식이었다. 신사 계층은 이 제도에서 성공을 거두어 신분 상승을 거둔 대표적인 예이다. 그러나 그들의 부상은 애써서 토지를 획득했고 보수적인 사고를 선호하는 선발 과정을 거쳤기 때문이기도 하다.

쑤저우 졸정원 1513년
쑤저우의 졸정원은 원래 사원의 정원이었으나 왕헌신이 인수했다. 화가 문징명과 함께 그는 정원을 세련되게 꾸미면서 인공 섬을 만들고 다리와 정자를 추가했다. 졸정원은 중국의 4대 정원 중 하나이다.

일본 해적 1550년대
16세기에 해외 무역에 대한 규제가 엄격해지자 왜구가 창궐했다. 그들은 1550년대에 저장의 해안에 기반을 두고 활동했다. 중국은 왜구를 쫓아버리려고 노력했으나, 그러한 무력 시도 대신 외국 무역에 대한 규제를 풀자 비로소 평화가 찾아왔다.

> **관료**
> 명 관료의 모습을 형상화한 무관과 문관의 조각상.

쑤저우 졸정원의 모습

< 영원한 도시
비단에 이 그림이 그려지던 때부터 400여년 동안 자금성은 거의 변하지 않았다.

beijing and the forbidden city
베이징과 자금성

1406년 영락제는 난징에서 원의 수도 대도가 있던 베이징으로 수도를 옮기기로 결정했다. 중국 북부에 대한 군사적 통치를 치밀하게 할 필요가 있었기 때문이다. 베이징의 인구에 적당한 식량을 공급하기 위해서는 식량을 저장해야 했고 대운하를 확장해야 했다. 대운하 확장 작업은 1415년까지 계속되었다. 또한 새로운 도시 건설을 위해 엄청난 물량의 목재와 벽돌, 수천 명의 노동자와 기술자들이 필요했다. 1417년에 궁궐의 주요 건물들이 완성되자 영락제는 새로운 수도에서 살기 시작했다.

도시 안의 도시

베이징은 이전의 중국 수도들처럼 우주의 패턴을 따라 설계되었다. 높이 12미터, 총 길이 22.5킬로미터의 외벽은 동서남북을 향했다. 외벽의 아홉 개 문 안에 제국의 도시가 세워졌고 도시 안에는 황제의 궁전인 자금성이 세워졌다. 아무도 황제의 허락 없이는 들어갈 수도 나갈 수도 없었기 때문에 자금성이라는 이름이 지어졌다. 세계에서 가장 큰 왕궁인 자금성에는 9,999개의 방이 있다고 한다. 지붕의 기와는 황제의 색인 노란 색이다. 궁의 중앙에서는 왕위의 황제가 하늘과 땅 사이에서 중개자 역할을 한다.

자금성 내부

서쪽의 오문 너머의 외조에는 황제가 용상에 앉아 정사를 돌보던 태화전과 연회 때 사용하던 보화전이 있다. 내정에는 황제의 가족과 후궁, 환관들이 살았다. 내정에는 또 접견실로 사용되면서 주된 정무를 보던 건청궁과 교태전, 곤녕궁이 있다. 내정 너머에는 서궁과 황제의 정원이 있다. 중국의 마지막 왕조가 몰락하고 나서 거의 40년 뒤인 1949년, 국민당 정부는 공산당의 인민해방군에게 패배해 타이완으로 쫓겨 가면서 베이징의 국보 대부분을 타이완으로 가지고 갔다. 세상에서 가장 비밀스러운 주거지였던 자금성은 현재 박물관으로 대중에게 공개되어 있다.

용상 >
500년이 넘는 시간 동안 용상은 중국 황제들이 권력을 휘두르던 자리였다.

引语	허락 없이 자금성의 문을 통과하면 대나무 화살이 수도 없이 날아온다. 황제의 거처에서 외부인이 발견되면 교수형에 처했다.

— R. K. 더글러스, 중국의 사회(1901년)

∧ 자금성의 지붕

황제의 건물에만 황색 기와를 사용할 수 있었다. 다른 건물에는 초록이나 빨간색 기와를 사용했다.

HISTORY THE STORY OF CHINA

government by eunuchs
환관의 정부

거세한 신하들인 환관은 황제를 제외하고는 황제의 여인들이 있는 곳에 들어갈 수 있는 유일한 성인 남자였다. 명 왕조 때 궁정의 환관은 재정을 담당했고 관료를 파직하거나 법령을 기초할 수 있는 특권까지 누렸다. 수많은 환관들이 종종 황제의 후궁들과 함께 뇌물을 받고 세금을 횡령하기 위해 음모를 꾸몄다. 홍무제는 환관의 권력을 억제하려고 1384년에 국정에 개입하려는 환관은 사형에 처한다는 법규를 제정했다. 그러나 이 정책은 짧게 끝나서 영락제는 1420년에 비밀 경찰의 수뇌부에 환관을 임명했다. 류진이라는 환관은 워낙 악명이 높았는데, 그가 사형당한 뒤 그의 정적들은 류진의 시체를 갈가리 찢고 그 날고기를 먹었다고 한다. 훗날의 명 황제들도 계속 환관의 영향에서 벗어나지 못했는데, 희종 때의 환관 위충현은 희종을 좌지우지 하면서 심지어 황제 후계 순위에서 두 번째 자리에 자신을 올려달라고 요구할 정도였다.

< 힘 있는 환관
황제의 여인들과 접촉할 수 있다는 특별한 위치 때문에 환관들은 권력에 욕심을 내기가 쉬웠다.

만주의 중국화 1631년
누르하치의 아들 아바하이는 여진족에 중국식 제도를 도입했다. 1635년엔 민족의 이름을 만주라고 바꾸고 국호를 깨끗하다는 의미의 청 왕조라고 지었다.

만주 지방 1589년
명 황제는 여진족을 통일한 누르하치 (1559–1626년)의 권리를 인정했다. 누르하치는 자신의 기치 하에 백성들을 모으고 강력한 힘을 가진 기마부대를 구성했다. 그는 중국인 관료들을 고용하고 1616년에 만주에서 후금 왕조를 세웠다.

도시화와 산업 1621년
명대에는 도시와 산업이 성장했다. 장시의 자기 생산지 징더전과 비단 생산지 항저우의 인구는 당시에 이미 백만 명을 넘어섰었다. 예수회 신부 알바로 세메도는 상하이 근교에 20만대 정도의 직조기가 돌아가고 있다고 추정했다.

명의 몰락 1644년
이자성의 반란군이 베이징을 오랜 시간 공략한 뒤 입성하자 명 황제는 스스로 목을 맸다. 이자성은 청 왕조를 세운 만주인들에게 침략당하면서 축출되었다.

1570 — 1590 — 1610 — 1630 — 1650

마테오 리치 1598년
예수회의 선교사 마테오 리치는 베이징에 도착한 뒤 왕실에 들어가기 위해 중국 고전에 대한 자신의 지식을 활용했다. 그가 자금성에 들어갈 수 있도록 허락받는 데는 3년이 걸렸다. 리치는 세계지도를 제작했고 중국어로 교리문답을 편찬했다.

예수회 선교사 마테오 리치

축첩 문화 1643년
유교학자들이 여인의 정절을 칭송했음에도 불구하고 명 후대에는 고급 매춘부와 정부들이 많았다. 당시의 통속적인 극에서는 재능 있는 학자들과 헌신적인 정부들의 사랑을 소재로 다룬 게 유행이었다. 이들 중 가장 유명했던 이는 학자이자 역사가였던 전겸익과 그의 첩이었던 유여시였다. 그들은 함께 시를 쓰고 책을 엮어 냈다.

출판 1600년경
명대에 역사상 가장 유명한 중국 소설 세 편이 저술되었다. 바로 〈삼국지연의〉, 〈서유기〉, 〈수호지〉였다. 〈본초강목〉 같은 의학 백과도 출판되었다.

< 의학 개론서
〈본초강목〉에는 뱀, 낙타, 당나귀 등의 의학적 효과 등까지 설명되어 있다.

학자와 정부 인형 >
고급 옷을 입고 있는 정부와 학자의 테라코타 인형. 섬세한 몸가짐에 각기 접시와 책을 들고 있다.

108 | EARLY MODERN CHINA

trade in silk and porcelain
비단과 자기 무역

15세기에 포르투갈 탐험가들이 남아프리카의 희망봉을 지나는 바닷길을 발견하면서 유럽과 동아시아의 해상무역이 시작되었다. 명 왕조는 15세기 후반에 남아시아와 아프리카로 해외 원정을 보내던 이전의 정책을 거두었다. 대신 나쁘게 말하면 해적, 좋게 말해도 '불쾌한 사람들' 정도로 여겨지던 믿을 수 없는 해외 상인들을 중국으로 들이게 되었다. 1525년부터 해상 무역은 사실상 법으로 금지되었다. 그러나 이것도 비단이나 자기 같은 중국 생산품의 수요를 막진 못했다. 외국 상인들은 법을 무시하고 암시장에서 거래를 계속했다.

유럽 상인들

스페인이 1565년에 필리핀을 점령하고 마닐라와 멕시코 아카풀코 사이에 갤리선 무역을 시작하면서 동아시아 무역은 더욱 늘어났다. 스페인 상선은 중국의 비단, 칠기, 자기 같은 사치품을 스페인의 은과 바꾸어 교역했다. 또한 유럽인들은 명의 청화백자를 매우 좋아했는데 당시 유럽에는 크라도자기라고 알려졌다. 이 명칭은 무역선으로 사용되던 'carrack'이라는 포르투갈 선박의 이름이 와전된 것이다. 중국의 상품과 인도네시아 열도에서 생산되는 향료에 대한 수요 때문에 동인도회

▽ 비단 제작자
한 왕조 때부터 이루어지던 비단 교역은 명대에 최고조에 달했다.

사라는 네덜란드 무역회사가 창설되었다. 동인도회사는 1624년에 타이완의 젤란디아에 기반을 두고 설립되었는데, 네덜란드인들은 점차 포르투갈인들이 하던 교역을 대체하기 시작했다. 포르투갈인들은 1557년부터 그들의 식민지였던 마카오만 교역의 중심이 한정되었다. 20여만 점의 중국 자기를 싣고 있던 포르투갈 함선 두 척이 1602년과 1604년에 네덜란드인에게 나포되면서 중국 자기에 대한 유럽인들의 열광이 커졌다. 그때부터 영어로 중국의 자기를 지칭하는 말은 '차이나'가 되었다. 중국의 자기 대부분은 징더전 가마에서 제작되었다. 명 후기에는 라틴어 글자가 적힌 그릇이나 유럽식 장식이 있는 병 등 해외 시장만을 위한 수출용 제품이 생산되기도 했다. 이는 청 왕조 때 유럽의 가문 문장이 그려진 자기를 대량으로 생산하던 것을 예견하게 해준다.

▷ 명대의 자기
징더전에서 만든 이 접시와 항아리에는 전형적인 명대의 장식이 그려져 있다.

◁ 흉배
비단은 해외로 수출되기도 했지만 중국 내에서도 여전히 많이 사용되었다. 이 중국풍 그림의 사각형 천은 관료의 옷에 붙이던 비단 장식이다.

청은 이전의 정복 왕조들에 비해 자신들(만주족)의 통치체계를 성공적으로 중국화했다. 이전에 명에서 관리로 일했던 이들은 중국화된 만주의 제도 내에서 만주인 관리와 함께 관직을 유지했다. 그러나 만주인들이 가장 높은 지위를 차지했고 그들의 군사 거점들은 전국에 걸쳐 있었다.

만주 여인들의 머리 모양은 중국인들과는 달랐고 전족도 하지 않았으며 한족과 결혼하는 것은 금지되었다. 강희제(1662-1722년), 옹정제(1723-35년), 건륭제(1736-95년)에 이르는 세 위대한 황제의 통치로 청 제국은 타이완과 신장까지 합병하여 중국 역사상 가장 넓은 영토를 가지게 되었다. 시도 쓰고 학구적인 기획을 시도했던 건륭제 치하에서 문학은 새로운 세련미를 완성하였다.

清朝

왕좌에 앉은 강희제

삼번의 난 1673년
만주인들이 세력을 잡는 것을 도와준 세 중국인들은 어느 정도 독립성이 보장된 봉토를 중국 남부 지역에 하사받았다. 1673년에 그들의 지위가 위협을 받자 그들은 반란을 일으켰다. 원난의 오삼계는 반란군을 이끈 뒤 1678년에 죽었고 모반은 실패했다.

the kangxi emperor
강희제

강희제가 1660년 왕위에 올랐을 때 아직 미성년자였기 때문에 7년 동안 섭정이 이루어졌다. 성인이 된 강희제는 비로소 중국의 황제 같은 자세로 청을 통치했다. 그리고 만주족의 통치를 넘어 정통성 있는 중국 왕조가 되도록 이끌었다. 강희제는 매일 성실하게 50통 이상의 공식 문서들을 읽고 처리했다. 그는 공자의 생가를 방문하여 적절한 제사를 드렸고 백성의 불평에 귀를 기울이며 나라를 두루 여행했다. 대체로 그의 정부는 명의 관습을 따랐지만 제국의 살림을 재정비했고 지역의 정보 제공자와의 은밀한 소통 체계를 구축했다. 또한 그는 군사적 기술을 획득하고 전쟁을 치루기도 했다. 강희제는 1670년대의 주요 반란들을 진압하고 1690년대에는 중앙아시아의 지배권에 도전한 몽골에 맞서 이들을 토벌했다. 그의 말년은 왕위 계승에 대한 걱정으로 가득했다. 그의 후계자는 미친 것으로 판명되었으나 강희제는 다른 후계자 지정을 거부했다. 그의 다음 황제인 옹정제는 왕위를 강탈한 것으로 알려져 있다.

청 왕조 1644-1911년

1640 — 1650 — 1660 — 1670 — 1680 — 1690 — 1700 — 1710 — 1720

the queue
변발

1645년에 모든 중국 남성들은 만주인의 머리 모양을 받아들여 만주인에게 복종해야 한다는 법률이 공표되었다. 그들은 만주인들처럼 앞머리를 깎고 뒷머리는 길게 땋아 늘어뜨리는 변발을 해야 했다. 중국인들이 이를 따르지 않은 이유는 '머리카락을 잃는 것은 머리를 잃는 것이다'라는 말로 요약되었다. 만주인들이 남하했을 때 대부분의 지방 정부들은 세금 징수권 이양 등의 요구들을 순조롭게 받아들였다. 그러나 변발 강요는 즉각적인 저항에 부딪혔다. 이 명령에 대한 소식이 상하이에서 양쯔 강 상류 쪽으로 160킬로미터 정도 떨어진 장인에 도달했을 때 엘리트와 주요 인사들이 함께 연합하여 저항 운동이 일어났다. 만주인들은 87일 동안 이 도시를 포위한 뒤 대포를 이용하여 벽을 파괴하고 주민들을 학살했다.

변발을 다듬는 19세기의 이발사

예수회 1692년
조상을 모시는 중국의 풍습과 그 외의 지역적 관습 등에 대해 예수회 선교사들이 한 발 물러선 것에 고무되어 강희제는 그리스도교를 허용한다는 칙령을 반포하였다.

타이완 1683년
정성공이 이끌던 명의 충신들은 1661년 타이완의 젤란디아에서 네덜란드인들이 세웠던 요새를 확보했다. 그리고 만주족 군대가 섬을 점령할 때까지 22년 동안 이곳을 청에 반대하는 기지로 활용했다.

카스틸리오네 1715년
밀라노 출신 선교사이자 화가였던 주세페 카스틸리오네는 청 왕실의 유명한 화가가 되었다. 그는 중국의 회화 기술에 서양의 자연주의와 원근법을 결합했다. 그는 또한 황제를 위한 최초의 여름 궁전을 지은 건축가이기도 했다.

베이징 외곽의 여름 궁전

THE THREE EMPERORS
THE EARLY QING DYNASTY, 1644-1800
세 황제 초기 청 왕조, 1644-1800년

< 티베트 궁전
포탈라 궁은 1650년대부터 14대 달라이 라마가 1959년 인도로 망명할 때까지 달라이 라마의 주된 거주지였다.

tibet becomes a chinese protectorate
중국의 보호령이 된 티베트

티베트는 9세기 이후 정치적 분열을 겪었고 몽골 제국에 정복되었다가 명의 영향권에 들게 되었다. 1642년 명 왕조가 몰락할 즈음 티베트 불교의 정신적 지도자인 달라이 라마가 티베트의 독립을 인정받았다. 1717년 몽골 부족의 연합인 중가르가 티베트를 점령하고 달라이 라마의 경쟁자에게 특권을 주었다. 1720년 청 군대는 달라이 라마가 라사로 돌아갈 수 있도록 호위했고 달라이 라마의 고문으로 중국 관료를 임명했다. 1750년 중가르는 청 제국의 영향력에 반대해 내전을 일으켰다. 건륭제는 달라이 라마를 티베트의 일시적인 지도자로 임명해 내부 권력을 이용했고 동시에 티베트를 중국의 보호령으로 만들었다.

문장과 작약 무늬가 그려진 청대의 찻주전자

소수민족에 대한 억압 1726년
먀오족 등 중국 서남부의 소수민족들은 그들 종족 지도자들의 지배에 따랐으며, 지도자들은 지역 정부의 관직에도 올랐다. 이러한 체계가 유지될 수 없다는 것을 깨달은 옹정제는 먀오족 등 소수민족의 자치제도를 폐지하고 중국화 과정을 시작했다.

건륭제의 황금기 1736-95년
건륭제 치하에서 중국의 영토는 가장 넓게 확장되었다. 경제가 확대되고 인구도 늘어나는 등 그의 치하에서 중국은 평화를 누렸다.

영국의 동인도회사 1784년
영국 정부는 엄청나게 늘어나는 차 수요에 맞춰 관세를 거두었다. 영국의 상인들은 인도의 면과 아편을 중국에 팔기 시작했다. 상인들의 활동은 동인도회사의 상업적 우위를 위태롭게 했다. 동인도회사는 인도와의 무역을 통제하면서 광둥에 지점을 두고 있었다. 1834년에 동인도회사의 독점은 끝나고 영국 정부가 중국과의 외교에 책임을 지게 되었다.

1730 — 1740 — 1750 — 1760 — 1770 — 1780 — 1790 — 1800

광저우, 외국인들의 사무실과 창고건물

광저우 체계 1760년
청 왕실은 외국과의 접촉에 대해 의심이 많아서 해상 무역을 제한했다. 유럽과의 교역이 허가된 유일한 조합인 공행은 외국 상인들의 부채에 대해 책임을 졌다. 외국 상인들은 교역 시기에만 항구에 머물 수 있었다.

인구 증가 1762년
이 해에 중국 정부가 추정한 인구는 3억 명이었다.

여류 시인 1775년
18세기에 여성문학이 새로운 양식으로 자리잡았다. 특이한 운율의 시와 여성의 좌절과 포부를 표현한 산문이 널리 알려졌다. 그중 낙기란은 재능 있는 여성 시인이자 화가였다.

경극 1790년
건륭제는 자신의 여든 번째 생일을 축하하기 위해 전국의 극단을 불러 자신의 앞에서 공연하도록 했다. 이때 참여했던 극단들의 공연 방식이 섞이고 영향을 받으면서 경극이라는 새로운 장르가 만들어졌다.

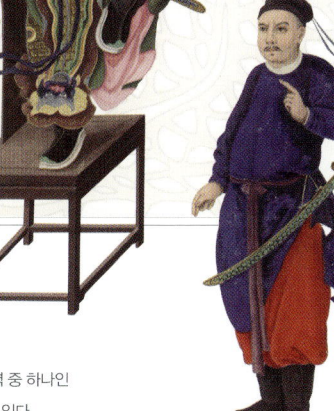

< 경극 장면
경극 '삼국지'에서 중요한 악역 중 하나인 조조가 적들을 피해 탈출하고 있다.

HISTORY THE STORY OF CHINA

건륭제가 총애하던 신하 화신의 부정과 아편 중독 확산에 의해 18세기 후반부터 청 왕조는 쇠퇴에 접어들기 시작했다. 불법 아편 교역을 억제하려는 시도 때문에 영국과의 첫 번째 아편전쟁(1839-42년)이 촉발되었고, 이 전쟁에서 청이 패배함으로써 영국인들은 특권을 얻게 되었다. 1850년에 시작된 민중 봉기인 태평천국의 난은 청 왕조의 세력을 더욱 약화시켰다. 서구 세력과의 협력은 청 왕조의 몰락을 일시적으로 막았지만, 베트남에서 치른 프랑스와의 전쟁에서도 패배한 청은 서서히 몰락해 갔다.

清朝

안후이 성의 열녀문

차 수출 1800년경
중국 차에 대한 유럽인들의 수요는 18세기에 폭발적으로 증가했다. 19세기 초 영국에서만 한 해에 1,350만 킬로그램의 차를 수입했다.

난징조약 1842년
아편전쟁 이후 맺은 난징조약은 서구 세력에게만 유리하고 중국에겐 아무런 이익도 없었던 첫 번째 불평등조약이었다. 이 조약으로 인해 청은 영국에게 다섯 항구를 개방했고 홍콩이 이양되었다. 또 중국 상인조합인 공행이 폐지되었으며 고정 관세에 동의해야만 했다.

열녀문 1827년
전통적으로 중국에선 재혼하지 않은 과부들을 기리는 기념문을 지어 정절을 칭송했다. 청 왕조 때 이러한 기념문을 짓는 것이 널리 퍼져서 1827년에는 정부가 이 관습을 제한했다.

1800　1810　1815　1820　1825　1830　1835　1840

밀랍으로 봉한 아편 병

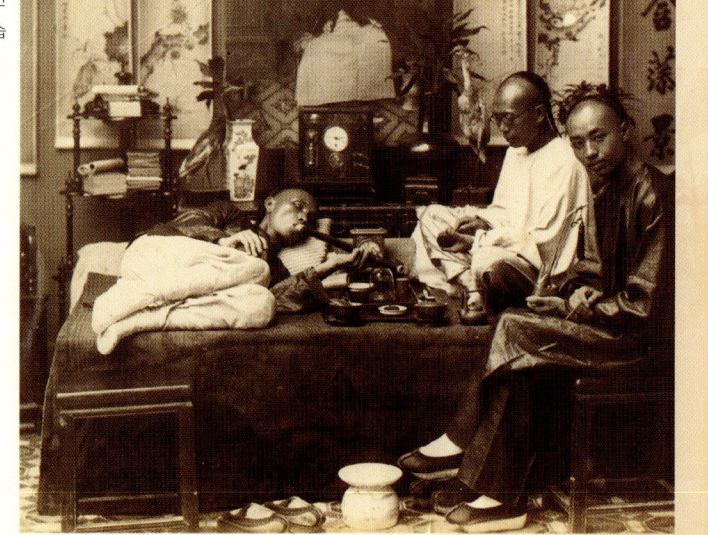

19세기 후반 아편굴의 모습

the opium trade and the first opium war
아편 무역과 아편전쟁

18세기에 양귀비의 진에서 추출한 마약인 아편을 피우는 것이 중국에 만연했다. 영국인들은 인도에서 아편을 재배했고, 동인도회사는 중국으로 아편을 실어 나르도록 개인 상인에게 허가해주었다. 중국 어디에서나 아편은 차와 교환되었다. 중독자의 수가 늘어나자 중국 정부는 이를 근절하려 했고 1838년 아편 교역을 막기 위해 임칙서가 광저우로 파견되었다. 외국 상인들은 아편을 넘겨주고 아편 무역을 중단해야 했다. 이에 영국은 그들의 아편에 대해 배상해달라는 요구와 함께 군대를 중국으로 보냈고 첫 번째 아편전쟁(1839-42년)이 발발했다. 청의 군대는 광저우를 차단했으나 영국군은 북쪽으로 진군했다. 1842년 중반 영국군이 상하이를 점령하자 황제는 사실상의 굴욕적인 항복 문서인 난징 조약 체결을 허락했다.

CHINA IN CRISIS
THE MID QING DYNASTY, 1800-80
위기의 중국 청 왕조 중기, 1800-80년

the empress dowager
서태후

1861년에 6살의 동치제가 왕위를 계승하자 동치제의 어머니는 자희태후라는 호칭을 받고 섭정을 시작했다. 서태후로 더 유명한 자희태후의 권력욕은 강력하고 집요했다. 그녀는 동치제가 1874년에 죽은 뒤에도 1908년 본인이 죽을 때까지 거의 50년 동안 권력을 잡고 있었다. 서태후는 자주 부도덕한 인물로 묘사되었다. 그는 며느리를 살해했고 이화원을 재건하기 위해 재정을 남용했다. 서태후의 정책은 자신의 권력을 유지하는 것과 모든 진보적 개혁을 반대하는 것에 집중되어 있었다. 결국 청 왕조의 불안정한 지배 구조를 인정하고는 20세기 초반에 개혁안을 승인했지만 청 왕조를 구하기엔 이미 너무 늦어 있었다.

제조업
도자기 제작은 중국의 산업 중 가장 오래된 것이었다.

산업 성장 1872년
이홍장은 신규 개발사업을 포함하는 변법자강운동을 제안했고 19세기 후반에는 신·구 산업이 근대화되기 시작했다.

러시아의 진출 1871–81년
무슬림의 성장을 막기 위해 러시아인들이 중국령 투르케스탄의 일리 계곡을 십여 년 동안 차지했다. 훗날 이 지역은 신장 자치구가 되었다.

애로우 전쟁 1856–60년
청의 세관 관료가 영국기를 단 애로우 선에 승선한 것을 계기로 두 번째 아편전쟁이 일어났다. 이 전쟁에서는 프랑스가 영국과 연합했다. 톈진조약으로 전쟁이 끝났고 양쯔 강이 외국 무역선에 개방되었다.

톈진 학살 1870년
유학 이념에 기반을 둔 중국 신사계급은 그리스도교의 확장을 두려워했다. 중국 어린이들을 돌보는 외국 선교사들이 어린이들을 학대한다는 고발 때문이었다. 이 해 톈진의 프랑스 가톨릭 고아원이 공격받아 외국인 19명이 살해당했다.

1845 — 1850 — 1855 — 1860 — 1865 — 1870 — 1875 — 1880

태평천국의 난 1850년
외부이주민인 객가 농부의 아들 홍수전은 자신을 하느님의 중국인 아들이라고 믿었다. 1850년에 그는 태평천국을 선포하고 반란을 일으켰다. 1853년 3월에 태평군은 난징을 점령했다. 그들은 아편과 매춘을 금지했다. 1862년에 반란군은 상하이를 거의 점령하면서 청 왕조를 위험에 몰아넣었으나 신사계급 지도자들이 일으킨 군대에게 쫓겨나게 되었다. 1864년 7월 반란군은 난징을 빼앗기고 홍수전은 자살했다.

후에 전투
프랑스는 베트남을 식민화하기 위해 중국과의 분쟁을 유발했다. 전략적으로 중요한 후에를 공격중인 프랑스 군대.

서구화 1860년
1842년에 위원이라는 학자가 배를 건조하고 무기를 제조하며 서양 오랑캐의 앞선 기술을 배울 것을 권장했다. 1860년에 증국번은 서양의 지식과 무기 제조 방식을 받아들일 것을 요구했다. 이를 '자강' 운동이라고 한다.

중불 전쟁 1882–85년
1862년부터 프랑스는 중국의 영향력에 도전하면서 조금씩 베트남을 침략하기 시작했다. 1882년에 프랑스군은 하노이를 점령하여 중국과 정면으로 맞섰고 혼란스러운 틈을 타 푸저우의 조선소를 파괴했다. 1885년의 톈진조약은 프랑스가 베트남을 보호령으로 삼는다는 것을 명시했다.

태평군의 패배
청 제국의 군대는 외국군의 도움을 받고서야 반란군인 태평군을 진압할 수 있었다.

> **샌프란시스코 패션**
> 20세기 초반 샌프란시스코의 차이나타운에 사는 남자들의 패션은 서양과 동양의 혼합 양식이었다.

> **뉴욕 차이나타운**
> 뉴욕의 차이나타운은 맨해튼의 높은 마천루에 둘러싸여 있다.

the chinese diaspora
중국인의 집단 이주

중국의 상인들이 동아시아 전역에서 활동하고 정착했기 때문에 중국인의 이민 역사는 매우 오래 되었다. 그러나 대대적인 중국인 이민은 19세기에 시작됐다. 영국과 두 차례에 걸친 아편전쟁 때문에 청 제국은 매우 허약해졌고 인구 과잉, 기아, 사회·경제적인 불안 등이 뒤섞이면서 중국인들은 보다 나은 삶을 찾아 해외로 떠나기 시작했다.

이주노동자

서양에서 노예제도가 폐지되면서 중국인 이민자들은 노예 노동을 대체할 노동력과 기술이 필요하리라는 것을 알게 되었다. 일부는 서구 열강의 식민지에 정착했지만 대부분은 미국, 캐나다, 호주, 서유럽으로 이주했다. 19세기 중반에 캘리포니아와 호주에서 금광이 발견되고 1880년대에 캐나다-태평양 철도가 건설되면서 막대한 노동력이 필요하게 되었는데 이 노동력의 대부분은 중국인 이민자들로 채워졌다. 대개 이들 중국인 노동자들이 일하는 곳은 임금과 노동조건이 매우 열악했고 노동자에 대한 대우도 가혹했다. 배가 도착한 항구에 남아 있던 중국인들은 차이나타운을 형성했다. 오늘날 차이나타운은 전 세계의 큰 도시에 필수적인 부분이 되어 어디에서나 친숙한 풍경이 되었다. 샌프란시스코의 차이나타운은 1850년대에 이미 자리를 잡아서 중국에서 도착하는 이민자들의 관문이 되었다.

제2차세계대전에서 현재까지

1943년에 미국은 1882년부터 시행해 온 중국인 이민 금지법을 폐지했다. 그리고 많은 중국인들이 제2차 세계대전 때 미군으로 복무했다. 마오쩌둥의 공산당이 1949년 중국의 권력을 잡았을 때 수많은 중국 지식인들이 미국으로 이민했으며, 1970년대에는 베트남의 중국인들이 전쟁과 사회주의 정권을 피해 이주했다. 1984년, 영국 정부가 1997년에 홍콩 반환을 결정하자 영국과 영연방 국가들로의 이민이 크게 늘었다. 지금은 세계적으로 4천만 명이 넘는 화교들이 있고 이들 중 절반은 서남아시아에 산다. 미국엔 330만, 유럽에는 170만 명의 화교가 살고 있다. 오늘날의 다문화 사회에서 중국인이 기여하는 바는 매우 높게 평가된다. 불행하게도 영국 같은 국가에서는 중국인 범죄 집단이 저지르는 불법 밀수가 폭발적으로 늘고 있다.

| 引语 | 중국인이 없다면 팔머스톤에는 생선, 야채, 과일, 육류가 없어지고 세탁소도 없어질 것이며 선원, 요리사, 가정부를 구할 수도 없을 것이다.
- 사우스 오스트레일리아 총리, 1899년

러시아의 철로 건설
19세기 중반부터 중국인 이주 노동자들은 이주국가의 근대적 교통시설 건설 현장처럼 대규모 노동력이 필요한 곳에서 일했다.

二十世紀

1894-95년의 일본과의 전쟁에서 패한 후 1900년에는 파괴적인 의화단 운동이 일어나 청 왕조를 입헌군주제로 바꾸고자 했다. 1901년부터 '신중국'이 떠오르기 시작했지만 급격한 사회 변화는 왕조의 통제 하에 약해졌다. 그러나 1911년 군사 반란으로 인해 마침내 공화국의 시대가 시작되었다. 공화국의 총통 위안스카이가 1916년에 사망하면서 중국은 다시 군벌 장군들이 다스리는 영지들로 분열되었다. 국민당과 공산당은 중국을 통일하기 위해 연합했으나 사상이 달라서 결국 분열할 수밖에 없었다. 1928년 국민당은 난징을 수도로 삼고 새로운 정권을 수립했다.

< 죄수들
베이징의 미군에게 체포된 의화단원들

상륙작전 >
1904년 2월 일본군은 만주 해안에 상륙을 시도했다.

the boxer uprising
의화단 운동

의화단은 1896년 산둥 지역에서 처음 나타났다. 중국에서의 외국 세력에 분노한 농민들이 세운 의화단은 기독교인에게서 농민들을 보호해주기 위한 의식을 거행했다. 1899년 의화단과 기독교인 사이에 충돌이 크게 늘었고 1900년 5월에는 의화단이 베이징까지 도달했다. 6월에 서태후는 의화단 편을 들면서 외국인이 침략하여 중국이 무질서해진 것이라고 탓했다. 베이징의 외교관들은 제국주의 국가들이 연합한 다국적군이 와서 풀어줄 때까지 55일 동안 포위되어 있었다. 1901년 9월에 불평등조약인 베이징의 정서에 서명하면서 봉기는 종결되었다.

중국 쟁탈전 1895년
중국이 일본에 패배하자 서구 열강은 사업권을 얻기 위해 중국으로 몰려들었다. 러시아는 시베리아 횡단 철도를 만주까지 확장하는 것을 허락받았고, 독일은 두 선교사 살해를 이용하여 칭다오를 점령했으며, 영국은 홍콩을 99년 동안 대여한다는 계약을 맺었다.

러일전쟁 1904-05년
만주 진출에서의 이해가 충돌하면서 러시아와 일본 사이에 전쟁이 발발했다. 중국은 전쟁에 가담하지 않았지만 대부분의 전투가 중국 국경지방에서 일어났다.

조선 1894년
일본은 중국과의 전쟁을 도발하며 조선에 군대를 상륙시켰다. 중국 육군과 해군은 모두 패배했고 1895년의 시모노세키 조약으로 중국은 조선에 대한 권리와 영향력을 모두 포기해야만 했다.

청 후기의 개혁 1901-05년
의화단 운동 이후 서태후는 마지못해 개혁안을 받아들였다. 이중엔 전족 금지, 의회 창설 등도 포함되어 있었다.

1880 — 1890 — 1895 — 1900 — 1905

혁명가 쑨원

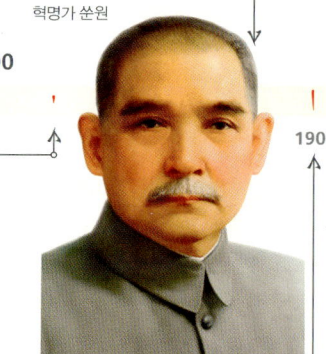

쑨원 1905년
쑨원은 서구의 교육을 받은 의사로 1905년에 동맹회를 조직하고 만주인을 몰아내자는 운동을 펼쳤으며 공화국 설립을 주장했다. 1911년의 혁명 이후 공화국의 총통이 되었으나 위안스카이에게 양도했다. 그는 국민당을 개편했고 1925년에 사망했다.

< 만주의 일본인
조선을 거쳐 중국과 벌인 전쟁은 만주, 대만, 황해로 이어졌다.

THE END OF EMPIRE
THE LATE QING DYNASTY AND THE EARLY REPUBLIC, 1880-1928
제국의 종말 청 후기와 공화국 초기, 1880-1928년

폭탄 대원
혁명단의 폭탄 대원들은 흰 가방에 수류탄 여덟 개를 넣어 가지고 다녔다.

the may fourth movement
5·4운동

제1차 세계대전이 끝난 뒤 1919년 5월 4일 파리 평화회의에서 독일이 산동에서 가지고 있던 이권을 중국에 돌려주지 않고 일본에 양도하기로 결정하였다. 이로 인해 중국의 여러 도시에서 거센 저항이 일어났다. 민족주의가 급격하게 성장하면서 중국의 문화 관습을 재평가하는 급진적인 움직임이 일어났다. 5·4운동은 서양의 다양한 사상을 널리 퍼뜨리는 계기가 됐고, 잡지 〈신청년〉은 여기에 깊은 영향을 미쳤다. 이 잡지의 편집자 천두슈는 이후에 중국 공산당의 공동 설립자가 되었다. 〈신청년〉은 유학의 가르침을 공격하는 기사, 중국에서 볼셰비키 사상의 타당성에 대한 논설, 구어체로 글을 쓰는 문학 혁명을 지지하는 글 등을 실었다.

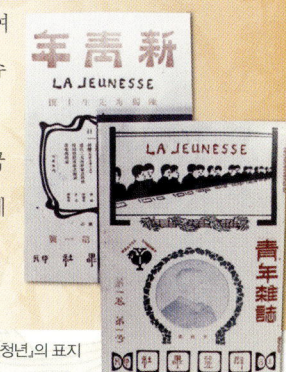

『신청년』의 표지

1911년 혁명 1911년
1911년 10월, 국민당 병사들이 우창에서 청 제국에 반대하는 반란을 일으킨 뒤 전국에서 반란을 위한 군대를 모집했다. 청 황제는 폐위를 강요당했고 공화국 정부가 1912년 1월 1일에 수립되었다.

위안스카이 1915년
공화국의 총통 위안스카이는 자신이 새로운 왕조의 황제라고 언명했다. 그는 자리에서 물러나라는 압력을 받았고 다음 해에 사망했다.

총통 위안스카이

중국 공산당 창설 1921년
첫 번째 중국 공산당 회의가 1921년 7월에 열렸다. 이 대회에는 천두슈, 리다자오, 그리고 후난 성의 활동적인 학생이던 마오쩌둥도 참석했다. 공산당은 산업 투쟁에 참여했고 1923년에는 국민당과 통일전선을 결성했다.

마오쩌둥과 농민 1927년
1927년 1월 젊은 공산당원 마오쩌둥은 후난에서 농민운동에 대해 연구했다. 그는 '곧 수억 명의 농민들이 회오리바람처럼, 폭풍처럼 봉기할 것이다'라고 예견했다. 그의 예언은 시기상조라는 것이 밝혀졌고 그 해에 국민당은 반란 운동을 무참히 억압하기 시작했다.

1910 — 1915 — 1920 — 1925 — 1930

국민당 설립 1912년
쑨원이 설립한 국민당은 여러 혁명당을 통합했다. 1913년 선거에서 승리했으나 다음 해엔 의회에서 추방되었다.

군벌 시대 1916–28년
위안스카이의 죽음 후 몇몇 군벌들이 중국을 다스렸다. 이중에는 1917년에 청 왕조를 재건하려 했던 장쉰도 포함되어 있었다.

공장 생활 1920년대
여성과 아이들은 상하이의 면 공장 등에 노동력을 제공했다. 어린 소녀들의 낮은 급여는 고향에 남아 있는 가족의 생계에 보탬이 되었다. 그들은 집으로 돌아가 결혼하기 위한 지참금을 마련하고 싶어 했다.

삼합회 1927년
삼합회라는 범죄조직은 상하이 외곽에서 결성되었다. 국민당은 1927년 도시의 노동운동을 막기 위해 삼합회를 이용하여 우익 테러인 '백색공포'를 휘둘렀다.

shanghai
상하이

1936년의 상하이의 분주한 상업로 난징로

강가의 작은 항구도시였던 상하이는 1842년에 중국 정부가 서구의 요구에 굴복하면서 동부 해안을 개방하자 곧 유럽의 중요한 전초 기지가 되었다. 1920년대에 상하이는 세계에서 다섯 번째로 큰 도시이자 중국의 국내외 상업의 중심지가 되었다. 상하이에서 외국인은 자국의 법률만 지키면 됐기 때문에 사업가, 범죄자, 혁명가들에게 매력적인 도시였다. 또한 상하이는 정치적 음모의 중심지였고 중국 공산당도 여기서 결성되었다. 이러한 혼합의 효과는 매우 강렬해서 상하이는 '위험하지만 황홀한 매력을 지닌 도시'라는 명성을 얻게 되었다. 그러나 1940년대에 중국의 저항이 커지면서 외국인들이 권리를 포기하자 상하이의 명성도 끝나고 말았다.

HISTORY THE STORY OF CHINA

二十世纪

1928년과 1937년 사이 국민당 정부는 경제, 산업 개혁을 시작했다. 그러나 이 개혁은 중국의 가난한 시골까지는 거의 닿지 않았다. 일본인들은 제국주의 전략의 일환으로 1931년 만주를 정복했다. 그러나 국민당 지도자 장제스는 일본의 침략에 맞서기 대신 공산당을 막는 것에만 집중했고 1934년 공산당원들은 국민당 군대를 피해 대장정을 떠났다. 1937년 일본은 본격적으로 중국을 침략하기 시작했다. 중국은 일본, 국민당, 공산당 점령 지역으로 나뉘게 되었다. 전쟁 후에 국민당은 다시 통치권을 확보하려 시도했다. 그러나 1946년에 공산당과의 내전이 발발했고 3년만에 국민당은 중국 본토에서 쫓겨났다.

중국은행이 발행한 10위안 지폐

화폐 1933년
19세기 초반까지 중국은 외화 혹은 은화로 무역 거래를 했다. 1933년 실질적으론 중국 최초의 국가 통화인 위안이 탄생했다.

장시 소비에트 1931년
공산당 중앙위원회는 장시 성에 지도부를 두고 장시 소비에트 공화국을 세웠다.

옌안의 공산당 1936년
옌안에서 마오쩌둥은 공산당을 재정비했다. '신민주주의'라는 그의 글에서 마오쩌둥은 부르주아들에게 공산당 정부 내의 자리를 약속했다. 딩링(1904-86년)이라는 여성 작가는 '내가 시아 마을에 있을 때'라는 글에서 남녀 평등에 대한 당의 약속에 대해 의문을 제기했다. 그럼에도 불구하고 여성들은 혁명이 그들의 지위를 바꿀 것이라고 믿었다. 농민들은 상호원조반을 구성하고 인민이 운영하는 학교를 설립했다.

the long march
대장정
1934년 10월 공산당은 장시의 근거지를 포기하고 국민당의 포위를 뚫었다. 적을 따돌리기 위해 그들은 계속 전투를 수행하면서 서쪽 내륙 깊숙이까지 진군했다. 고된 여정이었던 장정은 8,000킬로미터가 넘었으며 장시를 떠난 8만 6천명 중 채 2만여 명이 안 되는 이들만 이 여정을 끝낼 수 있었다. 1935년 10월 마오쩌둥과 그의 군대는 북쪽의 산시에 도착했고 옌안에 근거지를 세웠다.

장정을 묘사하는 선전용 포스터

장제스 1930년
1928년 장제스는 내부 권력 싸움 끝에 국민당의 지도자가 되어 1930년에는 국민당 연합에서 자신의 영향력을 공고히 하게 되었다. 그는 국민당 정부의 총통이었으나 1949년에 공산당이 내전에서 승리하자 본토에서 피신하여 타이완에 중화민국을 세웠다.

국민당 지도자 장제스

the red army
홍군
1928년 8월 1일 장시 성의 난창에서 반란을 일으킨 공산당원들은 홍군을 만들었다. 군대는 마오쩌둥의 게릴라 전법 원리를 받아들였다. "적이 진군하면 우리는 퇴각한다. 적군이 야영을 하면 우리는 약탈한다. 적군이 지치면 우리는 공격한다. 적군이 퇴각하면 우리는 뒤쫓는다." 이들은 지도자에게 복종하고 농민을 약탈하지 않고 획득한 물건은 함께 나눈다는 규칙을 지켰다. 그들은 계급장을 달지 않았으며 같은 급료를 받았다. 홍군은 1946년에 인민해방군으로 개칭되었다.

인민해방군 제복

인민공화국 수립 1949년
1946년 7월 국민당과 공산당 사이의 내전이 발발했다. 국민당의 군대는 만주에서 쫓겨나고 화이하이 전투에서 처절한 패배를 당했다. 1949년 1월 공산당은 베이징에 입성했고 같은 해 10월 중화인민공화국이 수립되었다. 국민당 정부는 타이완으로 밀려났다.

공산당 군대가 사용하던 1944년식 소련제 총

THE ROAD TO REVOLUTION
THE NATIONALIST ERA, 1928-49
혁명으로 가는 길 국민당 시대, 1928-49년

the sino-japanese war
중일전쟁

19세기 후반 이후로 일본은 팽창주의 정책을 고수했고 1931년엔 중국으로 눈을 돌렸다. 9월에 일본 병사들은 일본인 소유의 남만주 묵던 남부의 철도에서 사보타주를 일으켰다. 일본은 이 사건이 중국 반체제 인사의 잘못이라고 주장했고 이는 만주 정복을 공고히 하는 명목이 되었다. 1932년 3월 일본은 꼭두각시 지도자 푸이를 앞세워 만주국을 세웠다. 장제스는 대립을 피하는 것이 중국에 유리하다고 생각했으나 1936년 12월 결국 일본의 침략에 반대하기로 결정했다. 공산당과 국민당은 공동의 적에 대항하여 두 번째 연합 전선을 결성했다.

피의 청구서
일본군과 싸우는 미국군에게는 이러한 증서가 발급되었는데 이는 중국 농민의 협조를 얻는 데 사용됐다.

전쟁의 시작

1937년 7월 7일 베이징 근처의 노구교 전투로 일본과의 본격적인 전쟁이 시작되었다. 12월에 일본군은 국민당 정부의 수도인 난징을 함락하고 잔학한 행동을 일삼았는데 이것이 약 30여만 명이 사망한 '난징대학살'이다. 국민당은 충칭으로 수도를 옮기고 600곳 이상의 공장과 몇몇 대학을 일본군의 영향이 미치지 않는 지역으로 옮겼다. 이러한 조치에도 불구하고 인플레이션은 연간 230퍼센트로 치솟았으며 부패가 만연했다.

국민당의 쇠퇴

1940년대 들어 공산당은 일본군에 대한 공격을 계속했지만 국민당 군대는 방어에 머물렀다. 일본군은 공산당원을 숨겨주는 것으로 의심받는 마을에서 '삼광(三光)' 즉 모두 죽이고 불태우고 약탈한다는 정책으로 응답했다. 일본이 미국의 공군 기지 진주만을 공격하자 미국과 중국은 연합했으며 미국군이 중국에 투입되었다. 1945년 8월 히로시마와 나가사키에 폭탄이 투하되고 뒤이어 일본이 항복하면서 중국에 대한 일본의 야망도 끝났다.

꼭두각시 지도자 푸이
만주국의 멸망과 일본의 항복 이후 푸이는 투옥되었다. 출옥한 뒤 그는 단호한 공산주의 옹호자가 되었다. 그의 삶은 영화 〈마지막 황제〉로 다루어졌다.

일본군
중일전쟁에서 중국 본토로 진군한 일본군. 1944년에 그들은 중국의 광범위한 지역을 차지하고 있었다.

HISTORY THE STORY OF CHINA

二十世紀

마오쩌둥의 지배 하의 공산당은 영토의 안정성과 정치 구조 개편에 있어 심각한 도전에 직면했다. 마오쩌둥은 모든 이에게 평등한 교육과 경제 개혁에 착수했고 농촌을 공동체를 지향하는 소련식의 협동농장으로 바꾸고자 했다. 그가 시도한 대약진 운동은 비참한 기근과 경제적 실패로 귀결되었다. 정치적 입지가 약화된 그는 1966년에 자본주의로 돌아가려는 경향들에 강경하게 맞서자며 문화대혁명을 선동했는데 이는 3년 동안 지속되었다. 1976년에 죽기 전까지 말년의 마오쩌둥은 정책상 변화를 꾀하였으나 더는 그의 정치적 실패를 만회할 수 없었다.

1950년 티베트 고원으로 행군하는 중국군

만리장성을 방문한 리처드 닉슨

중국에 간 닉슨 1972년
미국의 대통령 리처드 닉슨은 1972년 2월 중국을 방문했다. 중국인의 관점에서 이 방문은 매우 성공적이었다. 이는 타이완의 중화민국에 관련된 양보 요구 없이 두 국가간의 평화로운 공존이 합의되었기 때문이었다.

티베트 '해방' 운동 1950-51년
중국 '인민해방군'은 제국주의 세력과 봉건지배계급에서 '해방'시킨다는 명목으로 티베트를 침략했다. 중국군과 관료는 주요 지위를 차지했고 티베트는 서장자치구가 되었다.

농민들과 함께 있는 마오쩌둥을 선전하는 포스터

마오쩌둥 이후 1976년
마오쩌둥이 1976년에 사망한 후 덩치는 작지만 카리스마가 넘쳤던 덩샤오핑이 1997년까지 사실상의 지도자가 되었다. 그는 자본주의를 도입하는 등 다양한 경제 개혁을 실행했다.

농업 집단화 1954년
농민들은 협동 형태에 고무되었고 곡식 수확은 각 가족의 땅과 노동력에 따라 분배되었다. 1955년에 농업 합작사는 인민공사로 병합되어 토지 사유제가 폐지되고 수확물은 노동력에 의해서만 분배되었다.

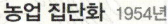

1950 — **1955** — **1960** — **1975** — **1980**

신결혼법 1950년
신결혼법이 제정되어 여성들은 남편을 자유롭게 선택할 수 있게 되었다. 또한 이혼, 자녀 양육, 재산에 대한 평등권도 부여되었다. 그러나 이 법의 효과는 제한되었고 농촌 지역에서는 대부분 무시되었다.

한국전 1950년
한국전이 발발하자 유엔은 공산군과의 전투에서 대한민국을 지원하기 위해 군대를 보냈고 유엔군은 거의 중국 국경까지 근접했다. 그러나 이들은 국경을 넘어온 중국군에 의해 후퇴했고 결국 1953년 휴전 협정이 맺어졌다. 이 전쟁에서 중국은 약 70만 명의 사상자를 냈다.

집단화를 선전하는 포스터

the great leap forward
대약진운동

1958년 마오의 경제 전략은 대약진운동이라는 빠른 집단화와 산업화로 변모되었다. 협동조합은 5,000가족이 모인 24,000개의 공동체로 구성되었다. 이 공동체는 철광을 시굴하고 가정용 화덕에서 강철을 생산하도록 교육받았다. 그러나 이들의 목표는 비현실적이었다. 공동체는 농사를 위한 노동력을 거의 갖고 있지 않았기 때문에 이 시기 1600-2700만 명이 기근으로 목숨을 잃었다. 안후이 성에서만 200만 명이 사망했다. 이 실험은 1961년에 중단되었고 마오쩌둥은 정치적 지도력을 의심받으며 혼란에 직면했다.

장칭 4인방 1976년
마오쩌둥의 부인 장칭, 상하이 공산당 지도자 장춘차오, 문학 비평가 야오원위안, 공장 노동자 왕훙원은 문화대혁명에서 주된 역할을 했다. 마오쩌둥이 1976년 9월에 사망했을 때 이들은 권력 남용이라는 이유로 체포되었다. 공개 재판에서 이들은 모두 유죄 판결을 받았다. 장칭과 장춘차오는 사형선고를 받았으나 후에 종신형으로 대체되었다. 다른 이들도 투옥되었다.

THE PEOPLE'S REPUBLIC
CHINA UNDER MAO, 1949–76
중화인민공화국 마오쩌둥 치하의 중국, 1949–76년

the cultural revolution
문화대혁명

> 톈안먼 광장 퍼레이드 >
> 문화대혁명 때 홍위병의 집회와 행군은 흔히 볼 수 있었다.

'위대한 프롤레타리아 문화를 창조하겠다'는 문화대혁명의 기원은 공산당 내부 충돌과 정책 불화에서 나왔다. 마오쩌둥의 대약진운동 이후 류사오치, 저우언라이, 덩샤오핑처럼 유연하고 실용적인 지도자들이 정치적으로 나서게 되었다. 소외당할까 봐 두려워하던 마오쩌둥은 '자본주의의 길을 걷고 있는 권력 있는 사람들에 맞서고 타도하기 위해서' 혁명을 시작하자고 했다.

홍위병 운동

문화대혁명 때 교사들은 낡은 교육을 했다는 이유로 비난받았다. 마오쩌둥의 격려 하에 급진적인 대학생들은 홍위대를 조직하고 네 가지 낡은 것 즉 낡은 생각, 낡은 문화, 낡은 관습, 낡은 습관을 파괴하려 했다. 홍위병들은 이를 부르주아라고 묘사할 수 있는 사물이나 생각은 모두 다 파괴해도 된다는 것으로 받아들였다. 지식인, 예술가, 문인, 교사들이 박해받았으며 암암리에 마오쩌둥의 지지를 받아 당의 지도층도 도전받았다. 혁명 운동은 도시에만 해당되지 않았다.

농촌의 홍위대는 지역의 공산당원을 비판하기 시작했다. 홍위대는 수천 명이 공개적으로 망신을 당하고 사망까지 했던 것에 책임이 있다. 1967년, 노동자 단체들끼리 거리에서 싸웠고 장칭은 인민해방군을 비판했다. 외국 공관들이 급진파들에게 포위되었고 베이징의 영국 공사관은 불탔다. 중국이 내전의 위기에 봉착하자 마오쩌둥은 상황을 완화시키기 위해 군대에 권력을 주었다. 학생들의 폭력이 이어지자 모든 홍위병 조직이 해체되었다. 그리고 그중 다수가 '재교육' 정책에 따라 농촌으로 보내졌다.

혁명의 여파

혁명 위원회는 대중 조직, 공산당, 군의 대표자들이 실행했다. 1969년에 린바오가 마오의 후계자로 결정되면서 문화대혁명은 막을 내렸다. 그러나 문화대혁명의 영향은 1970년대 중반에 마오쩌둥이 사망하고 혁명에서 권력을 남용했던 장칭 4인방이 체포될 때까지 중국 전역에 남아 있었다.

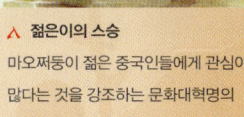

△ 젊은이의 스승
마오쩌둥이 젊은 중국인들에게 관심이 많다는 것을 강조하는 문화대혁명의 선전용 포스터

< 비판의 기술
인기를 잃은 당원들을 비판하는 집회에는 중요 인물을 비판하는 연극이나 무용 같은 공연도 포함되었다.

HISTORY THE STORY OF CHINA

◁ 마오쩌둥의 작고 빨간 책
'지도자 마오쩌둥의 어록'은 1964년 처음 출판되었다. 이 책은 문화대혁명 기간 동안 모든 이가 읽어야만 했다.

마오 숭배 ▷
마오쩌둥은 선전용 그림을 통해 개인 숭배를 창조했다. 그가 사망한 이후부터 동상은 감소했지만 1990년대 이후 마오의 인기는 다시 살아나고 있다.

mao zedong 마오쩌둥

마오쩌둥이 1976년에 죽고 5년 후 당은 마오쩌둥에 대한 평가를 내렸다. 그의 실수보다 당을 성공으로 이끈 공헌이 더 크지만, 그가 말기에 저지른 실수는 끔찍한 것이었다고 평가되었다.

초기 경력

부농의 아들이었던 마오쩌둥은 1893년 후난 성에서 태어났다. 그는 5·4 운동이 일어났을 때 베이징에 와서 공산주의 사상에 대해 처음 알게 되었다. 그는 1921년 중국 공산당이 창설된 당시 당에 가입했으며 빠르게 당내 서열이 높아졌다. 그는 2년 뒤 중앙위원으로 선출됐으며, 1931년부터는 장시의 공산당 기지에 살면서 홍군, 토지 개혁, 여성 해방에 입각한 혁명 전략을 발전시켰다. 대장정에서의 마오쩌둥의 지도력은 당의 생존에 필수적이었다. 옌안에서 그는 지역 농부들의 삶을 변화시키는 정책을 만들었다. 중일전쟁에서 중국이 승리하고 4년 뒤, 마오쩌둥은 국민당에게 승리하고 중화인민공화국을 수립했다.

1969년에 만든 마오쩌둥 배지

중국의 지도자

마오쩌둥의 더 급진적인 사상은 농촌 집단화 초기에는 아직 드러나지 않았었다. 그러나 중국을 새로운 혁명의 길에 들여놓기 위해 그는 대약진 운동을 시작했으며 농업과 산업에서의 실패로 20세기 최대의 기아를 유발했다. 실용주의자들에게 밀린 마오쩌둥은 문화대혁명을 통해 그의 지위를 회복해보려 했다. 그러나 당의 지도력을 되찾으려 하고 홍위병들의 폭력을 격려한 것은 그가 인민이 필요로 하는 것이 무엇인지 몰랐다는 것을 나타낸다.

최근엔 마오쩌둥이 권력에 대한 개인적인 욕망에 휘둘렸다는 해석도 있다. 이것은 중국을 반식민지 상태와 군벌주의로부터 위대한 국가로 변화시킬 것이라고 믿었던 마오에 대해 지나치게 가혹한 평가일 수도 있다. 혁명적인 지도자로서 그의 업적은 훌륭했지만 시간이 지날수록 그에게는 국가를 다스리기 위해 필요한 기술이 부족했다는 것이 드러나고 있다.

引语 | 가난은 변화, 행동, 혁명에 대한 열망을 일으킨다. 아무 것도 적히지 않은 깨끗한 종이에 가장 신선하고 아름다운 글씨를 쓸 수 있다.

— 마오쩌둥, '협동을 시작하며'(1958년 4월 15일)

마오쩌둥의 군대 >
중국 공산당의 군대는 마오쩌둥의 사상을 그들의 신조로 삼았다.

HISTORY THE STORY OF CHINA

二十世紀

마오가 사망하고 4년이 지난 뒤 덩샤오핑은 문화혁명의 희생자를 복권시키는 정책을 폈다. 이후 10년 동안 그는 중국의 경제 정책에 있어 엄청난 변화를 총괄했다. 그러나 그의 정권기의 마지막은 1989년 6월의 톈안먼 광장 사태를 잘못 처리한 것으로 인해 얼룩져 있다. 그럼에도 불구하고 덩샤오핑은 1990년에 공직에서 은퇴할 때까지 정치적 중요 국면들을 이끌었고 그의 영향력은 이후에도 남아 있다. 그는 1997년에 사망했지만 개혁의 경향은 후계자들에 의해 이어지고 있다. 국제 사회에서 중국의 역할이 커져가고 있다는 것은 2008년 올림픽이 베이징에서 열리기로 한 것으로 증명된다.

◁ 마오 이후의 예술
쑤이장오의 머리 없는 마오의 흉상은 '798지대'로 불리는 베이징의 유명한 다산즈 예술 지역에 세워져 있다.

톈안먼 광장의 시위

톈안먼 광장 반대 시위 1989년
개혁적 정치가였던 후야오방이 1989년 4월에 사망했을 때 그를 기리는 시위가 열렸다. 학생들은 베이징의 톈안먼 광장에서 노숙을 하며 단식 투쟁을 시작했다. 그들은 정부가 폭넓은 정치적 자유를 줄 것을 요구했다. 군대가 투입되었으나 시위자들은 단호하게 광장에 남아 있었다. 6월 3, 4일 밤에 군대가 시위대에 발포했고 400–800여명이 사망했다.

현대미술 1985년
베이징 청년화가협회 창설로 중국 미술계의 뉴웨이브가 시작되었다. 이들은 예술적 자유와 당국의 사상적 통제로부터의 독립을 지지한다.

경제 성장 1992년
1992년 덩샤오핑은 취약해진 경제를 되살릴 새로운 계획을 세웠다. 상하이에서는 해외 무역과 외국인 투자, 정부 투자가 크게 증가했다.

장쩌민 1993년
덩샤오핑이 1990년에 은퇴한 뒤 장쩌민이 1993년 주석 자리에 오르면서 중국에서 가장 힘 있는 인물이 되었다.

홍콩 반환 1997년
영국의 식민지가 된 지 155년 만에 홍콩은 결국 특별구역으로 중국의 영토로 돌아왔다.

1980 — 1985 — 1990 — 1995 — 2000

one-child families
한 자녀 가정

1953년의 인구조사에서 중국의 인구는 걱정스러울 만큼 급증했다. 이후 25년 동안 출산율을 조절하는 계획이 실행됐지만 그리 성공적이지 못했다. 1979년 정부는 엄격한 한 자녀 정책을 도입했다. 한 자녀만 낳기로 한 부부는 여러 혜택을 받지만 둘째를 낳으면 수입의 대부분을 잃게 만든 것이다. 예외는 선천적인 장애를 가지고 태어난 아이 혹은 소수민족의 경우뿐이었다. 가문을 잇기 위해서는 아들이 필요하다는 믿음과 정책이 충돌하면서 낙태와 여아 살해가 확산되었다. 1984년엔 더욱 확대된 예외사항이 인정되었다. 한 자녀 정책은 도시에선 여전히 강요되었지만 농촌에서는 덜했다.

한 자녀 정책을 선전하는 포스터

삼협 댐 1995년
세계에서 가장 큰 수력발전 계획으로 삼협 댐 건설이 시작되었다. 이 사회적 비용에는 일억 명이 넘는 이주민의 재정착 비용과 역사적 성벽 여섯 곳을 해체하는 비용도 포함되었다. 지진의 위험이 경고되었고 작은 댐을 세워도 비슷한 이익을 낼 수 있다는 의견도 제기되었다.

아시안 게임 1990년
1990년 베이징에서 제 11회 아시안게임이 열렸다. 중국은 전체 금메달의 60%에 이르는 금메달 138개를 획득하면서 연속 3번째 우승을 기록했다.

달리안 시더 FC 스트라이커 조우제

CHINA AFTER MAO
MODERN CHINA, 1976–2010
마오 이후의 중국 현대 중국, 1976–2010년

> **무사 영화의 유행**
> 장만위는 장이머우 감독의 화려한 서사극 '영웅'(2002년)에서 자객을 연기했다.

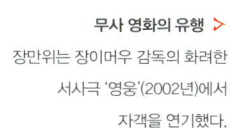

후진타오 2003년
장쩌민을 이어 후진타오가 중화인민공화국 주석이 되었다.

관광 산업 2005년
1970년대 초반 중국을 여행하는 규제가 점점 줄기 시작했다. 이에 따라 만리장성, 자금성, 병마용 등을 보려는 열망으로 외국인들이 중국으로 몰려들었다. 2005년 중국은 이탈리아를 제치고 세계에서 관광객이 네 번째로 많이 찾는 나라가 되었다. 2020년에는 중국이 관광객 수 1위국이 될 것이다.

2010

2005

티베트 철도 2006년
세계에서 가장 높은 철로는 시닝과 라사 사이의 티베트 철도로 2006년 7월 1일에 개통되었다. 철도 개설로 투자가 늘 것이라고 했지만 티베트에 대한 통제를 강화하려는 것이 목적이라는 비판도 있다.

티베트의 라사 다리를 건너는 기차.

modern chinese cinema
현대 중국 영화

1980년대까지 국제적으로 알려진 중국 영화는 거의 없었다. 문화대혁명 때 제작한 몇몇 영화는 선전용의 조악한 것들이었다. 1980년대 중반 베이징 영화학교를 졸업한 새로운 세대들이 쏟아져 나왔다. 스스로를 '제5세대'라고 부르는 이들은 서술식의 전통적인 방식을 버리고 그동안의 관습을 바꾸는 시도를 했다.

첸카이거와 장이머우

'제5세대' 감독 중 가장 유명한 사람은 첸카이거와 장이머우이다. 첸카이거가 감독, 장이머우가 촬영기사였던 '황토지'(1984년)는 농민들의 민요를 수집하러 시골에 간 공산당 병사에 대한 이야기이다. 한 농부 가족 집에 머물면서 그는 고난과 고통을 노래하는 시골 사람들의 노래를 배운다. 영화는 공산주의 하의 농촌 사회에 대해 이중적인 시선을 보여준다. 첸카이거는 후에 '패왕별희'(1993년)를 만들었다. 이 영화는 군벌시대부터 문화대혁명까지 중국 역사의 50년을 함께 통과해 온 두 경극 가수에 대한 이야기이다. 장이머우가 감독이 되어 찍은 초기 작품에는 '붉은 수수밭'(1987년), '국두'(1990년), '홍등'(1991년) 등이 있는데 모두 중국 사회 안에서 여성의 역할을 보여주는 것들이었다. 그의 작품은 중국에서 갈채를 받고 서양에서는 상도 받았다. 세 영화는 당시 장이머우의 연인이었던 궁리를 국제적인 스타로 만들었다.

무사의 부활

1999년 타이완 출신 감독 이안의 '와호장룡'은 서양에서 큰 성공을 거두었다. 이 영화는 홍콩, 중국, 타이완, 미국의 공동제작이었지만 구성은 중국의 전통 무사 이야기와 칼싸움, 무술, 선불교 철학 등이 결합된 것이다. 장이머우는 무사의 취향을 환상적인 볼거리와 상업적인 성공으로 바꾸어 '영웅'(2002년), '연인'(2004년), '황후화'(2006년) 같은 영화로 만들었다.

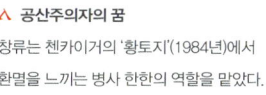

홍등
궁리가 출연한 장이머우의 '홍등'(1991년)은 첩들 사이의 경쟁에 대한 슬픈 이야기이다.

공산주의자의 꿈
창류는 첸카이거의 '황토지'(1984년)에서 환멸을 느끼는 병사 한한의 역할을 맡았다.

HISTORY THE STORY OF CHINA

◁ 승자의 미소
체조의 텅하이빈 선수는 2004년 아테네 올림픽에서 중국이 획득한 32개의 금메달 중 하나를 목에 걸었다.

the beijing 2008 olympics
2008년 8월 베이징 올림픽

2008년 8월 베이징 올림픽과 장애인 올림픽이 '하나의 세계, 하나의 꿈'이라는 슬로건 아래 개최된다. 이 기간에 50만 명의 외국 관광객과 250만 명의 국내 관광객이 올림픽을 보기 위해 중국의 수도로 몰릴 것으로 예상된다.

정치와 환경 문제

베이징의 올림픽 개최가 검토되었을 때 중국의 인권, 티베트에 대한 태도가 문제로 거론되었다. 취재의 자유, 안전 문제, 정치적 시위, 테러 활동의 위협 등도 거론되었다. 이러한 문제에도 불구하고 올림픽 위원회는 압도적으로 베이징을 2008년 올림픽 개최지로 선택했다.

대기 오염은 계속 염려되는 문제이다. 중국은 세계에서 가장 높은 아황산가스 배출국이며 베이징엔 종종 스모그도 생긴다. 교통은 도시 오염 문제의 주범이다. 새로운 버스와 기차 패스로 공공교통의 이용을 장려해 왔고 올림픽 기간 동안에는 자동차 사용 제한도 시행될 것이다. 공기의 질을 높이려고 공장이 도시 외곽으로 재배치되었으며 석탄 사용 가정은 가스로 연료를 교체했다.

올림픽 준비

올림픽 개최는 450억 달러 이상이 소요되는 야심찬 계획이다. 이 예산의 1/3이 새로운 도시 인프라에 투입되었다. 새로운 고속도로와 우회도로가 건설되었고, 총연장 320킬로미터에 이르는 도시 골목을 넓히거나 새로 만들었다. 베이징의 지하철 길이는 두 배가 되었으며, 영국 건축가 노먼 포스터가 설계한 세계에서 가장 큰 공항이 방문객을 맞을 것이다. '새 둥지'로 불리는 올림픽 주경기장을 포함해 행사가 진행될 건물들도 모두 새로 설계, 건설되었다. 새 둥지라는 이름은 이 운동장을 섬세한 강철 섬유로 만들었기 때문에 붙여졌다. 화려한 수영장인 수상센터(혹은 '워터큐브')도 역시 완공되었다.

일부 행사는 베이징 밖에서 열릴 것이다. 톈진, 상하이, 선양, 친황다오에서는 축구 경기가 열릴 것이며 요트 경기는 칭다오에서, 승마 경기는 홍콩에서 열릴 예정이다.

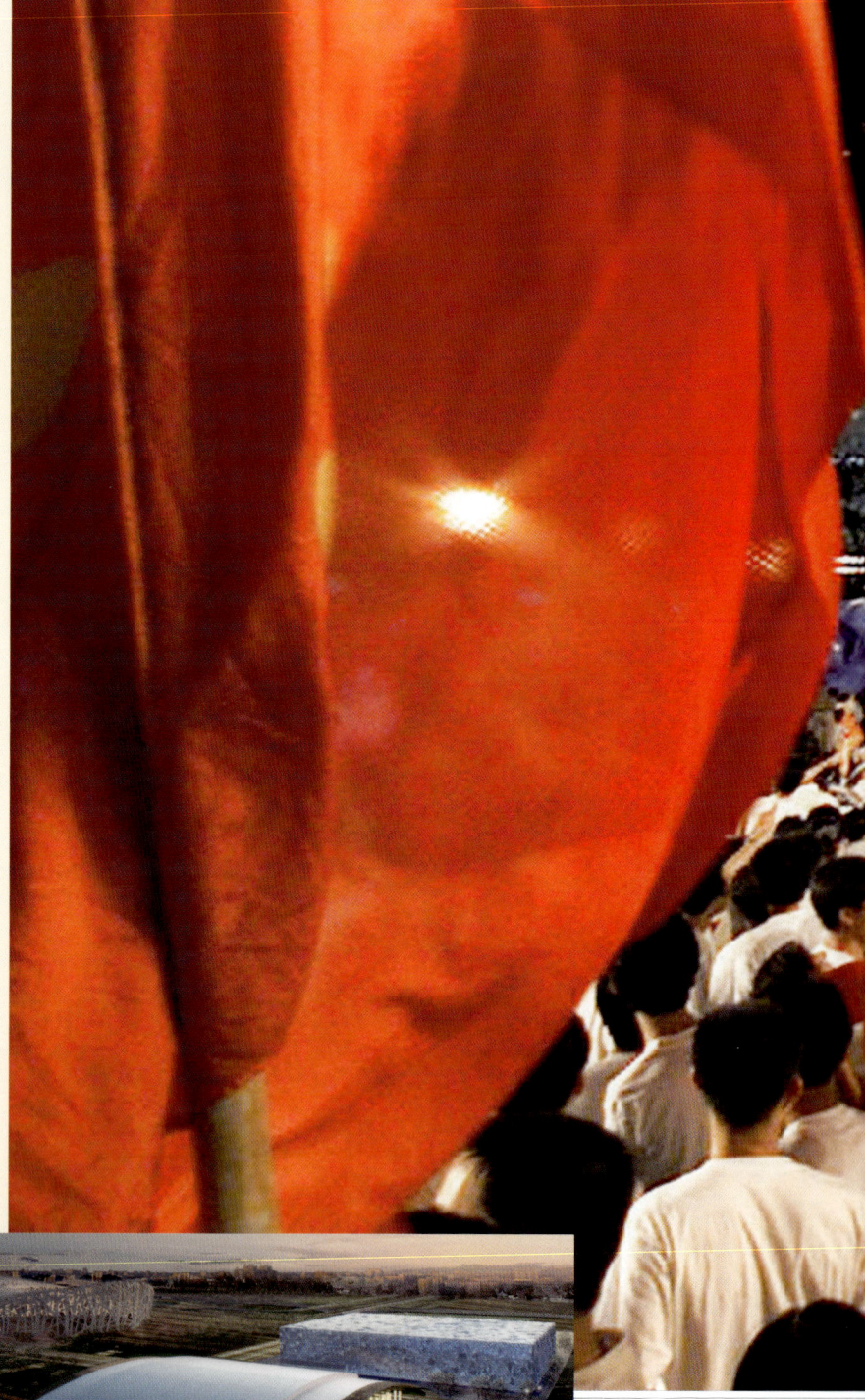

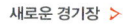

▷ 새로운 경기장
18,400개의 좌석이 있는 실내 경기장과 그 옆의 '새 둥지', '워터큐브' 건물의 컴퓨터 시뮬레이션. 이 경기장들에서 2008년 올림픽이 열릴 것이다.

引语 | 어려운 일이 많지만 우리는 올림픽을 훌륭히 치러낼 것이라고 확신합니다. 세계가 우리를 더 잘 이해하게 될 것입니다.

– 왕웨이, 올림픽 유치 위원장

∧ **축하하는 중국**
2008년 베이징 올림픽 개최가 발표되자 축하하는 사람들로 베이징의 텐안먼 광장이 가득하다.

HISTORY THE STORY OF CHINA

中国的未来

중국에게 미래가 있는가? 세계에서 인구가 가장 많은 나라, 성장하는 경제와 아시아에서 최강을 다투는 강력한 군대, 세계적으로 뻗어나가는 중국의 관심 등을 볼 때 대답은 '그렇다'이다. 최근 중국이 이룬 세계를 향한 경제적 업적은 중국이 주도적인 힘을 갖게 될 것이라고 말해준다. 그러나 오늘날의 중국은 전통과 현대성 사이의 긴장, 환경 문제의 위험성, 해결해야 하는 사회적 문제 등에 직면해 있다. 이러한 문제들을 어떻게 풀 것인가? 그리고 언제, 어떻게 중국 정부가 변하도록 정치적 압력을 가할 것인가?

SOCIETY 사회

대규모 건설 현장의 이주 노동자들

도시와 농촌
수백 만 명의 농촌 지역 중국인들이 하루 1달러 미만으로 생활한다. 많은 이들이 돈을 더 버는 직업을 찾아 도시로 이주한다. 그들은 도시인들이 꺼리는 고되고 더러운 일을 하거나 중국의 급등하는 수출 물량을 만드는 공장에서 값싼 노동력을 제공한다.

도시의 젊은 중국인
최근의 조사에 따르면 도시에 사는 젊은이들은 높은 교육을 받고 고임금 직장에서 일한다. 이들 중 1/3이 결혼 전 성생활을 묵인하지만 대부분은 결혼하길 원한다.

커뮤니케이션 혁명
인터넷과 휴대전화 때문에 중국 정부가 의견과 사상 표현을 통제하기가 매우 어려워졌다. 중국은 인터넷 경찰을 만들어서 정치적으로 수상한 내용을 퍼뜨리지 않도록 방지하고 있다.

△ 젊은이들의 문화
도시의 풍요로운 젊은이들은 수입을 음식, 옷, 오락 등에 소비한다.

ECONOMY 경제

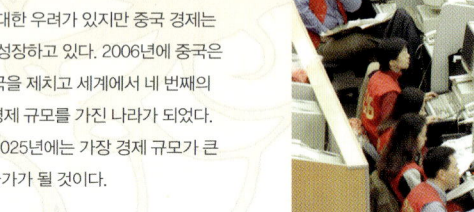
상하이의 북적이는 주식거래소

초대형 경제권력
1978년부터 2003년까지 중국의 수출은 88억 달러에서 4380억 달러로 증가했다. 과열에 대한 우려가 있지만 중국 경제는 빠르게 성장하고 있다. 2006년에 중국은 영국을 제치고 세계에서 네 번째의 경제 규모를 가진 나라가 되었다. 2025년에는 가장 경제 규모가 큰 국가가 될 것이다.

◁ 상하이의 스카이라인
중국의 경제 발전은 초현대적인 건축물에서 잘 나타난다.

사업가
경제와 법률 환경 상 빠른 변화 때문에 개인 사업이 가능해졌다. 개인 사업자 중 상당수가 돈을 벌기 위해 외국과 거래하거나 해외에서 공부한다.

THE FUTURE OF CHINA
THE PEOPLE'S REPUBLIC BEYOND 2010
중국의 미래 2010년 이후의 인민공화국

> 양리웨이
중국의 첫 번째 유인우주선이 2003년에 발사되었다. 양리웨이는 선저우5의 조종사였다.

POLITICS 정치

지역 연합
중국은 최근 여러 개의 지역 연합에 가입함으로써 국제적 위상을 강화하고 있다. 1995년부터 중국은 특히 이전에 영토분쟁을 겪었던 인도와의 관계를 개선하기 위해 노력하고 있다. 그리고 유럽 연합과 아프리카 국가들, 남미와의 관계도 지속적으로 발전시키고 있다.

우주 계획
중국은 우주 계획에서도 세계적인 우위를 차지하려는 열망을 품고 있다. 중국은 2033년에 무인우주선을, 21세기 후반에는 유인우주선을 화성에 보낼 계획이다.

중국과 타이완
1981년에 덩샤오핑은 중국은 무력으로 타이완을 되찾을 계획이 없다고 발표했다. 중국의 정책은 타이완이 그들의 정부 체계를 유지한 상태로 중국의 특별구역이 되어야 한다는 것이다. 그러나 타이완의 지도자들은 중화민국이 독립 영토를 지닌 독립 국가라는 것을 계속 주장한다.

ENVIRONMENT 환경

사막화
기후 변화와 산업화가 고비와 타클라마칸 사막의 침식을 가속화하고 있다. 2010년까지 나무를 심어서 모래를 잡아두어 사막화를 막는 계획이, 2030년에 사막을 개간한다는 계획이 세워졌다.

사막화가 진행되고 있는 허베이 성의 랑터우고우 마을

오염
대부분의 중국의 에너지는 심각한 대기오염을 유발하는 석탄연료로 공급된다. 정부는 환경을 보호하기 위해 몇 가지 방법을 취했지만 우선권은 경제 성장에 있다.

전염성 질병
1997년에 조류 바이러스 H5N1이 보고되었을 때 250만 마리의 닭이 폐사되었다. 2002년엔 6,700건의 사스바이러스 사고가 중국과 홍콩에서 발병했고 600명 이상이 사망했다. 보건 당국은 느린 대처 때문에 신뢰를 잃었다.

사스가 만연했을 때 마스크를 쓴 남자

PEOPLE

人们

A DAY IN THE LIFE

사람 일상의 풍경

중국의 인구는 지난 백 년 동안 4억 명에서 대략 13억 명으로 증가했다. 인구의 93퍼센트가 한족이며 나머지는 쉰다섯 개의 소수민족이다. 처음 인민공화국이 수립되고 나서는 공산당이 개인의 삶에 많이 개입했지만 요즘은 인민과 정부 사이에 무언의 사회적 협약이 있어 규제가 느슨해졌다. 그 결과, 정치적 변화로 이어지지 않는 한에서 부분적인 자유가 허용되었다. 최근 몇년간 추진되었던 경제 개혁은 경기 호황과 새로운 일자리 창출을 낳았고 그에 따라 수억 명이 도시로 이동했다. 19세기 유럽의 산업혁명 시기처럼 공장과 서비스업에 종사하기 위해 농촌에서 도시로 대규모 인구 이동이 일어난 것이다. 그러나 아직도 중국인의 70퍼센트는 농촌에 살고 있으며 지방과 도시, 세대 간의 불균형은 여전히 엄청나다. 이 장에서는 다른 지역과 환경에서 사는 열네 명의 인물을 소개하면서 오늘날 중국에서의 삶을 스냅 사진처럼 보여줄 것이다.

PEOPLE A DAY IN THE LIFE

쉰두 살의 장한린은 수많은 다른 중국인들처럼 황토에 농사를 지어 생계를 유지할 뿐만

农民

아니라 부드러운 황토 언덕을 손으로 파낸 동굴 안에서 가족과 함께 산다. "이 지역은 산이 많은데다 토양이 건조하고 단단해서 동굴을 만들기가 좋아요. 동굴 주택은 여름에 시원하고 겨울에 따뜻해서 경제적입니다."

오랜 시간 동안 몽골의 고원에서 가벼운 모래 침전물이 바람에 실려와 중국 문명의 요람인 황허 강의 북부 거대한 만곡부에 이백 미터 가까이 황토 언덕을 쌓아올렸다. 풍부하고 비옥한 황토는 매질이 촘촘하지만 물렁한데다가 말랐을 때는 콘크리트 같아지는 성질이 있어서 장씨가 사는 산시 성의 장춰 마을에서는 이백 가구가 황토 언덕에 동굴 주택을 짓고 산다.

장씨의 삶의 리듬은 땅의 리듬과 조화를 이룬다. 일 년 중 해가 떠 있는 시간에는 대부분 옥수수, 감자, 기장, 대추야자, 해바라기, 사과 등의 씨를 뿌려 경작하며 닭, 돼지, 양을 기른다. 그를 비롯해 마을 사람들 대부분은 스스로 기른 것을 먹고 산다. 가장 가까운 시장이라고 해야 걸어서 두 시간이 넘는 거리에 있기 때문이다. 장씨가 할 일이 적어지는 초겨울이 되면 그의 부인은 양식을 봄까지 보존하고 보관하기 위해 바빠진다.

장씨의 단출한 농기구는 옛날부터 사용하던 것과 같은 모습이고 주로 노새의 힘을 빌려 사용한다. 동굴은 요리할 때의 열기를 자연적으로 방출하는 장치가 되며 나무나 석탄을 때는 화덕은 '캉'이라고 하는 벽돌 침대와 연결돼 침대를 밑에서부터 데운다. 전기 시설은 마련되어 있지만 물은 걸어서 삼십 분 정도 걸리는 곳의 깊은 우물에서 길어 온다.

장씨의 동굴 주택은 칠십 년 전에 판 것이고 마을에서 가장 오래된 것은 삼백 년 정도 됐다. 그러나 아무도 동굴 주택을 새로 만들지는 않는다. "돈을 벌면서 사람들은 동굴에 사는 걸 뒤처지는 것이라고 생각해요. 모두 도시로 나가 현대적인 아파트에서 살려고 합니다"라고 장씨는 말했다. "젊은 사람이 이곳에서 결혼해서 살려고 한다면 집을 현대적으로 만들기 위해 최소한 벽돌과 타일 정도는 준비해야 해요."

그러나 대부분 젊은 사람들은 도시의 공장이나 건설 현장에서 일하기 위해 마을을 떠났다. 이러한 인구 이동으로 중국 시골의 인구는 차츰 감소하고 있다. 장씨의 두 아들 역시 마을을 떠났다. "시안의 대학원에서 공부하고 있죠"라고 장씨는 자랑스럽게 얘기했다. 그러나 그는 아들들을 도시에서 공부시키기 위해 저축한 돈을 쓰고 대출까지 받아야만 했다.

아들들이 도시에서 돈을 잘 버는 직업을 구하면 장씨는 동굴 주택을 떠나 그들과 함께 살 계획이다.

동굴 주택

장씨가 당나귀를 집 앞의 들로 데리고 나가고 있다. 일부 중국인들은 아직도 자연적으로 만들어진 동굴에 살기도 하지만 대부분의 동굴 주택은 움푹 들어간 들판을 파서 동굴을 만들거나 장씨의 집처럼 남향의 절벽이나 언덕을 파 들어가 안락한 주거지로 만든 것이다.

이른 아침의 일과

장씨의 하루는 동굴 주택의 입구에서 삽과 집에서 만든 옛날식 빗자루로 밤새 날아온 먼지와 낙엽을 쓸어 담는 것으로 시작한다.

LOESS VALLEY FARMER
CULTIVATING THE "YELLOW EARTH" IN RURAL SHAANXI
황토 계곡의 농부 황토 경작, 산시 성

< 안뜰에서의 끽연
아침 햇볕이 언덕을 따뜻하게 비추면 장씨는 아침을 먹기 전 안뜰에서 이른 담배를 피운다.

∨ 도구가 잘 갖춰진 부엌
장씨의 지하 부엌에는 센 불에 재빨리 볶고 삶는 등 최소한의 연료로 재빨리 요리하기 위한 도구들이 잘 갖춰져 있다.

∨ 죽 쑤기
장씨의 부인이 기장으로 죽을 쑤면 김이 동굴 주택의 내부에 꽉 찬다. 기장죽은 힘든 육체노동을 해야 하는 하루를 시작할 때 영양과 온기를 준다.

∧ 재료 준비
장씨의 부인이 하루치 식사에 필요한 양념, 조미료, 허브, 기타 재료들을 조심스럽게 재고 있다.

> 가족의 아침 식사
장씨가 침대 가장자리에 걸터앉아 밥을 먹고 있다. 장씨와 그의 부인, 어린 딸은 침실 겸 거실, 부엌의 역할을 하는 큰방에서 함께 아침을 먹는다.

133

이제 여기도 전기가 들어오지만 수도는 아직 없습니다. 삼십 분 정도 떨어진 마을의 우물까지 가서 물을 길어 와야 해요.

∧ 차 한 잔
장씨는 일을 시작하기 전에 차를 한 잔 즐긴다. 그의 뒤로 보이는
동굴의 흙벽이 사진과 걸개로 화려하게 장식돼 있다.

PEOPLE A DAY IN THE LIFE

노새 수레
장씨의 노새 수레는 말린 곡식이나 땔감, 액체 비료, 급할 때는 가족까지 싣는다.

옥수수 갈기
장씨의 부인이 노새의 눈을 가리고 옥수수를 가는 맷돌을 돌리고 있다.

기장 운반
읍내에서 가져온 기장을 실은 노새 수레 옆으로 장씨가 걷고 있다. 두 시간이 걸리는 여정이지만 이것이 식량을 보충할 곡식을 얻는 유일한 방법이다.

노새 돌보기
집에 돌아오면 장씨는 노새의 먹이를 챙겨준다. 장취 마을엔 모터로 작동하는 운송수단이 아직 보급되지 않았기 때문에 동물을 돌보는 것이 특히 중요하다.

옥수수 가루 모으기
맷돌을 여러 번 돌리면 옥수수는 고운 가루가 된다. 이를 조심스럽게 모아 체를 쳐서 남아 있는 덩어리나 모래를 없앤다.

< **해바라기 줄기 모으기**
장씨가 언덕에서 해바라기의 줄기를 모으고 있다.
해바라기 씨는 으깨서 기름을 만들거나 간식으로 먹는다.
줄기는 동물의 사료나 연료로 사용한다.

< **해바라기 묶음 운반**
장씨가 해바라기 줄기를 지고 산 밑으로 옮기고 있다.
오랜 노동으로 인해 무거운 짐을 옮기는 것도 익숙해졌다.

∨ **농부의 손**
평생의 육체노동과 태양에 노출된 긴 시간이 장씨의
마르고 거친 손에 흔적을 남겼다.

migration to the cities
도시 이주

중국에서는 세계적으로 유래가 없었던 대규모 인구 이동이 일어났다. 일억에서 일억오천만 명 정도가 농촌에서 도시로 이주해 일자리를 찾았고, 앞으로 이십 년 동안 이억 명이 더 이주할 것으로 추정된다.

농촌에 사는 팔억 명 중 80퍼센트의 남성이 무직 상태이다. 도시에서 일자리를 찾은 이들은 자녀와 부모를 부양하기 위해 꼬박꼬박 월급의 상당한 부분을 보내지만 서로 거의 만나지는 못한다. 이렇게 도시에서 돈이 유입되면서 농사를 많이 짓지 않는 농촌도 삶의 수준이 올라가기도 하지만, 농촌 지역 전체적으로 노동 가능한 연령층이 눈에 띄게 줄고 있어 문제가 되고 있다.

도시에서는 농촌으로부터의 인구 유입이 범죄 증가의 한 원인이라며 꺼리기도 하지만 이들은 도시인들이 피하는 보수도 적고 위험한 일을 도맡아 한다. 이주자 대부분은 건설 현장에서 일하거나 음식 노점상, 식당 종업원, 청소부, 유모, 가정부 등 낮은 지위의 일에 종사한다.

∧ **전통 농기구**
장씨는 서양에서는 이미 오래 전부터 사용하지 않는 농기구를 아직도 사용한다.
기계화되지 않았다는 것은 그가 스스로 만들고 다룰 수 있는 농기구를 사용한다는 의미이다.

PEOPLE A DAY IN THE LIFE

 마을 근처 언덕에 날씨를 관장하는 용왕의 사원이 있어요. 4월엔 돼지를 잡아 제물로 바치고 비가 잘 내리게 해달라고 기도한답니다.

> **닭 모이 주기**
> 장씨의 부인이 가족 소유의 닭을 돌보고 있다. 달걀은 겨울에 없어선 안 될 식량이다.

∨ **동굴 창고**
사람들이 도시로 이주하면서 동굴 주택이 많이 비어 간다. 장씨네는 그중의 하나를 창고로 활용하고 있다.

∧ **동물 사료**
장씨의 부인이 큰 포대와 들통에 동물의 먹이를 모으고 있다. 이 먹이는 노새와 돼지 두 마리가 먹을 것인데, 돼지 한 마리는 설날에 잡을 예정이다.

< **마당 청소**
장씨가 나중에 사용할 수 있도록 마른 꼴을 모으고 있다. 강한 가을바람에 꼴이 날아가지 않도록 노새 수레에 사용하던 낡은 타이어로 눌러 놓는다.

> **음식 보관**
장씨의 부인은 과일을 저장하기 위해 가을 내내 부지런히 일했다. 깨끗한 병에 보관한 과일은 가족이 길고 추운 겨울을 보낼 때 도움이 될 것이다.

> **휴식**
> 고된 노동 뒤 휴식을 취하는 장씨. 고된 육체노동과 세 자녀의 양육 뒤 여생을 도시에서 살 계획이다.

> **실내 장식**
> 동굴에서 벽지는 비실용적이다. 그래서 오래된 달력, 선전용 포스터, 풍경 사진 등이 실내를 꾸미는 데 사용된다.

> **시골의 결혼식**
> 저녁에 장씨는 도시로 떠나는 대신 시골에 살기로 한 젊은 부부의 결혼식에 참석했다. 신부는 부를 상징하는 붉은 색 옷을 입었다.

> **숙제 시간**
> 장씨의 딸이 그녀 등 뒤의 공산당 영웅들에 대해선 잊은 채 숙제에 몰두하고 있다. 다른 젊은이들처럼 그녀도 열심히 공부해서 대학에 입학해야 한다는 중압감을 받는다.

> **결혼식 악단**
> 전통 악기와 서양 악기가 섞인 악단은 손님들과 구경꾼들을 즐겁게 하며, 결혼식이 성대한 행사라는 것을 실감케 해준다.

PEOPLE A DAY IN THE LIFE

> 치 나는 감정과 영혼을 표현하기 위해 붓글씨를 쓰고 그림을 그립니다.

중국미술학원의 교사이자 자기 소유의 개인 작업실과 갤러리를 갖고 있는 리우무는 14살에 붓글씨를 시작했다. "할아버지께서 붓글씨를 교육의 시작이라고 생각하셨기 때문에 어릴 때 붓글씨를 시작했습니다. 당시만 해도 붓글씨는 읽고 쓸 줄 아는 사람의 기본 소양으로 여겨졌었거든요. 그게 제 인생 전반에 영향을 주었습니다."

书法家

할아버지의 충고를 받아들이기도 했지만 소년 리우는 13세기 후반에 활동했던 화가이자 학교 교육을 받지 못했던 목동 출신의 왕면의 그림책에 감동받기도 했다. 왕면은 가난한 환경에서 자랐으나 매화를 그린 그림과 힘차고 독특한 글씨체로 유명해졌다.

시골의 농장에서 자란 리우는 전통 교육을 받긴 했지만 왕면의 발자취를 따라가기로 결심했다. 리우의 할아버지와 마찬가지로 그의 스승인 양면도 훌륭한 그림은 붓글씨에 통달한 후에 그릴 수 있다고 생각했다. "열심히 연습했어요. 가장 엄격하고 형식을 갖춘 글씨체부터 한 획으로 한 자를 쓰는 초서까지 배웠습니다."

왕면이 예술가로 활동하던 13세기에는 시, 그림과 함께 꼭 갖추어야 할 '세 가지 교양' 중 하나로 서예를 학교에서 가르쳤다. 그러나 요즘 붓글씨는 전통예술로 여겨져 공식 교육과정에 포함되지 않는다.

"초등학교와 중학교 교과서에서 서예는 아주 적은 부분만 할애되어 있고 어떤 학교에서는 미술 교사가 부족하다는 이유로 그림 수업을 하지 않기도 합니다"라고 리우는 아쉬워했다. "과거엔 은퇴한 이들이 붓글씨를 배우기도 했었는데, 단지 즐기기 위해서였죠."

서예가로만 생계를 유지하기는 어렵기 때문에 리우를 비롯해 대부분의 서예가들은 다른 직업을 갖고 있다.

"대부분의 유명한 서예가들은 학교나 대학교에서 미술 교사로 일합니다. 난 젊은 세대가 중국의 가장 오래된 예술 형식을 터득하도록 가르치는 데 무한한 즐거움을 느낍니다."

중국의 가장 위대한 서예가가 약 1700년 전에 태어난 왕희지라는 것에는 이견이 없다. 그의 행서는 대대로 붓글씨를 쓰는 이들의 규범으로 남았다. 그가 쓴 28행, 324자의 〈난정서〉의 서문 원본은 당나라 황제와 함께 묻혔으며 서예의 가장 위대한 걸작으로 일컬어진다.

"현대 서예를 위한 시장은 골동품 시장만큼 활기찹니다. 현대의 작품 가격이 오래된 작품 가격을 따라잡기 시작했어요"라고 리우는 만족스럽게 덧붙였다. 오늘날 붓글씨를 쓰는 사람은 별로 없지만 다행히도 붓글씨의 가치는 사라지지 않았다.

∨ 붓글씨 준비
리우는 벼루에 물을 따르고 먹을 간다. 좋은 벼루는 단단하고 부드러우며 돌이나 도기로 만든다.

∨ 이른 아침의 태극권
여느 나이 든 중국인처럼 리우도 유연성과 건강을 유지하는 비결인 태극권으로 하루를 시작한다. 태극권은 14세기에 도가의 승려들이 시작했다고 한다.

∧ 작업실
리우의 작업실은 베이징의 한 중학교 안에 있으며 그의 집에서 삼십 분 정도 거리에 있다. 놀이터의 소리가 그의 작업실을 가득 채우고 있다.

∧ 문방사우
리우가 문방사우 중 하나인 붓을 들고 있다. 문방사우는 붓, 먹, 종이, 벼루를 일컫는다. 이들을 잘 다루는 것이 전통적인 교육의 기본이었다.

CALLIGRAPHER
A TRADITIONAL BRUSH AND INK ARTIST, BEIJING 서예가 붓과 먹의 예술가, 베이징

∨ 좋은 붓 고르기
리우가 붓글씨에 적당한 중간 크기 붓을 골랐다. 자연모가 유연하게 한곳으로 모여야 다양한 넓이로 획을 그을 수 있다.

<∨ 전문가의 도구
붓글씨를 쓸 때는 먹을 사용하지만 큰 그림을 그릴 때는 다양한 색의 물감을 사용한다.

<∨ 마무리
붓글씨를 다 쓰고 난 뒤 붉은 인주를 묻혀 도장을 찍는다. 오래된 서예 작품은 작가의 도장과 함께 소유자의 도장이 찍혀 있는 경우도 있는데, 만약 소유자가 유명한 사람이었다면 작품의 가치가 더 높아진다.

PEOPLE A DAY IN THE LIFE

∨ 학생 지도
한 학생이 자신의 풍경화에 대한 조언을 구하러 리우의 작업실에 찾아왔다. 그들 뒤로 보이는 큰 그림이 바로 리우가 그린 것이다.

> 고요한 순간을 즐김
리우가 앞으로 제작할 작품의 구성, 붓글씨와 그림 수업, 그의 다음 전시의 내용에 대해 생각하고 있다.

∨ 풍경화
리우가 자신의 그림에 필치를 더하고 있다. 그의 작품은 그가 16–19살이었을 때 공부했던 스승의 영향을 받았다.

∧ 휴식
오후의 휴식 시간, 차를 좋아하는 리우가 작은 찻잔에 담긴 진하게 우린 차를 두 조수와 함께 마시고 있다.

> 붓
다양한 서체에 따라 다양한 크기와 질감의 붓을 사용한다. 큰 붓은 주로 큰 종이에 거대한 글씨를 쓰는 데 사용한다.

∨ **차 시음**

집으로 돌아가는 길에 리우가 베이징의 육백 곳이 넘는 차 도매상 중 한 가게에서 차를 시음해보고 있다. 리우는 차에 대해 매우 열정적이다.

∧ **미래에 대한 계획**

그의 작업실 옆에 있는 갤러리에서 리우와 그의 조수가 사업계획, 가격, 시장 상황, 앞으로 있을 전시 등에 대해 의논하고 있다.

> **중국미술학원에서의 약속**

리우가 작업실을 떠나 그가 교육 부국장으로 일하는 중국미술학원으로 걸어가고 있다.

∧ **저녁식사**

베이징 교외에 있는 안락한 현대식 아파트까지 오랫동안 버스를 타고 와서 리우는 부인이 준비한 소박한 저녁 식탁에 앉는다.

> **붉은 낙관**
> 작품이 완성되면 도장을 사용하여 서명을 한다. 주로 사용하는 붉은 인주는 검은 먹에 대비되어 눈에 띈다.

수천 년 전 중국인들은 뼈와 거북의 등껍질에 열을 가한 후 금이 간것을 읽어 미래를 점쳤다. 그들은 점의 결과를 거북 껍질에 새겼는데 이것이 지금까지 발견된 것 중 가장 오래된 중국 글자이다. 현대의 문자는 이 경직되고 각진 문자와 다른데, 이후에 갑골문의 글자를 붓으로 쓰기 좋게 바꾸면서 현재의 글자와 서체가 생겼다. 중국에서 오늘날 사용하는 '현대' 문자는 최소한 5세기경에 형성되었다. 중국에서 서예는 그림의 일부로 간주되었고 잘 쓴 글씨를 담은 족자는 전통 초상화나 풍경화만큼 수요가 많았다.

역사적으로 유명한 화가, 작가, 시인은 훌륭한 서예가이기도 했으며 화가의 스타일이 화가 자신의 성격을 드러낸다고 했다. 중국에는 "글씨체가 그 사람을 말해준다"라는 유명한 말이 있다. 당 제국 이후부터 권력과 영향력을 가지기 위해서는 누구나 과거 시험을 통과해야 했는데, 여기서는 고전에 대한 지식과 조리 있는 문장력과 함께 완벽한 붓글씨 솜씨 역시 필수였다.

AN ARTIST'S TOOLS 예술가의 도구

> **붓의 부드러운 털**
> 큰 글씨를 쓰려면 큰 붓이 필요하다. 가장 큰 것 중엔 붓대가 빗자루만한 것도 있으며, 이렇게 큰 붓들은 공원 내에 있는 포장도로의 돌 위에 물로 글씨를 쓰는 데 사용되곤 한다.

∧ 용도마다 다른 붓

붓은 전통적으로 말, 토끼, 사슴의 털로 만들었으며 끝이 뾰족한지, 매끈한지, 탄력이 좋은지 등의 기준에 따라 평가됐다.

PEOPLE A DAY IN THE LIFE

가족의 집
습기가 많은 아열대 기후에서는 통풍이 잘 되도록 지면에서 높이 띄워 집을 짓는다. 가까운 라오스와 미얀마에서도 아화의 집과 비슷하게 집을 짓는다.

茶工

라오스, 미얀마와의 국경 근처 시솽 반나 산의 잘루 마을에 사는 아화와 그의 남편, 시부모는 40무의 땅에서 고무와 차를 재배한다. 산 위의 이 마을에서는 선선하고 축축한 날씨가 계속 되어 1월과 12월을 제외하고는 연중 찻잎을 딸 수 있다. 이렇게 일년을 꼬박 일한 이 가족의 연간 수입은 약 1만 위안(1300달러)이다.

스물세 살의 아화는 시어머니의 도움을 받아 거의 모든 일을 도맡아 한다. 찻잎을 따고 고무나무의 수액을 채취하며 돼지와 닭을 친다. 가장 바쁜 시기인 봄엔 새벽 네 시부터 고무나무를 자르고 네 시간 후 집에 돌아와 가족의 식사를 준비한 뒤 찻잎을 따러 나가 저녁 때까지 일한다. 하루에 총 열네 시간 이상을 일하는 것이다.

잘루 마을은 윈난 성의 독특한 품종인 푸얼 차를 생산하기에 딱 맞는 몇 군데 중 하나인데 푸얼 차의 수요가 계속 증가하고 있어 가계 수입을 올리는 데 도움을 준다. 아화는 "지난 8년 동안 우리 마을의 삶은 점점 좋아졌어요. 차 도매상인이 더 자주 와서 경쟁을 하기 때문에 가격이 올라갔거든요"라고 이야기한다. 그 결과 지금 아화의 가족은 텔레비전, 오토바이, 트랙터를 가지고 있다.

아화의 남편은 차 공장에서 일하면서 다른 마을의 사람들과 차 가격을 협상하고, 그들의 고품질 찻잎에 다른 곳에서 가져온 값싼 찻잎이 섞이지 않도록 감시한다. 그의 고용주 루오밍웨이는 가까운 이웃 마을의 차 공장 소유주 삼형제 중 한명이다. 루오의 부모는 그가 어릴 때 국가 소유의 차 공장에서 일했으며 루오를 데리고 여행하면서 좋은 차와 나쁜 차를 구별하는 방법을 알려주었다. 그러나 루오는 직접 차 농사에 뛰어드는 대신 돈을 더 많이 버는 수의사가 되었다.

1990년대 들어 대만, 홍콩, 일본, 한국 등지에서 푸얼 차를 생산지로부터 직접 구입하기 위해 구매자들이 찾아오기 시작했다. 2000년에 수의사 경력을 포기한 루오는 가족들의 차 사업에 동참했다. 루오는 "현재 차 공장은 이백만 위안 이상의 가치가 있습니다"라고 열성적으로 말했다. 그는 미래에 대해서도 낙관적이다. "판매하는 차의 대부분은 중국 밖으로 수출되지만 중국에서도 좋은 차를 마시는 것이 다시 유행하고 있어요. 중국 인구의 10퍼센트만 푸얼 차를 마시기 시작해도 아주 거대한 시장이 될 겁니다."

아화는 이미 계획을 짜 놓았다. 지금까지 아화가 집에서 가장 멀리 가본 것은 윈난 성의 수도 쿤밍이었다. "좀더 돈을 벌면 가족들 모두와 함께 베이징에 다녀오고 싶어요. 특히 천안문광장을 보고 싶어요"라고 그녀는 말한다. 루오의 전망이 맞다면 그녀의 바람은 곧 이뤄질 것이다.

작업용 신발
아화는 차가 자라는 습기 많고 진흙투성이의 비탈에서 일하기 위해 공영 공장에서 생산된 발목 운동화를 신는다.

차밭으로 가는 길
아화 시어머니. 이웃과 함께 찻잎을 따러 길을 나서고 있다. 모자와 스카프가 햇빛을 가려줄 것이다.

TEA TRADE WORKERS
TEA PICKER AND TEA FACTORY OWNER, YUNNAN
차 생산자 찻잎을 따고 차를 만드는 이들, 윈난 성

阿花 │ 지금 우리가 따는 차는 '겨울차'라고 불러요. 이 차는 섬세한 맛을 내는데다가 일 년 중 이렇게 늦게까지 차를 생산할 수 있는 곳이 얼마 되지 않아서 생산량도 그리 많지 않답니다.

< ∨ 찻잎 따기
이른 아침 안개 속에서 아화가 최상품의 푸얼 차를 만들기에 알맞은 크기와 색깔, 부드러움을 지닌 찻잎을 조심스럽게 골라내고 있다.

∨ 녹찻잎
바구니를 다 채우면 아화는 집에 돌아온다. 대부분의 찻잎은 가열하고 발효시켜 차로 만들지만 일부 푸얼 차는 딴 그대로 녹차로 판매한다.

∨ 찻잎 덖기
새로 딴 찻잎을 큰 철제 솥에 넣어 덖고 있다. 찻잎이 검은 색을 띠게 되는 이 과정을 '사청(푸른색을 죽임)'이라고 부른다.

< ∧ 찻잎 말리기
덖기가 끝난 찻잎을 햇볕 아래 펼쳐 놓고 말리면 구매업자에게 차를 보여줄 준비가 된 것이다.

PEOPLE A DAY IN THE LIFE

∨ 가축 먹이 준비
아화가 돼지에게 줄 사료와 물을 섞고 있다. 하루 종일 찻잎을 딴 후에도 아화의 일은 끝나지 않고 집안일을 하는 데 나머지 시간을 보내야 한다.

∨ 세탁
마을 여인들이 이웃들이 함께 쓰는 물터에서 옷을 빨고 사료용 양동이를 씻고 있다.

∧ > 돼지 먹이기
아화가 서늘한 집 지하에서 기르는 돼지에게 먹이를 주고 있다. 돼지와 닭은 판매보다는 주로 특별한 날에 가족이 먹기 위해 기른다.

> 차 구매업자와 점심식사
루오밍웨이가 점심식사에 맞춰 도착했다. 아화네 가족의 생계가 그의 구매에 달려 있기 때문에 점심식사는 가격 협상을 위한 좋은 기회이다.

TEA TRADE WORKERS

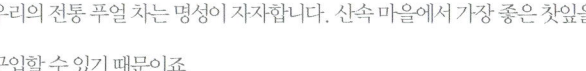 우리의 전통 푸얼 차는 명성이 자자합니다. 산속 마을에서 가장 좋은 찻잎을 구입할 수 있기 때문이죠.

<V 차 검사
루오밍웨이가 찻잎의 향기, 수분, 품질의 일관성 등을 검사하며 푸얼 차에 다른 저급 차가 섞이지 않았는지 확인하고 있다.

<V 흥정
중국에선 대부분 현금 거래를 한다. 루오가 찻잎의 품질에 만족하면 무게를 재고 현금을 바로 직접 건넨다.

∧ 차 운반
아화네 마을처럼 진흙이 많은 산길에는 경운기 같은 다목적 트레일러가 제격이다. 루오는 구입한 차 포대를 공장으로 운반한 뒤 그곳에서 차 만드는 과정을 거쳐 포장하고 다시 판매처로 수송할 것이다.

PEOPLE A DAY IN THE LIFE

> **품질 재검사**
> 공장에서 차의 품질을 재검사하고 있다. 여기서 어떻게 보관하고 어떤 제작과정을 거칠 것인지 결정한다.

∨ **무게 재기**
차를 주의 깊게 동일한 무게의 분량으로 나눈 뒤 열기를 가하게 되면 찻잎이 부드럽게 되며, 이후 둥글넓적한 모양으로 눌러준다.

∧ **품질 관리**
차의 품질과 향기, 숙성도가 일정한지 제작과정 중 자주 검사한다.

> **누르기**
다른 현대식 공장에서는 기계를 사용하기도 하지만 여기서는 돌로 눌러서 찻잎 덩어리를 둥글넓적하게 만든다.

TEA TRADE WORKERS

< 차 덩어리
누른 차를 발효시키는 과정에서 자연 박테리아와 곰팡이가
작용하며 일 년의 숙성 과정을 거쳐 건조한 뒤 판매된다.

< 포장된 차
말린 차 덩어리는 원산지와 종류가 표시된
종이에 포장된 후 이동을 위해 쌓아 놓는다.
차 수확 후 이 상태가 될 때까지 이 년이 걸린다.

∧ 푸얼 차 시음
루오밍웨이와 형제들이 조심스럽게 차를 시음해보고 있다.
끓는 물에 잎을 헹군 다음 다시 깨끗한 물로 몇 분간 차를 우린다.

< 차의 강도 확인
전통적으로 찻주전자와 잔은 도자기로 만든다. 루오의 찻잔처럼
요즘은 유리로 다기를 만들어서 차의 색과 투명함을 확인하기도 한다.

PEOPLE A DAY IN THE LIFE

< 다기 세트
보통 찻주전자나 뚜껑이 있는 잔에 차를 우린 후 손잡이 없는 작은 잔에 따라 마신다.

品茶

중국에서는 도시에 사는 사람 소수만이 커피를 마신다. 대부분의 중국인들은 녹차, 백차, 홍차 등을 마시는데 이들은 차가 삶에 필수적인 요소라고 여긴다. 중국 속담에 '하루를 시작하기 위해 필수적인 일곱 가지는 장작, 쌀, 기름, 소금, 간장, 식초 그리고 차라는 말이 있을 정도이다. 중국에서는 신선한 잎을 사용해 만들고 정성들여 산화 과정을 거치며 오래 보관할 수 있는 녹차가 홍차보다 더 대중적이다.

차는 중국인의 식탁에서 중요한 위치를 차지하고 있어서 많은 중국인들이 보온병이나 뚜껑이 달린 병에 차를 담아 가지고 다니면서 신선한 끓는 물을 넣어 우려 마신다.

다도는 다과를 위해 차를 마시는 것과는 다르다. 이 취미를 위해선 특수한 주전자와 잔이 필요하며 종류에 따른 차 고유의 맛을 극대화하기 위해 단계별로 차를 준비한다. 차 전문가는 수백 가지가 넘는 중국 차 중 하나를 골라 선택할 수 있는데 잎의 종류와 언제 만들어졌는지에 따라 가격은 천차만별이다.

THE ART OF TEA TASTING 다도

> 다기
자사호는 다도인들에게 가장 대중적인 도구이다. 큰 쟁반은 차를 잔에 따를 때 차가 밖으로 튀는 것을 막아준다.

∧ **포장된 차**
차는 벽돌차, 원차, 봉지나 병에 든 산차 등의 형태가 있다.
차는 기원전 600년경에 약으로 사용되기 시작했으며
화폐로 사용되기도 했다.

PEOPLE A DAY IN THE LIFE

乐
师

위구르인인 아바바크리 셀라이의 가족은 중국의 지배, 독립, 러시아의 간섭, 내전을 거쳐 다시 중국의 지배를 받았던 지난 시기 동안 다섯 세대에 걸쳐 위구르의 전통 악기를 제작해왔다. 신장 자치구의 극서쪽에 있는 이 작은 마을은 베이징보다는 이슬라마바드, 비슈케크, 기타 중앙아시아의 수도들과 더 가깝다. 주민의 대부분은 위구르족이며 터키인의 후손이자 신앙심 깊은 이슬람교도들이다.

이러한 역사적 변화와 중국 대중음악의 상륙에도 불구하고 뽕나무로 만든 두타르, 뱀가죽으로 만든 라왑, 활처럼 생긴 기잭 등을 살 구매자들은 여전히 악기제작자들을 찾아오고 있다. 셀라이의 가게에서는 마흔 종류에 가까운 악기를 파는데 대부분은 그가 중국과 근처 중앙아시아 국가들의 악기에서 딴 아이디어를 혼합하여 직접 고안하고 디자인한 것이다. "카슈가르에서는 아직도 대중음악보다는 전통음악을 즐깁니다. 대중음악이 잠시 유행했지만 사람들은 곧 전통음악과 악기로 돌아왔지요. 언제나 그랬어요."

셀라이는 카슈가르인뿐만 아니라 멀리 터키를 비롯하여 위구르와 같은 문화권인 근처의 타지키스탄, 파키스탄, 키르기스스탄 사람들에게도 악기를 판매한다. 카슈가르에 오는 서양 관광객들은 감각적인 곡선과 섬세한 상감기법으로 아름다움을 뽐내는 장인의 솜씨 때문에 전통 악기를 산다.

여든 살의 셀라이는 가게 영업을 두 아들에게 거의 넘겨주었지만 아직도 여섯 시에 일어나 씻고 기도한 후 친구들과 함께 난과 차로 아침식사를 한다. 또 그는 종종 친구들과 함께 악기를 연주하기도 한다. 그는 매일 가게로 가서 아들들이 악기를 만드는 것을 감독하면서 자신의 아버지가 물려준 장인의 솜씨가 자신의 아들에게도 제대로 전달되었나 확인한다. 셀라이의 아버지와 할아버지, 증조할아버지는 99살, 102살, 104살까지 살았기 때문에 셀라이 역시 긴 은퇴 생활을 하게 될 것이다. 모든 이슬람교인들이 인생에 한번은 하기를 열망하는 메카 성지순례를 마친 사람들에게 주어지는 존경을 받으며 말이다.

셀라이가 평생을 산 카슈가르는 큰 변화를 겪고 있다. 장거리 철도가 최근 생겼고 베이징 정부의 서부 현대화 정책으로 인해 마을 중심지의 중앙아시아식 좁은 골목들은 중국 어느 곳에서나 볼 수 있는 현대식 건물로 둘러싸이게 됐다. 게다가 카슈가르 내의 한족 인구가 급증해서 위구르인들이 도시 인구에서 차지하는 비중이 적어졌다. 그러나 셀라이는 현실적이었다. "카슈가르에 사는 사람들이 부자가 되면 좋은 악기를 사는 사람들도 늘어나겠지요. 그들이 내 가족의 사업에 도움이 될 겁니다."

∨ 악기 가게
셀라이의 가게는 카슈가르 구시가지 중심부, 복잡하게 뻗어나간 위구르의 시장 구역 안 현대적인 건물에 있다.

∧ 라왑 제작
셀라이가 뱀가죽으로 표면을 장식한 악기의 긴 목이 곧은지 점검하고 있다. 아들들이 오랫동안 제작법을 배웠지만 아직은 실수를 하기도 한다.

▷ 틀 점검
위구르의 악기 중 가장 대중적인 두타르는 뽕나무로 만든다. 두타르의 틀은 줄을 매기 전 완벽하게 올바른 형태여야 한다.

CRAFTSMAN
MAKING TRADITIONAL INSTRUMENTS, KASHGAR
장인 전통 악기 제작, 카슈가르

가족의 작업실
셀라이는 두 아들들에게 악기 제작의 대부분을 맡기고는 품질을 검사하고 완성된 악기를 연주해보는 것으로 자신의 업무를 제한했다.

탐부르 제작
이 탐부르는 셀라이와 아들들이 만드는 여러 악기 중 하나이다. 작업대 위에 도구와 재료들이 흩어져 있다.

품질 검사
아들들이 막 완성한 두타르를 가게에서 판매하기 전에 셀라이가 검사하고 있다.

상감 기법
라왑의 긴 목의 손잡이는 상감 기법으로 세공한다. 연주하지 않을 때 걸어놓기 위해 이런 형태가 필요하다.

가까이에서 본 두타르
셀라이 가족의 장인다운 솜씨는 아름답게 상감된 두타르에서 두드러지게 나타난다.

완성된 악기
초보자가 연주하기엔 어려운 악기들이 대부분이지만 카슈가르를 찾는 사람들은 단순히 악기의 아름다움 때문에 이를 구입하기도 한다.

∧ 위구르 노래 연주
셀라이와 아들들은 악기 제작자만이 아니라 훌륭한 연주자이기도 하다.
이들이 쉬는 시간에 악기를 연주하자 지나가던 이들의 발길이 가게 앞에서 멈추었다.

讲
述

변화는 음악의 발전을 위해 바람직합니다. 여러 양식의 혼합으로 언제나 새로운 음악 양식이 태어나기 때문이죠.

우리는 중국의 음악도, 카자흐의 음악도 모두 연주합니다. 대신 우린 우리의 악기로 연주하면서, 듣기 좋은 음악을 만들어냅니다.

PEOPLE A DAY IN THE LIFE

讲述 메카 성지순례를 하고 중국과 파키스탄 등을 여행할 수 있었던 건 행운이라고 생각합니다. 그러나 카슈가르는 내 고향이고 여생을 여기서 보낼 겁니다.

∨ 악기 검사
셀라이가 그가 직접 디자인한, 아름답게 장식한 지텍을 연주하고 있다. 이 악기는 서양 악기인 초기형태의 바이올린과 전통적인 위구르 악기에서 영향을 받았다.

∧ 장인의 도구
위구르의 악기를 만들기 위해서는 많은 도구들이 필요하다. 펜치 같은 흔한 도구를 비롯해 흔치 않은 특수한 도구까지 탁자에 가지런히 놓여 있다.

china's ethnic minorities
중국의 소수 민족

중국에는 공식적으로 쉰다섯 개의 소수민족이 있다. 이들은 약 9천만 명에 이르며 중국 인구의 7퍼센트를 차지한다. 일부 소수민족들은 한족과 외관상 구별이 불가능하지만 인도-유럽계 혹은 투르크 민족의 후손들은 생김새가 확연히 다르다.

중국의 소수민족은 대부분 중국의 변두리에 살며 인접한 이웃 나라와 밀접한 연관을 지니고 있는 경우가 많다. 이들의 땅은 청 제국의 팽창기에 흡수된 곳이 대부분이며, 일부 소수민족들은 오랫동안 한족을 점령했던 침입자의 후손이기도 하다. 같은 한족이지만 다른 풍습을 지닌 소수 집단도 있다. 예를 들어 후이 민족은 이슬람교도인 한족이다. 소수 문화를 한족의 문화에 흡수하려는 시도는 반대에 부딪혔으며 전통과 풍습, 언어를 보존하려는 기층의 조직들이 늘어났다. 많은 소수민족들은 옷을 입는 방식도 다르며, 일부 지역에서는 그들의 풍습과 문화가 가진 매력 때문에 관광객이 몰려들기도 한다.

∧ 찻집에서의 연주
차와 음악은 셀라이의 가장 큰 기쁨이다. 작업실과 가까운 찻집에서 그와 친구가 라왑을 연주하면 다른 손님들은 공짜 콘서트를 즐긴다.

> 귀가
찻집에서 만난 친구가 셀라이를 집까지 모터가 달린 수레로 태워주었다. 이런 수레는 주로 말린 상품들과 양을 시장에 실어 나르는 데 이용한다.

< 기도
열성적인 이슬람교도인 셀라이는 근처의 사원에 가거나 집안의 타일 깔린 뜰에서 양탄자를 깔고 하루에 여러 차례 기도한다.

∧ 가족과 친구와의 저녁식사
셀라이는 전통적으로 장식된 큰 방에서 아들과 이웃들과 함께 저녁식사를 한다. 신장-위구르 지역의 주식인 난이 높게 쌓아올려진 채 자리를 차지하고 있다.

∧ > 저녁 시장
저녁 식사 후 셀라이는 부인과 함께 시장으로 나들이를 나간다. 카슈가르는 일요일마다 열리는 큰 시장으로 유명한데 수천 명의 사람들이 매주 이 시장으로 모여든다.

PEOPLE A DAY IN THE LIFE

> **위구르의 악기들**
> 7-10세기에 위구르(오늘날의 신장)의 음악가와 그들의 악기는 당과 송나라의 궁정에 영구히 자리를 잡게 되었다.

乐器

중국의 전통 악기는 연주하는 방법이 아니라 무엇으로 만들어졌는지에 따라 나뉜다. 재료는 비단, 돌, 목재, 대나무, 금속, 점토, 호리병박, 가죽 등의 여덟 가지로 나눌 수 있다. 전통 악기 중 문서에 기록된 가장 오래된 것은 타악기인데, L자 모양의 돌에 줄이 매어 있고 채로 연주하는 편경 같은 악기였다. 중국에서는 서양보다 타악기가 큰 역할을 차지한다. 악단 연주에서 극적인 효과를 주기 위해 반복되어 사용하기도 했고, 베이징의 경극 중(277쪽 참조) 무술 장면에서처럼 홀로 연주되기도 했다. 무대 뒤에서 빠른 타악기인 반구 연주자가 속도를 조절하는 것이다. 나무 악기군에는 타악기와 플룻 같은 관악기도 있으며 대나무 악기군에는 오보에처럼 이중 리드를 사용하는 악기도 있다. 점토 악기군에는 오카리나 같은 쉰이라는 악기가 있으며 비단 악기군에는 활로 켜고 뜯고 치는 줄이 있는 여러 악기가 포함된다.

TRADITIONAL MUSIC-MAKING 전통음악

> **고대 쓰후**
> 몽골에서 기원한 악기인 쓰후는 네 줄짜리 현악기인데 무릎 위에 세워 놓고 수평으로 활을 이용해 현을 켠다.

∧ **이동 악단**
여러 축제와 잔치에 돌아다니면서 연주하는 이동 악단의
악기에는 지터와 흡사한 양친, 현악기인 얼후 두 개,
리드가 두 개인 뿔피리 수오나 두 개가 포함된다.

PEOPLE A DAY IN THE LIFE

> **루구 호수**
> 라춰의 집은 루구 호수 옆에 있어서 물고기를 많이 잡을 수 있고 곡식에 대는 물도 얻을 수 있으며 가축을 위한 수초도 구할 수 있다.

무쩌라춰는 "남자들은 어린애 같아요. 그래도 가족이니까 돌봐주어야죠"라고 말했다.

摩梭

라춰가 가족을 돌보는 일은 아침 8시에 숲에서 장작을 세 시간 동안 모으거나, 루구 호수로 배를 타고 나가 가족이 기르는 돼지 먹이용 수초를 베는 것으로 시작한다. 나머지 시간에는 밭을 갈거나 장을 보거나 요리를 한다. 그게 그녀가 가족을 위해 하는 일들이다.

스물두 살의 라춰는 히말라야의 동쪽 산기슭에 사는 인구 삼만 명 정도의 모쒀 소수민족의 일원이다. 모쒀족은 모계 중심 사회여서 여성들이 가장이고 가정의 재산도 여성들에게 상속된다. 모쒀족 사회에서는 거의 결혼을 하지 않으며 남자들이 여자의 집에 찾아와 밤을 보내는 것으로 아기를 갖게 된다. 남자들은 새벽이 되기 전에 그곳을 떠나 자신의 집으로 돌아간다. 남자는 제 자식의 어머니의 배우자로서 '주혼'을 치르긴 하지만 자신의 자식들의 삶에는 전혀 관여하지 않는다. 여성들은 아버지가 각각 다르거나 아버지가 누군지 모르는 자신의 아이들을 책임지며 아버지 역할은 외삼촌이 해준다. 그런데 라춰네의 경우에는 어머니가 외동딸이었기 때문에 라춰의 아버지가 집안일을 돕기 위해 함께 살기 시작했다. 이는 모쒀족에서는 드문 가족 구성이다.

라춰는 집에서 독립해 나왔다가 집안의 맏딸로서 농장 일을 돕기 위해 다시 집으로 돌아와서 가장이 되었다. "시골은 가난하고 지루해요. 도시가 더 재미있고 삶이 더 낫습니다." 그녀는 자신의 두 형제가 관광업에 종사하고 있는 가까운 도시 리장보다 베이징에서의 삶을 꿈꾼다. 아마 라춰는 열세 살에 모쒀 마을을 떠나 가무단에 들어갔다가 가수 겸 모델로 유명해진 양얼처나무를 부러워하는지도 모른다. 베스트셀러가 된 나무의 자서전에는 모쒀족의 성 전통이 자세히 묘사되어 있는데, 그가 중국 텔레비전에 출연한 이후 중국에서도 가장 낙후되고 알려지지 않았던 이 소수민족이 유명세를 타게 되었다. 아무도 찾지 않던 루구 호수는 연간 오만 명이 넘게 찾는 관광지가 되었고, 모쒀족은 교양 있고 돈을 쓸 줄 아는 관광객에게 그들의 전통을 보여줌으로써 전통을 영리하게 보존하고 있다. "우리 마을에 관광객이 그리 많은 건 아니지만 제가 어렸을 때보다는 잘 먹으면서 살아요. 지금은 수도와 전기도 들어와 있답니다."

라춰는 루구 호수를 찾은 관광객이 사진으로 찍을 법한, 즉 여성이 지배하는 자유로우며 목가적인 삶을 살 여유가 없다. "이곳에서 여성의 삶은 고되고 일도 많이 해야 해요"라고 말하며 라춰는 한숨을 쉬었다. "만약 좋은 모쒀 남자를 만난다면 주혼을 치르고 여기 머물겠어요. 그게 모쒀의 방식이고 전 그걸 인정합니다."

△ **아침식사**
하루의 일과를 시작하기 전에 가족은 불 위에서 야크버터 차를 끓이고 밀가루와 섞어서 열량이 높은 참파를 준비한다.

> **아침 허드렛일**
하루 종일 일을 좀더 편히 하기 위해 라춰는 모쒀족의 전통의상인 긴 치마 대신 티셔츠와 청바지의 캐주얼한 옷을 즐겨 입는다.

∨ **가축 먹이기**
라춰가 뜰에서 닭에게 모이를 주고 있다. 소와 닭의 축사는 가족들이 사는 곳 바로 옆에 마련되어 있다.

MOSUO MATRIARCH
HEAD OF A FARMING FAMILY, YUNNAN 모쒀의 여가장 농가의 가장, 윈난 성

∨ 밭 쟁기질
기계화된 농사는 중국 동부의 부유한 농가의 이야기이다. 라춰와 그의 부모가 이른 봄에 씨를 뿌릴 준비를 하기 위해 소를 끌고 마른 땅을 갈고 있다.

> 애완견
라춰의 어머니인 무쩌나무가 쟁기질하던 곳에서 강아지를 옮겨놓고 있다. 모쒀족의 문화에서 농사 일 중 쟁기질은 여성들의 몫이다.

< 겨울 식량
라춰가 방금 돼지를 잡은 이웃을 도와 고기를 소금에 절이고 소시지를 만들 준비를 하고 있다. 모쒀족 가정에서는 가을마다 돼지를 잡아 겨울 식량을 준비한다.

< 겨울 보존음식 준비
라춰가 소시지와 여러 고기들이 빨리 마르라고 아침 햇볕에 널어놓고 있다. 라춰네 가족도 얼마 전에 돼지를 잡았는데 이렇게 말려서 보관하는 살코기들이 그들의 겨울 식단을 다양하게 만든다.

PEOPLE A DAY IN THE LIFE

拉
措

우리 모쒀족 여인들은 거의 모든 일을 다 합니다. 남자들은 마흔 살이 넘어서야 우리가 일하는 것처럼 열심히 일하지요. 그때 비로소 어른이 된달까요.

> **수초 채집**
> 루구 호수에서 친구가 배를 멈춘 동안 라춰가 수초가 잔뜩 담긴 무거운 그물을 끌어올리고 있다. 그들은 배가 가득 차야만 집으로 돌아온다.

> **집으로 수초 옮기기**
> 라춰가 그날 채집한 수초를 집으로 옮기고 있다. 모쒀족 마을에는 다른 이동 수단이 거의 없기 때문에 사람이 직접 짐을 옮겨야 한다.

MOSUO MATRIARCH

< 모쒀족 전통의상

하루의 일과가 끝난 오후에 라취가 모쒀족의 전통의상과 모자를 착용하고 시장으로 나들이 나갈 준비를 하고 있다.

∨ 집의 외관

전통 의상인 긴 치마와 수놓은 저고리를 입은 라취가 아름답게 장식된 처마 밑을 걷고 있다.

∧ 수초 말리기

라취가 수초를 말리기 위해 뜰에 늘어놓고 있다. 햇볕에 수초들이 다 마르고 나면 거두어들인 다음 가축에게 먹일 때까지 잘 보관한다.

< 어린 남동생

라취가 여섯 살 난 남동생과 함께 마당을 걷고 있다. 맏딸로서 라취는 누나보다는 두 번째 엄마 같은 역할을 한다.

∧ 옥수수 말리기

라취가 사다리 위의 아버지에게 옥수수를 건네고 있다. 지붕의 경사가 완만하기 때문에 가축에게 먹이기 위한 옥수수를 말리기에 안성맞춤이다.

PEOPLE A DAY IN THE LIFE

> 마을 사원
라취는 친구와 함께 트럭을 타고 40분 거리에 있는 용닝으로 간다. 이곳은 라취가 자주 방문하는 큰 절이 있는 도시이다.

> 장날
라취는 그들이 재배하는 것 외의 식료품을 구하기 위해 매주 시장에 간다. 그녀의 바구니는 곧 과일과 야채로 가득 찰 것이다.

∨ 장보기
모쒀족 식탁에는 윈난 성과 가까운 쓰촨 성의 후추가 필수적이다. 라취가 후추와 함께 라취네 마을보다 고도가 낮은 곳에서 잘 자라는 토마토를 사고 있다.

∧ 모임
매주 열리는 시장은 용닝 근처 마을들의 모쒀족 여인들이 모이는 장소 역할을 하기도 한다. 용닝에는 학교가 있으며, 라취가 학생일 때는 주중엔 학교의 기숙사에서 지냈었다.

拉
措 | 가끔 도시 여자들처럼 옷 입고 살고 싶기도 해요. 그러나 난 모쒀족이니 우리의 전통을 받아들여야지요.

가벼운 점심식사
장바구니가 다 차면 라춰와 그의 친구는 집에 돌아갈 트럭을 기다리기 전에 국수를 먹기 위해 시장의 작은 식당에 들른다.

PEOPLE A DAY IN THE LIFE

> **집안의 가장**
> 어머니가 늙어가면서 라춰가 다음 세대의 연장자로서 가장이
> 될 것이다. 남자형제들은 그녀의 자녀들의 아버지 역할을
> 해줄 것이다.

∧ **라춰와 어머니**
고지대에서 오랫동안 야외 노동을 한 결과 라춰 어머니의
피부는 티베트인들의 그것처럼 까무잡잡해졌다. 모숴족과
티베트 민족은 문화와 혈통에 있어 공유하는 부분이 많다.

> **이웃과의 오후**
> 거실은 집안에서 가장 공들여 장식하는 곳이다. 그곳에서
> 라춰와 이웃이 야크젖 차와 사과를 먹으며 담소를 나누고 있다.

▽ 식사 준비
흙을 빚어 만든 단순한 화덕으로부터 올라오는 열이 옥수수를 말린다. 라춰는 그을음으로 검게 변한 부엌에서 저녁 식사를 준비한다.

▷ 저녁식사
라춰가 준비한 식단은 늘 야채가 주가 된다. 돼지고기와 다른 육류는 특별한 경우를 위해 보관해둔다.

△ 밥 짓기
밥은 화덕이 아니라 다른 불에 짓는다. 중국의 풍경과 축구선수들의 사진이 식탁 뒤의 벽을 장식했다.

◁ 가족 제단
종교적, 세속적인 그림들이 가족 제단에 섞여 있다. '붉은 태양' 이라고 불리는 마오쩌둥의 그림이 가장 중요한 자리를 차지한다.

chinese cuisine
중국의 음식

중국 음식은 그 복잡한 가짓수에도 불구하고 재료와 조리방법에 따라 몇 종류로 나눌 수 있다. 그에 더해 각 지방마다 고유한, 중국 밖에는 거의 알려지지 않은 음식들도 많다. 많은 도시들마다 그 지역 재료를 이용한 특별한 음식이 있고, 소수민족들도 자신들만의 음식이 있다. 모쒀족 역시 윈난 성, 쓰촨 성, 티베트의 영향을 받아 발전한 나름의 음식이 있다.

전통적으로 쌀은 양쯔 강 남부에서 주로 먹고, 중국 북부에서는 면이나 빵 형태로 만든 밀이 주식이다. 중국 음식의 재료는 대부분 잘게 썰어서 요리하는데 최대한 적은 연료를 이용해 빨리 요리할 수 있도록 하기 위해서다.

중국에서 음식은 사회생활의 중요한 한 부분이며 잔치와 축제를 위해 특별히 만드는 위안샤오(쌀떡), 월병 같은 음식도 있다.

PEOPLE A DAY IN THE LIFE

▽ 아침 산책

비가 와도 시아는 매일 아침마다 하는 산책을 거르지 않는다. 중국의 노인들은 건강을 유지하고 친구들을 만나기 위해 산책을 즐긴다.

74살의 시아웨이친은 상하이에서 태어나 계속 그곳에서 살았다. 그녀가 젊었을 때 상하이는 '동양의 파리'라고 불렸다. 시아는 고등학교에서 영어와 중국어를 가르치다가 1988년에 은퇴했다. 조근조근 얘기하지만 자신감 있어 보이는 이 여성은 은퇴한 뒤 시간을 때우려고 전전긍긍하지 않을 뿐만 아니라 오히려 전보다도 더 바쁜 나날을 보내고 있다.

退休教师

시아는 엔지니어인 아들 마시아오케, 회계사 며느리 론기웬, 22살짜리 대학생 손자 마자와 함께 산다. 이 가족은 식민지 시절 지어진 방 두 개짜리의 허름한 아파트에 사는데 욕실은 가족 전용이지만 부엌은 이웃의 두 가족과 함께 쓴다.

시아의 연금은 보통 중국인의 수입보다 높은 월 1500위안(약 195달러)이다. 상하이의 높은 물가를 감안하더라도 안락한 은퇴 생활을 하기에 충분한 돈이다. 그러나 오늘날 은퇴하는 이들의 상황은 그리 좋지 않다. 매해 삼백만 명이 은퇴하는데 그중 도시에 거주하는 15퍼센트만 연금을 받는다. 농촌의 은퇴 인구 중 금전적으로 안정된 이들은 이보다 훨씬 적다.

은퇴한 후 시아는 여가를 보낼 활동을 많이 찾아냈다. 운동, 공부, 사교 활동을 하는 틈틈이 가족의 일과 학업을 돕는다. 아파트에서 집안일을 하고 시장에 가서 신선한 야채와 고기, 생선 등을 사서 식사를 준비한다.

몇 년 전 시아는 다시 교육의 세계에 뛰어들었는데, 이번에는 교사가 아니라 학생의 입장이었다. 그는 집에서 가까운 노인대학에 등록했다. '백발의 집'이라고도 불리는 그곳에서 그녀는 그림과 요리를 배웠다. 지금은 일주일에 세 번 대학에 나가 영화평론과 관광학을 공부하고 합창단에서 노래도 부른다.

몇 년 전 병원에서 6개월 정도를 보내기 전까지 시아는 가족이나 노인대학 학생들과 함께 중국 곳곳을 여행 다녔다. 여행을 좋아하긴 하지만 중국 전체를 여행한 후 그녀가 내린 결론은 상하이야말로 그가 여생을 지낼 곳이라는 것이었다.

상하이를 자랑스러워하는 시아는 도시의 급속한 변화에 대해서도 관대하다. 덩샤오핑이 상하이를 중국의 금융 중심으로 육성하기로 결정한 이후 새로운 건축물과 기반 시설에 막대한 자금이 투자됐고 도시의 면모가 혁신되었다. 오늘날 중국에서 상하이인의 일인당 소득이 가장 높다. 시아는 이 도시의 회춘을 보면서 자신이 젊었을 때의 매혹적인 상하이가 돌아온 것 같은 느낌을 받는다. 외국 기업들이 돌아오는데다, 시아가 즐기는 피아노 연주 같은 외국풍의 유행들도 되살아났기 때문이다.

△ ▷ 와이탄에서의 태극권

백여 년 전에 외국 개발업자들이 만든 강변 산책로 와이탄은 태극권을 수련하기에 좋은 장소이다. 상하이 사람들은 와이탄을 산책, 조깅, 볼룸댄스를 하는 장소로 활용한다.

RETIRED TEACHER
ENJOYING LIFE WITH FRIENDS AND FAMILY, SHANGHAI
은퇴한 교사 친구와 가족들과 삶을 즐긴다, 상하이

∨ 다구루 시장
아파트가 좁아 수납이나 보관 장소가 제한돼 있기 때문에
시아는 매일 시장에 와서 신선한 음식을 산다. 닭과 생선은
구입하기 바로 전까지 살아 있을 정도로 신선하다.

< ∨ 집으로 가는 길
운동을 하고 장을 본 뒤 집으로 걸어가는 시아.
태극권 수련 덕에 나이에 비해 몸이 유연하지만
울퉁불퉁한 포장길을 걸을 때는 지팡이를 사용한다.

∧ 듀엣
음악을 사랑하는 시아는 피아노를 치면서 노래하기를
즐긴다. 손자 마자가 시아의 피아노에 맞춰 기타를
연주하고 있다.

< 점심 준비
시아가 점심 준비를 하고 있다. 대부분의 은퇴한 이들이
그렇듯 시아는 젊은 가족들이 일하는 동안 가사를 도맡는
귀중한 인력이다.

171

PEOPLE A DAY IN THE LIFE

∨ 독서
잠깐 짬을 낸 시아가 수업시간에 공부할 내용을 미리 읽고 있다. 시아의 바쁜 일과 중 드문 호사이다.

> 미용실 들르기
시아가 머리를 감고 자르고 다듬기 위해 미용실에 들렀다. 중국 여인들은 그저 머리를 감고 어깨 마사지를 받기 위해 미용실에 가기도 한다.

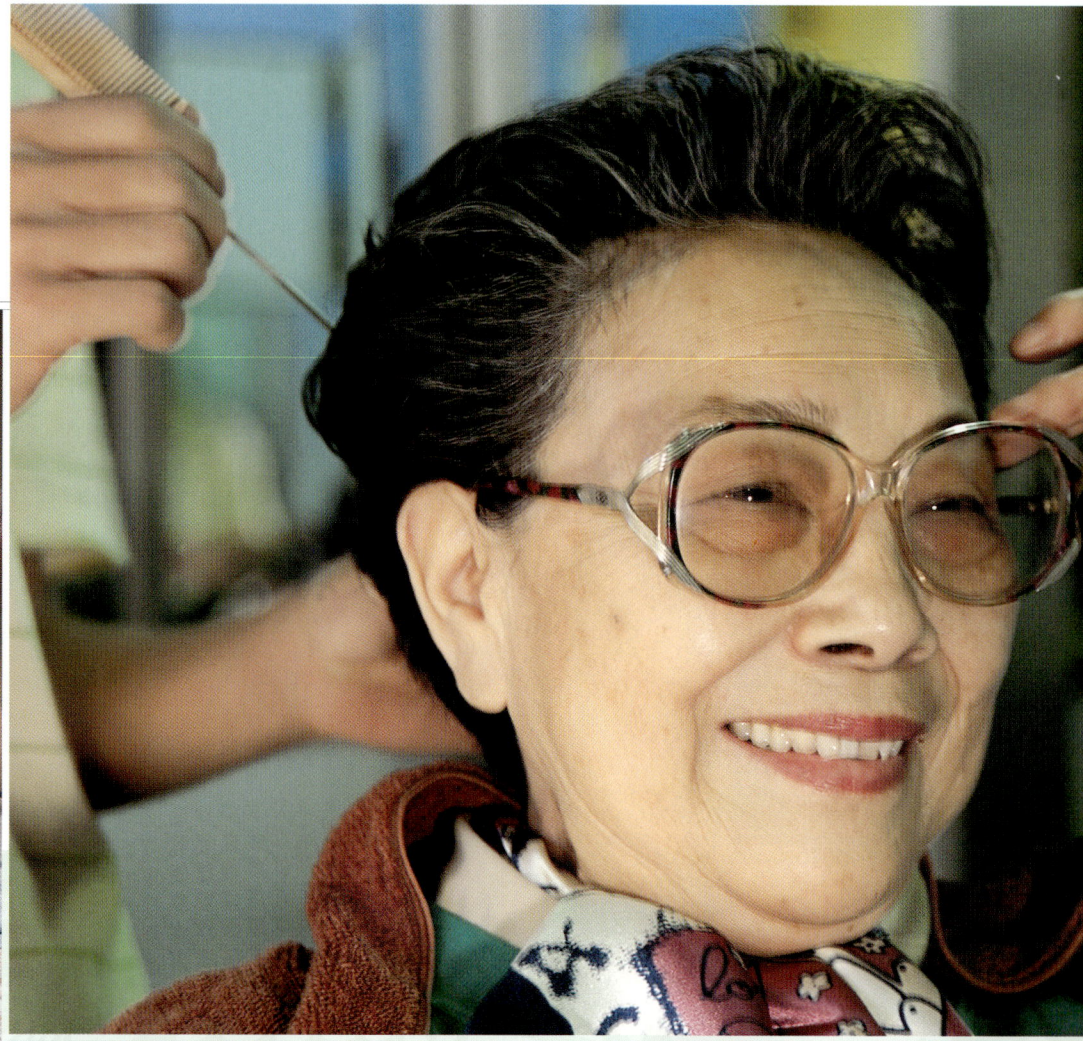

∧ 윈도우 쇼핑
시아가 골동품 가게에 진열된 수많은 물건들을 살펴보면서 어떤 게 가짜이고 진짜인지를 구별해보고 있다.

∧ 합창 연습
노인대학에서 시아와 다른 학생들이 열심히 노래를 부르고 있다. 노인대학에서의 이런 활동은 사회생활을 유지시켜주고 마음가짐도 활기차게 만들어준다.

> 친구들과의 인사
대학 친구들과 헤어진 후 시아는 한 달에 한 번 만나는 다른 친구들과 만나기 위해 준비를 한다. 이 모임에서는 최근의 소식과 세상 돌아가는 이야기를 들을 수 있다.

夏 은퇴한 다음이 더 바쁜 것 같아요. 그래도 여전히 난 힘이 넘칩니다. 지금 내게 가장 중요한 건 손자가 졸업한 뒤 좋은 직장을 찾는 것입니다.

∨ 집을 나서는 시아
외출할 준비를 끝낸 시아가 우산을 들고 나와 택시를 잡기 위해 상하이의 비 오는 골목으로 나서고 있다.

▷ 오래된 친구들
모임의 연장자와 인사하는 시아. 그는 90세이다. 그보다 젊은 친구들과는 함께 중국 여행을 하곤 한다.

∧ 외출 준비
친구들과 저녁을 보내기 위해 외출 준비를 하는 시아. 시아와 동년배들은 아직 건강하다는 것을 자랑스러워하며 한 달에 한 번 모이는 저녁식사에서 멋지게 보이려고 노력한다.

◁∧ 레스토랑에서
시아는 친구들과 왕샤오 레스토랑의 내실에서 만난다. 내실에서 식사하려면 돈을 추가로 내거나 어느 정도 이상의 주문을 해야 하지만 대신 그들만의 프라이버시를 보장받는다.

PEOPLE A DAY IN THE LIFE

< 등교 전 아침식사
첸은 일곱 시에 일어나서 조부모가 준비해준 옥수수죽과 찐빵을 아침으로 먹는다. 조부모는 첸이 최대한 많이 먹게 하려고 애쓴다.

小学生

샤오첸이 생후 15개월이었을 때 그의 부모는 한창 경제성장의 붐이 일던 남부 도시 광저우로 일을 찾아 떠났다. 광저우로부터 기차로 하루 이상 떨어져 있는 산시 성의 한 마을에서 할아버지, 할머니와 함께 살고 있는 첸은 이제 여덟 살이 됐지만 지금까지 엄마는 네 번, 아빠는 세 번밖에 보지 못했다.

첸의 부모는 가족의 생계를 책임지기 위해 도시로 이주했다. "우리가 가진 땅은 2.4무(0.4에이커)밖에 안 되고 한 해 소득도 3000위안(390달러)밖에 안 됩니다. 밀과 옥수수 값은 떨어지는데 비료 값은 점점 올라가기만 하죠." 할아버지가 전하는 가족의 사정이다.

첸의 조부모는 이미 60대 중반이지만 첸의 부모가 떠난 후 남겨진 작은 땅을 손수 돌본다. 물론 첸의 부모는 대도시에서 번 돈을 꼬박꼬박 집으로 송금한다.

샤오첸은 다른 아이들처럼 동다잔 마을의 초등학교까지 걸어서 등교한다. 마을의 인구는 2000명이 넘지만 16세에서 45세 사이의 성인들은 대부분 도시로 떠나 그곳의 공장이나 건설현장에서 일한다. 이것이 중국 농촌의 현실이다.

학교 수업은 아침 8시에 시작하고 12시부터는 점심시간이다. 첸이 속한 학년에는 40명의 학생이 있으며, 첸이 가장 좋아하는 과목은 중국어(읽기와 글쓰기)와 수학이다. 중국어, 수학은 물론 음악까지 한 교사가 가르치며 저학년 교과과정에도 정치 과목이 포함돼 있다. 남자 선생님이 체육 과목을 가르치는데 수업을 위한 체육시설은 매우 열악하다. 학생 200명의 학교에 농구공은 단 한 개뿐이다.

4학년인 첸은 커서 선생님이 되고 싶지만 그의 조부모는 다른 바람을 갖고 있다. 그들은 첸이 대학에 간 뒤 도시에서 좋은 직업을 갖길 바란다. 농촌보다는 도시가 더 살기 편할 것이라 믿기 때문이다. 중국의 전체 초등학생 중 1/4 도 안되는 아이들만이 대학에 진학할 수 있기 때문에 첸은 벌써부터 대학교에 가야 한다는 중압감을 받고 있다. 이 중압감은 중학교에 진학한 후엔 더 심해질 것이다.

딸을 대학에 진학시키기 위한 돈을 마련하느라 부모와 딸의 사이는 도리어 상대적으로 소원해졌다. 첸은 조부모를 부모처럼 대할뿐더러, 부모가 집에 올 때도 조부모와 지내는 것을 더 좋아한다. 첸의 부모는 할아버지와 할머니가 샤오를 씻기고 옷을 입히고 밥을 먹이고 숙제를 돕는 것을 바라볼 뿐이다.

샤오첸의 부모는 둘째 아이를 가질 계획인데, 이 아이 역시 2300만명 정도로 추정되는, 부모 대신 할아버지와 할머니 손에 의해 키워지는 아이들 중 하나가 될 것이다.

∧ 등교
첸은 추운 겨울 날씨에 대비해 단단히 차려입은 다음 십 분 정도 걸리는 학교까지 걸어간다. 학교까지 가는 길엔 조부모가 일하는 경작지를 지나간다.

> 첸과 단짝친구
첸은 동급생인 단짝친구와 만나기 위해 학교에 일찍 도착한다. 그들 뒤로 중국 국기인 오성홍기가 학교 건물 위에서 펄럭이고 있다.

SCHOOLCHILD
A PRIMARY SCHOOL STUDENT, SHAANXI 학생 초등학교 학생, 산시 성

> 학교 운동장

첸과 친구들은 선생님이 도착하는 8시가 될 때까지 운동장에서 뛰어논다. 첸의 학교 시설은 열악하지만 그래도 다른 농촌 학교보다는 나은 편이다.

< 암기

첸이 교과서를 소리내서 읽고 있다. 중국어의 한자를 암기하려면 반복해서 쓰고 문구를 성조에 따라 읽어야 한다.

한자 쓰기

큰 소리로 읽은 다음 한자 쓰기를 연습한다. 각 학년에는 한 반씩만 있으며 한 반의 인원은 40명 정도 된다. 교실엔 난방 시설이 없어서 아이들은 하루 종일 외투를 입은 채 보낸다.

v 점심시간

학교에 구내식당이 없기 때문에 학생들은 점심을 먹기 위해 집으로 돌아간다. 아이들이 지나가는 벽에 정부의 구호가 적혀 있다. "총력발전"

PEOPLE A DAY IN THE LIFE

陈 첸은 운이 좋은 편이에요. 우리가 가진 땅이 적기 때문에 첸의 도움이 별로 필요 없거든요. 그 시간에 공부를 더 할 수 있겠지요.

∧ **가족의 점심식사**

샤오첸은 집으로 돌아와서 할머니가 차려준 돼지고기와 야채, 밥을 먹는다. 할아버지도 농사일을 하다가 잠시 멈추고 함께 점심을 먹는다.

PEOPLE A DAY IN THE LIFE

> **읽기 연습**
첸이 점심을 먹은 후 할머니 곁에서 책을 읽고 있다.
할머니는 더 나은 상급학교에 갈 수 있도록 첸이
가능한 많이 공부하도록 격려한다.

> **자전거 타기**
오후 수업에 돌아가기 전에 첸이 자전거를 타고 마을을 한 바퀴
돌고 있다. 이 마을에는 차를 가진 사람이 거의 없다.
가장 가까운 마을은 자전거를 타고 15분 정도 걸린다.

∧> **드문 방문**
샤오 첸의 부모가 2년 만에 집에 다니러 왔다. 그들은 조부모의
보살핌 아래 첸이 공부하는 것에 만족하지만 첸이 커가는 데 있어
더 많은 역할을 하지 못해 아쉬워하고 있다.

178 SCHOOLCHILD

陈 潇 | 학교에서 공부하는 과목 전부가 좋아요. 특히 중국어와 수학을 좋아해요. 어른이 되면 선생님이 될 거예요.

∧ 오후 수업
오후 수업은 두 시에 시작해서 다섯 시에 끝난다. 오후의 햇볕이 교실 안을 약간 데우지만 학생들이 외투를 벗을 만큼 따뜻하지는 않다.

< 교실의 칠판
칠판에는 아이들이 합창하는 노래의 가사가 적혀 있다. 노래를 배우면서 동시에 한자도 배운다.

education in china
중국의 교육

중국의 교육 제도는 초등학교부터 대학교까지 구성돼 있어 다른 나라와 비슷하다. 그러나 중국은 국내 총생산의 3퍼센트 미만만을 교육비로 쓸 뿐이다. 이는 선진국의 절반 정도에 불과하며 그에 따라 개인의 교육비 부담이 높다. 농촌의 부모들은 자녀들의 교육비를 대기 위해 도시로 가서 일한다. 그러나 2006년부터 중앙정부는 농촌지역에 대한 무상교육을 다시 실시하도록 지방정부에 지시했다. 이는 첸을 비롯해 많은 가정에 큰 영향을 주었다. 샤오첸의 교과서를 사기 위해 돈을 내긴 하지만 매년 내던 등록금 400위안(52달러)은 이제 내지 않아도 된다. 지방정부는 후쿠(거주허가증)가 없는 이주자의 자녀에게도 학비를 제공해야 한다. 그러나 급격히 늘고 있는 도시의 이주자 자녀들이 모두 다닐 만큼 충분한 학교가 생기기엔 아직 시간이 필요하다.

PEOPLE A DAY IN THE LIFE

< 집에 오는 길
오후 수업이 끝나는 5시가 되면 첸은 가장 친한 친구와 함께 집으로 걸어간다. 첸의 가방에는 저녁에 공부할 책이 들어 있다.

∨ 숙제
첸과 친구는 집 마당에 앉아 해가 질 때까지 읽고 쓰는 연습을 한다.

∧ 할머니의 지도
할머니가 한자의 획을 올바르게 썼는지 확인하고 발음도 가르쳐준다.

> 저녁식사
첸은 침대 모서리를 탁자로 활용한다. 볶은 야채와 만두로 저녁식사를 하는 동안 첸은 텔레비전에 정신을 빼앗겼다.

<≷ 놀이

할머니가 저녁식사를 하고 할아버지가 일을 마치고 들에서 돌아오는 석양 무렵 첸은 친구와 함께 앉아서 카드놀이를 한다.

∧ 텔레비전 시청

첸이 잠자리에 들기 전 어린이 채널에서 방영하는 산마오의 이야기를 보고 있다. 이 만화는 오랫동안 중국 어린이들에게 사랑받아 왔다.

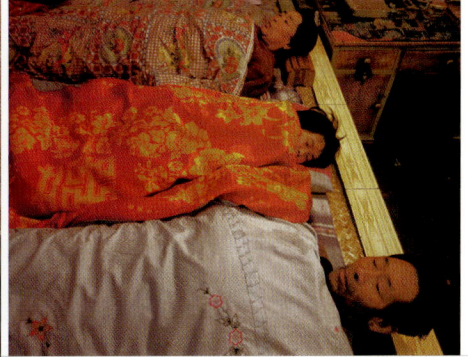

∧ 캉

첸의 가족은 열 시에 잠자리에 든다. 이들은 단단하면서 아늑한 캉이라고 부르는 벽돌 침대에서 자는데, 캉은 장작을 땔 때는 난로에 파이프로 연결되어 데워진다.

181

PEOPLE A DAY IN THE LIFE

> **과자 가게**
> 새콤한 자두, 육포, 견과류, 사탕 등의 과자류가 가게를 뒤덮고 있어 휴대전화 카드를 판매한다는 표시는 아예 가려져 버렸다.

단맛을 좋아하는 중국인의 입맛 때문에 중국의 과자 시장은

中国糖果

아시아에서 제일 크다. 무려 연간 30억 달러 이상의 시장 규모를 자랑한다. 자전거를 타고 다니는 과자 장수가 설탕을 입힌 산사나무 열매나 돌능금을 팔기도 하지만, 요즘은 설탕을 입힌 말린 과일이나 양갱 등과 같은 중국의 전통 과자들도 공장에서 생산하여 서양식 디자인의 포장지에 싸서 판매한다. 한 자녀만 낳도록 하는 중국의 정책 때문에 아이들이 '작은 황제'가 되면서 과자도 점점 더 많이 팔리고 있다. 서양식 초콜릿은 아이들이 제일 좋아하는 것 중에 하나이지만 옛것에 대한 향수에 힘입어 중국의 전통적인 사탕이 초콜릿보다 더 많이 팔리기도 한다. 중국에서 가장 유명한 과자 브랜드는 대백묘 우유맛 사탕일 것이다. 1940년대에 상하이에서 처음 생산돼 중화인민공화국의 열 번째 국경일 기념품으로 배포됐고, 1972년에는 중국을 방문한 미국 대통령 리처드 닉슨에게 선물로 증정되기도 했다. 이 사탕은 오늘날에도 가장 많이 팔리는 과자인데 해외로 수출되는 유일한 과자류이기도 하다.

CHINESE CONFECTIONERY 중국의 과자 산업

> **청량음료**
> 서양 음료수의 이름과 디자인을 모방한 청량음료들. 코카콜라는 서양의 음료수 중 제일 처음으로 수입된 브랜드인데 영리하게도 중국식 이름을 커커우 커오러(아주 맛있는, 아주 행복한)라고 지었다.

∧ 사탕, 양갱, 과자

설탕을 입힌 과일, 양갱, 얄팍한 수 과자 등 전통 과자들은 '튼튼한 아이'라는 과일향 사탕(사진 왼쪽 아래)등의 서양 과자 상표들과 경쟁하고 있다.

PEOPLE A DAY IN THE LIFE

> **기도 전 세수**
> 동유는 새벽 네 시 반에 일어나 어슴푸레한 빛 속에서 세수를
> 한 후 사원에서 찬불가를 부를 때 선창을 하기 위해 나간다.

∨ **아침의 찬불가**
아침의 쌀쌀한 공기를 막기 위해 몸을 잘 감싼 승려들이
사원의 경당에서 아침 기도를 올리고 있다. 한 줄기 빛이
사원 안으로 들어온다.

스물아홉 살의 티베트 불교 승려인 동유는 아촉 사원에서 수도한다. 삼백 년 된 이 사원은 한때
티베트의 영토였던 칭하이 성에서도 오지에 속하는 곳에 있다. 사원과 사원의 승려 200명,
계율과 의식 때 부르는 노래 등은 오랫동안 티베트 문명을 형성해온 깊은 영적 전통의
일부이다.

西藏僧侶

18살이 되어야만 정식승려가 될 수 있음에도 동유는 열살 때 사원에 들어왔다. "제가 열 살이 됐을 때 가족들은 제가 똑똑해서 좋은 승려가 될 거라고 생각했대요." 티베트의 가정에서는 자녀 중 가장 똑똑한 아들을 절에 보내 승려로 만드는 것을 매우 자랑스럽게 생각한다. 수련 승려가 되면 이들은 불교 경전의 깊은 뜻을 공부하고 이해하기 위해 일생을 바칠 것을 서약한다. 어린 승려들은 기도와 노래, 티베트어와 문학을 배우고 성년이 된 후에는 철학과 불교 경전 해석을 공부한다. 다른 승려들처럼 동유도 주로 혼자 공부하며 영적 수행을 한다. "수행은 끝이 없어요. 티베트 경전 다섯 권의 내용을 배우고 이해하는 데만도 평생이 걸립니다."

동유는 아침과 저녁에 찬불가를 부르는 시간에 선창을 한다. 이는 목소리도 커야 할뿐더러 의식 전체를 마음으로 이해하고 있어야 하는 책임이 막중한 임무이다. 축제기간에는 하루 종일 찬불가를 불러야 하는데 그래야만 인근의 주민들이 모두 기도하러 절에 오고 사원에 필요한 음식과 돈을 시주하기 때문이다.

동유는 수도 생활을 하면서 육체적인 고행은 많이 하지 않았다. 티베트 불교의 수도 생활은 개인적인 재산 소유를 멀리하라고 하지만 동유의 가족은 양과 야크를 많이 기르기 때문에 그에게 어느 정도의 호사를 누릴 수 있게 해주었다. 그는 개인 소유의 집이 있어서 절의 숙소에서 지내지 않는데다가 자동차, 텔레비전, DVD플레이어, 겨울의 혹독한 추위를 피할 전기난로까지 가지고 있다.

현재 칭하이 성의 1/5 정도만 티베트인이다. 그러나 아촉 사원의 승려들은 대부분 티베트인이고 투족과 몽골족이 약간 있으며 한족은 단 한 명뿐이다. 당국은 아촉 사원을 포함해 티베트 불교 사원의 승려 숫자를 제한한다. 그러나 티베트 자치구의 라사처럼 정치적으로 예민한 지역에서는 통제가 상대적으로 약한 편이다.

아촉 사원은 외딴 곳에 있기 때문에 외부인의 방문이 드물다. 그러나 동유는 외부 세계에 미치는 티베트 불교의 영향력을 강하게 실감한다. "티베트 불교의 신도는 점점 늘어나고 있습니다. 서양에서는 백 년 전만 하더라도 티베트 불교에 대해 들어본 사람이 거의 없었는데 지금은 많은 유럽인들이 신자가 됐고, 심지어 미국엔 티베트 불교 사원도 있어요."

> **티베트 장식**
> 티베트 전통 문양과 소재들로 아름답게 장식한 나무판이
> 기도실 안에 나란히 놓여 있다.

BUDDHIST MONK
PRAYER AND CONTEMPLATION AT ATSOG MONASTERY, QINGHAI
불교 승려 사원에서의 기도와 명상, 칭하이 성

> 법당 밖
예불이 끝난 뒤 온통 선홍색 옷을 입은 승려들이 법당 밖에 서있다. 그들 뒤로 비단으로 만든 기도용 장막이 걸려 있다.

< 거실의 제단
동유의 집에 있는 개인 제단에는 달라이 라마의 사진이 놓여 있다. 달라이 라마가 태어난 곳은 아촉 사원에서 그리 멀지 않다.

∧ 불교 경전 강독
동유는 불교의 세 가지 보물(부처, 부처의 가르침을 담은 경전, 영적 수행자) 중 하나인 부처의 가르침을 공부한다.

< 아침식사 준비
동유가 야크 버터를 작게 잘라낸 뒤 거기에 빻은 보리와 뜨거운 물을 섞어 고열량 음식인 참파를 만들고 있다. 참파는 추운 날씨를 버티기 위해 필수적이다.

< 참파 반죽
정성껏 참파를 섞어서 반죽하는 것은 그 자체로 명상하는 과정이자 승려들의 오전 의식이기도 하다.

   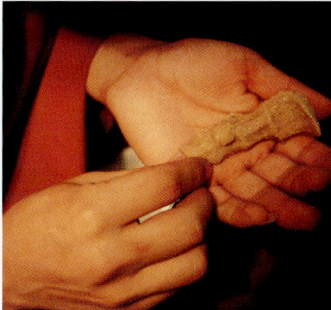

讲述 '21세기는 불교와 과학의 세기다'라고 저명한 작가가 말했습니다.
나에게도 불교는 미래입니다.

PEOPLE A DAY IN THE LIFE

> **사원 앞마당**
메마르고 산이 많은 칭하이 지역에서 불교 사원은 색채를 더해주는 중요한 요소이다. 이곳은 명상하기 좋도록 외진 곳에 세워졌으며 사람이 드문드문 지나는 목축지에서도 멀리 떨어져 있다.

> **집 앞**
현대식으로 꾸며진 동유의 집은 사원 건물 근처에 있다. 그는 몇 년 전에 사원의 숙소에서 나와 이곳으로 거처를 옮겼다.

v **커튼 제작**
승려들은 자기가 쓸 물건을 대부분 스스로 만든다. 동유가 주지스님의 커튼을 만드는 것을 돕고 있다.

^ **장작 패기**
동유는 집에서는 편하게 지내지만 절에서는 열심히 노동을 한다. 승려들이 명상만 하면서 사는 것은 아니다.

^ > **물 긷기**
절에는 물을 마시거나 빨래하는 데 필요한 수도관이 연결돼 있지 않기 때문에 우물에서 물을 길어 오는 것 역시 동유의 아침 일과 중 하나이다.

186 BUDDHIST MONK

< **어린 수련 승려**
나이 든 승려의 지도를 받기 위해 찾아온 동자승과 얘기하느라 동유가 잠시 멈춰 섰다. 동자승은 18살이 되어야 정식 승려로 인정받는다.

∨ **기도바퀴**
동유가 돌리는 기도바퀴인 마니차에는 티베트어로 기도문이 조각돼 있다. 통을 한 번 돌릴 때마다 기도를 한 번 하는 것과 같다.

< **세상과의 소통**
이제 어디고 휴대전화 신호가 닿지 않는 곳이 거의 없어서 동유도 멀리 떨어져 있는 가족들과 편하게 연락할 수 있다.

∧ **기도실로 걸어가는 승려들**
종이 울리면 승려들은 오후 기도를 하러 간다. 평소에는 조용하기만한 이 마당도 불교 축제 기간이 되면 순례자들로 가득 찬다.

PEOPLE A DAY IN THE LIFE

∧ 오후 기도
오전 일과가 끝난 뒤 승려들이 오후 기도를 하기 위해 법당으로 들어가고 있다.

讲	불교는 넓고 깊기 때문에 승려는 평생을 수련해야 합니다.
述	공부란 아무리 해도 부족할 수밖에 없으니까요.

PEOPLE A DAY IN THE LIFE

> 단체 공부
아촉 사원을 찾아온 티베트 순례자와 동유가 동료 승려의 수수한 집에서 부처의 가르침을 함께 읽고 있다.

∨ 실외 부엌
승려들은 쇠로 만든 간단한 주방용품과 나무를 때는 곤로를 사용해서 차와 음식을 준비한다.

∧ 소형 기도바퀴
티베트인이 손에 들고 있는 기도바퀴는 사원에 있는 큰 기도바퀴와 같은 용도이다. 통을 한 번 돌리면 기도를 한 번 하는 것이다.

> 경전
동유가 티베트 불교 경전을 소리 내어 읽고 다른 사람들이 이를 들으면서 기도하고 있다. 불교 승려들은 이 경전을 공부하고 이해하는 데에 평생이 걸린다고 믿는다.

> 근교의 사원으로 나들이
동유가 자신의 차를 타고 인근의 사원에서 수도하는 친구를 만나러 가고 있다. 친구의 절 역시 외진 곳에 있기 때문에 차를 길 입구에 세워 놓고 절까지 걸어가야 한다.

BUDDHIST MONK

◁ **도착**
칭하이 성의 성도인 시닝에서 가까운 쿰붐 사원은 동유의 절보다 훨씬 크며 티베트 바깥 지역에서 가장 중요한 티베트 불교 사원이다.

▽ **봉헌 의식**
동유가 사원에 물을 봉헌하고 있다. 동유는 다른 사원에 들릴 때마다 물, 음식, 꽃, 단지에 든 야크 버터 등을 봉헌한다.

▷ **티베트의 시장**
야촉 사원으로 돌아가는 길에 생필품을 사기 위해 시닝의 시장에 들렀다. 한족이 대부분이지만 가끔 전통 의상을 입은 티베트 사람도 볼 수 있다.

△ **귀가**
저녁이 되면 동유는 전기난로가 있는 집으로 돌아와 공부와 기도를 멈추고 텔레비전을 시청한다.

PEOPLE A DAY IN THE LIFE

이른 아침의 약초 수집
이른 아침, 숲에 약재를 찾으러 나왔던 천이 명양 마을에 있는 자신의 의원 문을 열기 위해 돌아가고 있다.

草药师

천이허의 할아버지가 아흔 살에 돌아가셨을 때 원난성에 있던 그는 고향 후난성으로 돌아오라는 전갈을 받았다. "할아버지는 의사였는데 내가 여섯 살이 되자 숲으로 약초를 구하러 다닐 때 저를 데리고 다니셨어요. 할아버지는 중국 전통의학의 맥이 끊어질까 봐 걱정하셨습니다." 천이 기억하는 할아버지의 모습이었다.

중국의 가난한 지역을 개발하려는 정부의 정책 때문에 천은 열여섯이 되던 해까지 비공식적으로 받아오던 전통의학 수련을 더이상 받을 수 없게 되었다. 이 정책에 따라 천은 라오스와 국경 지대인 시쌍 바나의 아열대 지역으로 보내졌다.

천은 고무 공장의 진료소에서 일하다가 거의 죽을 뻔했던 사고에서 회복된 이후 전통의학 연구에 매진하기 시작했다. 그는 열심히 각 지역의 희귀한 약초에 대해서 연구했고 가끔 고향에 들러 연로한 할아버지에게 배우기도 했다. 전통의학의 전문가가 되기 위해서는 약재만이 아니라 침, 지압, 부항 등에도 전문가가 되어야 했다.

지금 예순 살인 천은 매일 아침 7시에 일어나 준비를 마친 후 8시 반에 의원 문을 연다. 의원을 겸하고 있는 그의 집은 그가 직접 캐거나 시장에서 산 약초들로 넘쳐나서 두 배로 집을 확장해야만 했다. 그의 의원은 늘 붐비는 편인데 세 구역 안에 의원이라고는 이곳뿐이기 때문이다. 중국에는 서양식 의학을 훈련받은 의사가 175만 명 있는 것에 반해 전통의학을 전수받은 의사는 27만 명밖에 되지 않는다. 전통의학은 잘 보존되긴 했지만 과학적인 이유라기보다는 문화적인 자긍심을 바탕으로 살아남았다. 지금은 서양에서도 중국 전통의학의 일부분을 받아들이는 추세인데, 특히 침이 많이 알려져 있다.

그러나 약초 분야는 위기에 봉착했다. 2006년 대학 교수 장공야오가 '중국 전통의학은 경험적 기초도 논리적 근거도 모두 결여하고 있다. 오히려 약초학은 생물학적 다양성을 위협할 뿐이다'라고 선언했기 때문이다. 호랑이 뼈를 약에 사용함으로써 중국의 야생 호랑이 수를 50마리도 안되게 줄여 놓은 것이나 약의 재료가 선진국에서는 대부분 금지된 것이라는 점 등은 부정할 수 없는 사실이다.

처치 후 환자의 반응을 꼼꼼히 기록하는 천은 전통의술이 효과가 있다고 주장한다. 그 근거를 정확히 설명할 수는 없지만 말이다. 그는 의과대학을 다닌 세 자녀들에게 그의 경험과 이론을 전해주었다. 천은 그의 지식과 기술을 자녀들이 물려받기를 원하는데 그 역시 그의 할아버지처럼 중국의 위대한 발명이자 중국 문화의 중요한 한 부분이 영원히 잊혀지게 될까 두렵기 때문이다.

나무뿌리와 껍질 캐기
천이 약에 쓸 나무껍질과 뿌리를 캐고 있다. 중국의 약초학에서는 잎, 줄기, 나무 껍데기, 뿌리, 씨, 꽃 등 크고 작은 식물의 모든 부분과 동물, 광물까지 활용한다.

CHINESE HERBALIST
A DOCTOR OF ALTERNATIVE MEDICINE, YUNNAN
중국 한의사 대체의학자, 원난 성

< 귀가

천이 캐는 약초 대부분은 그의 집 근처 숲에서 난다. 직접 구하지 못하는 것들은 시장에서 구입한다.

∨ 아침식사

배가 고팠던 천이 집 마당에 앉아 아침식사를 하고 있다. 그의 뒤로 약재로 쓰일 각종 뿌리들과 약초들이 벽에 기대 서있다.

< 천의 의원

천의 의원은 이 지역에서 하나뿐인 중국 대체의학 의원이다. 대체의학은 비싼 현대 의술을 감당하지 못하는 이들이 특히 많이 찾는다.

∧ 약재 보관함

천이 약재를 분류해서 보관함 서랍 안에 정리해 놓았다. 천은 약을 짓기 위해 800여 종의 약초와 기타 재료를 사용한다.

∧ 진료

환자의 맥박을 재는 것은 매우 필수적인 진단 기술이다. 중국 전통 의학 전문가들은 서양의 주류 의학에서는 알려지지 않은 다양한 맥박의 종류를 구별할 줄 알아야 한다.

PEOPLE A DAY IN THE LIFE

∨ 약재 계량
구식 막대 저울로 약재를 계량하는 천. 아직도 중국 전역의 많은 시장과 가게에서는 막대 저울을 널리 사용한다.

< 재고 확인
천이 약재 보관 서랍을 열고 어떤 약초와 약재가 부족한지 확인하고 있다.

< 뿌리 빻기
약 조제는 주로 의원 안에서 한다. 약재는 대부분 말려서 약초상의 필수도구인 절구와 절굿공이로 빻는다.

∧ 뱀, 지네로 만든 약
다른 약초상처럼 천도 자연에서 난 수많은 재료를 쓰기 때문에 이곳은 약방 같기도 하고 자연사 박물관 같기도 하다.

> 약재 선택
진단이 끝나면 환자에게 필요한 약 목록을 만든다. 그리고 그에 맞는 분량을 창고에서 가져온다.

194 | CHINESE HERBALIST

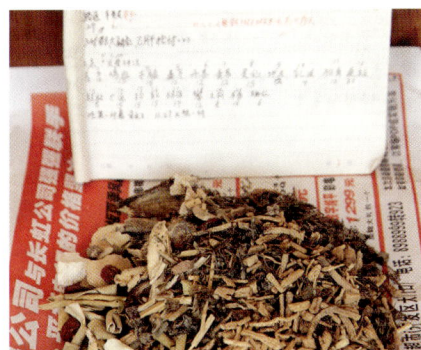

< 처방전
환자는 접힌 종이에 담긴 약과 복용법을 적은 종이를 받는다. 대부분 물에 넣고 달인 뒤 쓴 물약 상태로 복용한다.

∨ 매미 허물
약초상은 약초만 다루는 것이 아니다. 중국 약학에서는 위험한 벌레나 동물까지도 말려서 약재로 사용한다.

< 나무 썰기
천이 수액의 성분에 따라 다양한 치료 효과를 갖는 나무들을 잘게 썰고 있다. 나무 조각은 말린 다음 부수거나 간다.

∧ 약재 건조
의원 밖 햇볕이 드는 곳에 과일 껍질, 잎, 약재 등을 넓적한 광주리에 담아 말리고 있다. 마른 후엔 봉지나 가방에 담아 놓을 것이다.

195

PEOPLE A DAY IN THE LIFE

陈 | 난 중국 약초에 대한 지식을 전수받은 마지막 세대입니다.
우리가 죽으면 그 다음은 어떻게 되겠습니까?

CHINESE HERBALIST

▲ 거북 껍질과 매미 허물
매미 허물은 동네에서 구할 수 있지만 거북 껍질, 희귀종의 말린 식물, 야생동물, 바다생물 등은 지역 시장에서 상인에게 구입한다.

PEOPLE A DAY IN THE LIFE

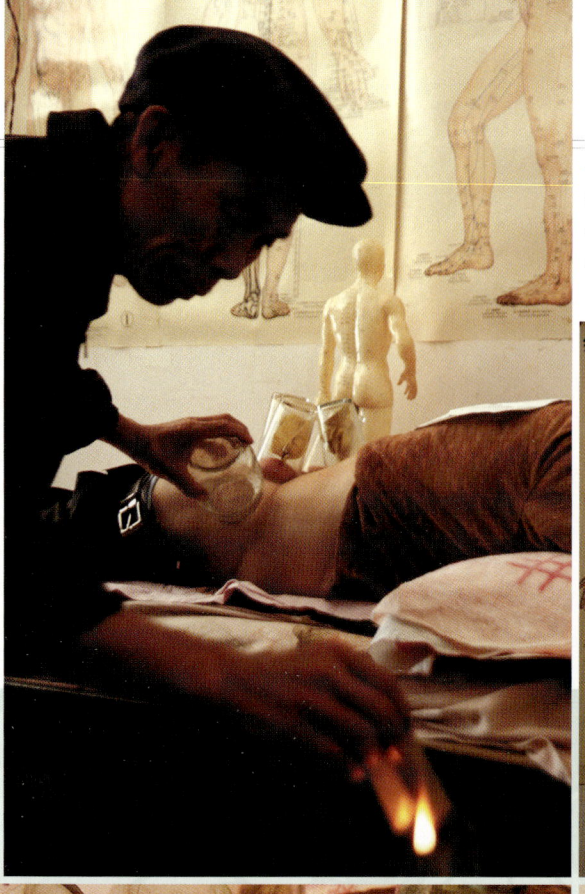

< 부항 뜨기
천이 환자에게 부항을 시술하고 있다. 부항은 몸의 독소를 제거한다. 컵 안의 공기가 따뜻해지면서 진공 상태가 되고 몸에 들러붙게 된다.

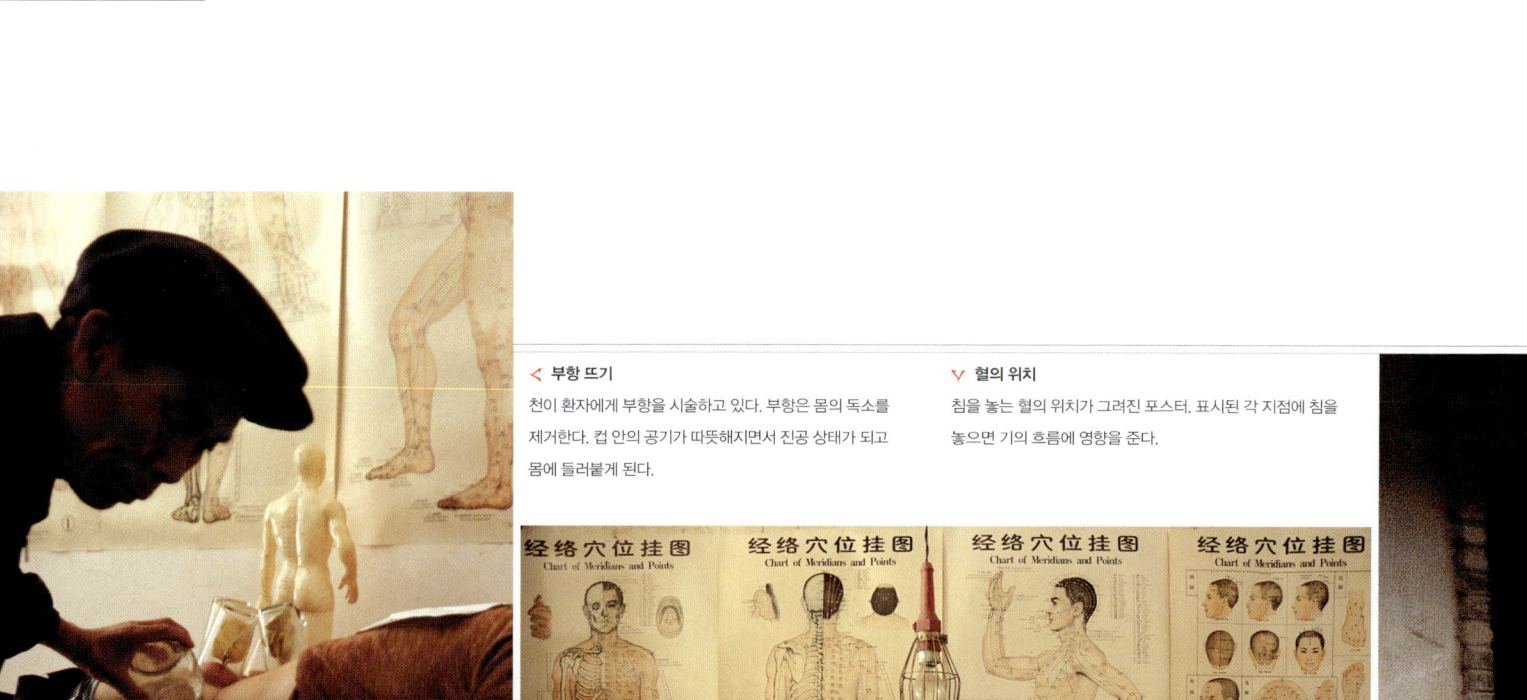

∨ 혈의 위치
침을 놓는 혈의 위치가 그려진 포스터. 표시된 각 지점에 침을 놓으면 기의 흐름에 영향을 준다.

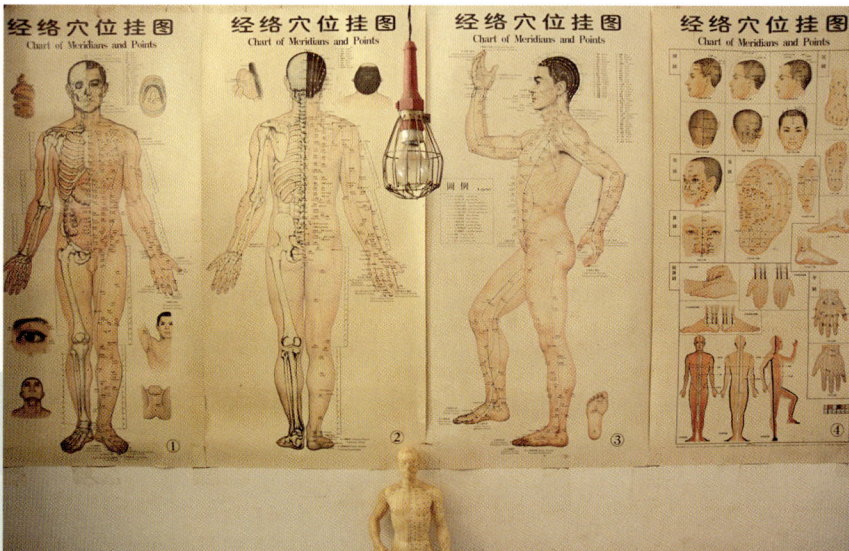

∧ 침 놓기
천이 중풍 환자의 얼굴 마비를 완화시키기 위해 침을 놓았다.

> 습부항
침을 놓은 뒤 특별하게 고안된 컵을 대고 부항을 뜬다.

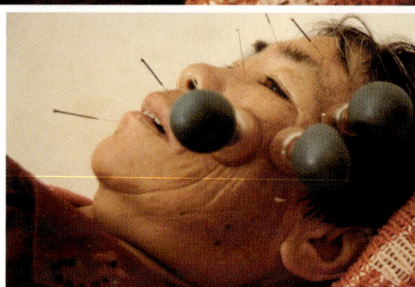

∧ 부항 자국
천은 부항을 시술할 때 사발, 컵, 캔 등을 사용한다. 부항을 뜨면 피가 피부로 올라와서 환자의 등에 붉은 자국을 남긴다.

> 가정 방문
천은 진료 외의 업무를 하기도 한다. 천이 진료가 끝난 뒤 환자를 오토바이에 태우고 집까지 데려다주고 있다.

198 | CHINESE HERBALIST

< 귀가

의원 문을 닫은 뒤 천은 숲으로 가 한 시간 동안 나무껍질을 더 모았다. 그는 의학적으로 중요한 성분을 지닌 나뭇가지를 어깨 가득 지고 집으로 돌아왔다.

∨ 여가

긴 하루가 끝나면 천은 전통 음악을 연주하며 긴장을 푼다. 높고 구슬픈 소리가 나고 활로 켜는 얼후는 중국의 대표적인 민속 악기다.

书 의사로서 난 다른 사람의 고통을 내 고통이라고 여겨야 합니다.
그리고 사람들에게 행복을 가져다주기 위해 최선을 다합니다.

PEOPLE A DAY IN THE LIFE

< 전통의학 기구
중국 전통의학에서 사용하는 쑥뜸기, 침구, 부항 기구. 부항은 몸의 독소를 제거한다고 한다.

중국의 전통의학은 4000년 이상의 역사를 자랑한다. 몸의 기운의 흐름이 균형을 잃으면 건강이 나빠지고 질병이 생긴다는 것이 중국의학의 기본 사상이다. 그래서 한의사들은 기가 잘 통하도록 하는 방법을 쓴다. 주로 많이 쓰는 방법은 약과 침이며 쑥뜸, 지압, 부항, 추나(마사지 요법)등과 함께 기공이나 태극권 같은 운동 요법도 사용한다. 몸에는 열두 장기와 연관된 열두 경락이 있으며, 경락에는 기가 흐른다.

中药

이 경락에 침을 놓으면 침이 기의 흐름을 원활하게 해준다. 중국의학에서는 여러 병세를 치료하기 위해 11,000여 가지의 약초, 광물, 동물의 부산물 중에서 잘 엄선하여 혼합해 처방한다. 멸종 위기에 놓인 동식물을 약재로 사용하는 것은 중국에서 최근 엄격히 금지되었다. 물론 이들 대부분은 세계 여러 지역에서 불법이기도 하다.

ANCIENT HEALING 고대의 치료법

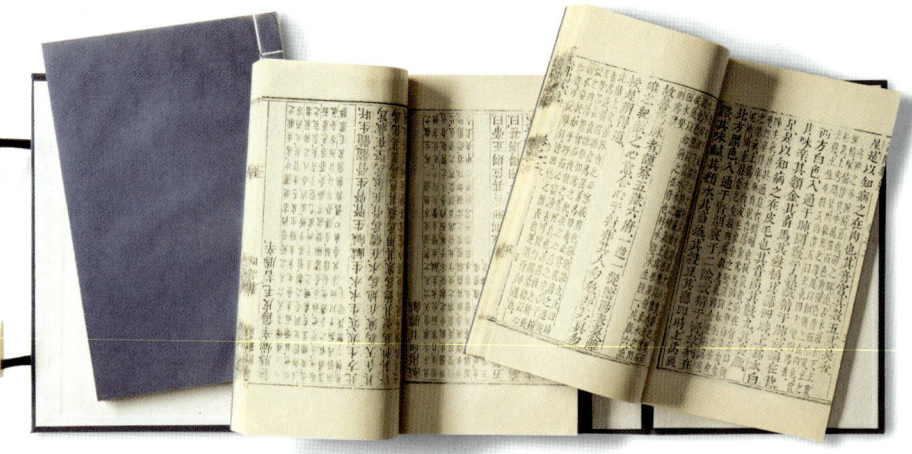

 의학서
오래된 의학서의 필사본. 이 책에는 증세를 어떻게 옳게 진단하고 그에 따라 어떤 약초를 얼마나 혼합해야 하는지에 대한 처방이 적혀 있다.

∧ 약초

중국의학에서 약재는 몸을 뜨겁게 해주는 약과 차게 해주는 약으로 크게 분류된다. 약초와 나무껍질은 가루로 만들거나 달여서 물약으로 복용한다.

PEOPLE A DAY IN THE LIFE

태양이 높이 떠오르기 전 란인둥은 회색 벽으로 둘러싸인 베이징의 관위안 시장에 도착한다. 자신의 상점에 도착해서 대나무로 만든 작은 우리를 걸고 작은 도기 항아리를 탁자 위에 쌓는다. 그리고 그 위에 '금두제', '흑룡' 등의 글씨를 휘갈겨 쓴다.

蟋蟀販子

> **이른 출근**
> 란은 아침 6시에 집에서 나와 시장 근처의 작은 식당에서 아침식사를 한다. 란은 하루의 대부분을 가게에서 보내는데, 손님을 놓치지 않기 위해 도시락을 싸와 가게에서 먹는다.

란은 폴리스티렌 상자의 뚜껑을 열고 유리판을 그 위에 얹어 한 줄로 쌓아올린다. 그 안엔 작고 밝은 초록빛의 귀뚜라미들이 있다. "귀뚜라미는 구슬프게 노래하는 걸로 유명하지만 새 먹이로도 좋습니다."

이 시장의 상인들은 대부분 다른 지방 출신이지만 란은 베이징 토박이다. 란은 공장에 다니다가 그만두고 아버지의 가업을 잇기로 했다. 귀뚜라미와 메뚜기 장사는 중국에서 오래된 직업에 속하지만 최근 베이징에서 다시 살아나고 있다. 고객은 어린이부터 은퇴한 사람들까지 다양하다. 란은 성냥갑만한 상자를 진열하고 상자 옆의 구멍으로 작은 사과 조각을 넣어준다. 이 상자에 든 귀뚜라미는 집파리보다 작을 정도로 아주 작지만 '진중(금종)'이라고 불릴 만큼 크게 노래한다.

란에 따르면 노래를 듣기 위해 귀뚜라미를 기른 것은 당 때부터였고, 싸움을 붙여 오락거리로 만든 것은 송대에 들어서였다. 또 송대에는 찻집의 토론에서 귀뚜라미가 공통의 주제였다고 한다.

란의 가게 근처에서는 구멍 뚫린 나무 뚜껑이 달린 호리병을 파는 상인이 있다. 살아 있는 메뚜기를 이 안에 넣고 기르는데, 베이징의 추운 날씨에 죽지 않도록 메뚜기가 든 호리병을 외투 안에 보관하기도 한다. 구멍을 통해 환기가 되며 벌레의 금속성 노랫소리도 들을 수 있다. 걸어 다니면서 음악을 들을 수 있는 워크맨을 처음 만든 건 일본인이 아니라 중국인이었던 셈이다.

란은 손님에게 귀뚜라미를 여럿 꺼내서 보여주고 다시 넣었다. 손님들은 귀뚜라미에 대해 란에게 묻는다. "산둥 산 귀뚜라미예요"라고 란이 대답했다. 산둥은 전통적으로 취취라고 부르는 싸움 귀뚜라미의 원산지이다.

사람들이 모여 있는 시장의 뒷골목에는 나직한 탁자 위 유리 상자 안에 취취 두 마리가 있다. 사람들은 쥐 수염으로 만든 막대로 귀뚜라미를 건드려서 서로 공격하라고 부추긴다. 구경꾼들은 내기를 하고 신중하게 돈을 걸며, 귀뚜라미는 찍찍거리며 울다가 서로 밀고 당기며 턱싸움을 한다. 겁먹은 귀뚜라미가 도망가면 승부가 결정된다. 싸움에서 이긴 귀뚜라미는 한달 평균 임금에 상당하는 비싼 값에 팔리기도 한다. 이 날 란의 장사는 잘 된다.

"내 딸도 이 일을 했으면 좋겠습니다. 그렇지만 딸은 벌써 식당을 경영하고 있어요"라고 란은 자랑스럽게 말했다.

> **출근길**
> 란은 버스를 타고 출근한다. 베이징도 차량이 급격히 늘고 있기는 하지만 아직도 도시 인구의 대부분은 자전거나 대중교통을 이용한다.

> **순환도로 건너기**
> 란의 가게가 있는 관위안 시장은 베이징 시내를 빙 둘러싸고 있는 두 번째 순환도로에 있다. 이 도로는 1950년에 마오쩌둥이 철거한 성벽 길을 따라 나있다.

> **관위안 시장**
> 이 시장엔 벌레, 노래하는 새, 꽃, 연 등 전통 취미와 현대적인 취미를 위한 모든 것이 있다.

CRICKET SELLER
A VENDOR AT GUANYUAN MARKET, BEIJING
귀뚜라미 장수 관위안 시장의 상인, 베이징

< 가까이 들여다본 메뚜기
구입하기 전에 손님이 가까이에서 관찰할 수 있도록 큰 메뚜기를 우리에서 잠깐 꺼냈다.

〓 전엔 손님들이 거의 나이 든 세대였는데, 요즘은 젊은이들도 귀뚜라미를 사갑니다.

∧ 재고 조사
작은 우리 밑에서 란이 채를 휘둘러 귀뚜라미를 잡고 있다. 뒤의 액자에는 '명충충구' 즉 노래하는 곤충과 곤충용 도구라는 글씨가 써 있다.

> 먹이주기
란이 손잡이가 긴 미니 숟가락을 이용해서 개미 알을 귀뚜라미의 그릇에 올려놓고 있다.

∧ 용기 속의 귀뚜라미
취취 귀뚜라미는 노래용보다는 싸움용으로 기른다. 싸움을 붙이기 전에 가느다란 막대기로 건드려서 귀뚜라미를 자극한다.

PEOPLE A DAY IN THE LIFE

 귀뚜라미는 구슬픈 노래 때문에 기르기도 하지만 새와 물고기의 먹이로도 좋습니다.

> **애완동물용 먹이**
> 새와 물고기 애호가들이 작은 곤충을 한꺼번에 사갈 때도 있다. 귀뚜라미는 양질의 신선한 단백질 제공원이다.

∨ **노래하는 메뚜기**
초록색 메뚜기를 뜻하는 루 궈궈는 저렴하고 구하기 쉬운 노래하는 곤충이며 가격은 크기에 따라 다르다.

> **거래 준비**
> 란이 손님에게 판매할 귀뚜라미를 보여주고 있다. 어떤 귀뚜라미를 살 것인지 결정하기까지는 시간이 많이 걸린다.

∨ **유훌루 귀뚜라미**
작고 값비싼 유훌루 귀뚜라미는 노래하는 귀뚜라미와 메뚜기 종류 중에서도 가장 감동적인 선율을 들려준다고 한다.

∧ **메뚜기 확인**
란은 여러 종류의 다양한 곤충을 보유하고 있는데 그 중 가장 노래를 잘하는 메뚜기는 텐진 산이다. 그래서 상인들은 텐진 산 메뚜기를 구하기 위해 애쓴다.

traditional chinese pastimes
중국의 전통 유희

중국 노인들의 네 가지 주된 놀이거리는 꽃, 새, 물고기, 곤충이라고 한다.

중국의 주택가를 다니다보면 도자기 어항을 발코니에 내놓은 집들을 흔하게 볼 수 있다. 머리가 울퉁불퉁한 물고기인 롱징이나 눈이 머리 윗부분에 있는 왕텐같은 물고기를 기르는 어항들이다.

또 오래된 집의 지붕 맨 위에 원형으로 날도록 훈련받은 비둘기의 집을 매단 곳도 종종 볼 수 있다. 이 비둘기들은 꼬리에 작은 피리를 매달고 있어서, 비둘기가 사람들 머리 위로 날면 기괴한 소리가 난다.

중국의 새로운 상업주의 물결은 이 도시의 전통가옥들을 건물철거용 쇠공으로 가격하고 있으며, 그와 함께 부르주아적 소유방식이 확대되고 있다는 의구심을 증폭시키고 있다. 한편, 소득이 증가함에 따라 애완동물이나 여가용품을 찾는 수요는 점차 늘어나고 있어 란과 같은 취미시장의 상인들도 호황을 누리고 있다.

204 CRICKET SELLER

< 작은 만찬
귀뚜라미와 메뚜기는 상대적으로 비싸기 때문에 구매자들은 이 곤충들의 짧은 수명을 조금이라도 연장하기 위해 좋은 먹이를 주면서 보살핀다.

∨ 귀뚜라미 간질이기
귀뚜라미는 근시이기 때문에 쥐 수염을 단 막대를 바로 앞에서 움직여 싸움을 시작하도록 부추긴다. 이를 구경하는 구경꾼들.

∨ 집으로
오후 6시, 하루 장사를 무사히 마친 란은 집으로 가는 버스를 기다린다. 그는 집에서 가족들과 저녁식사를 함께 할 것이다.

∧ 귀뚜라미 싸움
귀뚜라미를 앞뒤가 트인 통에 옮겨서 모래판에 가져다 놓는다. 그리고 턱을 이용해 상대방을 공격하라고 귀뚜라미를 부추긴다. 둘 중 하나가 몸이 뒤집히거나 도망가면 승부가 결정된다.

∧ 가업
저녁식사 후 란은 예전의 베이징에 대한 책에 실린 아버지의 사진을 보며 역시 귀뚜라미 장수였던 아버지를 추억한다. 란의 딸은 다른 일을 하고 있기 때문에 란은 은퇴할 때 가게를 다른 사람에게 팔 것이다.

> 싸움 구경
시장 뒤편 골목에서 벌어진 귀뚜라미 싸움을 가까이에서 구경하는 귀뚜라미 애호가들. 중국에서 도박은 공식적으로 불법이지만 싸움 끝엔 꽤 많은 돈이 오간다.

PEOPLE A DAY IN THE LIFE

< 귀뚜라미 방
귀뚜라미는 대개 찻주전자나 사탕 단지에 넣어 키운다. 그러나 가장 잘 싸우는 귀뚜라미는 행운을 상징하는 글이 새겨진 도자기 안에서 기른다.

蟋 蟀

2000년 전부터 중국인들은 귀뚜라미와 메뚜기의 노래를 들었고 이에 대해 서정적인 글을 썼다. 마치 서양에서 새의 노래를 듣고 시인들이 시를 썼던 것처럼 말이다. 전통적으로 귀뚜라미의 노래 소리는 밭갈이의 시기가 시작되었음을 알리는 신호였으며, 계절의 변화에 따라 귀뚜라미의 노랫소리도 달라졌다. 귀뚜라미에 대한 속담은 수없이 많으며 알을 많이 낳기 때문에 부와 다산을 의미했다. 당 왕조 때부터 노래를 듣기 위해 귀뚜라미를 기르기 시작했으며, 송 왕조 때 귀뚜라미 싸움이 시작됐다. 명 왕조 때 중국인들은 부화 시기가 아닐 때 귀뚜라미 알을 부화시키는 방법을 알아냈다. 그때부터 중국인들은 계절에 상관없이 귀뚜라미의 노래와 싸움을 즐길 수 있게 되었다.

오늘날 귀뚜라미 기르기는 중국인들의 협소한 생활공간에 알맞은 취미활동이 되었다. 이에 따라 작은 밥그릇과 숟가락, 귀뚜라미를 넣는 호리병을 장식하기 위한 도구 등 수많은 관련 도구를 파는 시장도 붐비게 되었다.

CRICKET-KEEPERS' TOOLS 귀뚜라미 용품

> 메뚜기 집
날씨가 따뜻해지면 이 귀여운 가수들은 평범한 대나무나 백단향 또는 은으로 만든 우리에 넣어져 전시된다.

∧ 귀뚜라미를 기르기 위한 도구
귀뚜라미를 잡고 옮기고 싸움을 붙이기 위한 도구. 섬세하게 만들어진 작은 먹이그릇과 장비들이 구비돼 있다.

PEOPLE A DAY IN THE LIFE

특별한 아침식사
우와 가족들이 함께 아침식사를 하고 있다. 아침 메뉴는 축제를 위해 특별히 만든 츠바이다. 츠바는 쌀가루, 설탕, 땅콩으로 만든다.

푸젠 성의 췌컨바 마을의 주민들은 37살의 풍수 전문가인 우장신에게 올해의 사원 축제인 먀오후이

风水师傅

준비를 맡겼다. 젊은 사람에게 축제 준비를 맡기는 것은 드문 일이기 때문에 그에게는 큰 영광이다. 8년마다 한 번씩 열리는 먀오후이 축제는 췌컨바 마을의 고유 행사로 종교적, 문화적으로 중요한 의미를 갖고 있다. 그는 자랑스럽게 말했다. "이 축제는 마을에 중요한 행사입니다. 내게 축제를 맡긴다는 것은 마을 사람들이 나를 믿는다는 뜻이기도 하죠."

이 마을 사람들은 커오자족에 속하는데 당나라 때 중국 중부지방에서 남부 푸젠 성의 산간 내륙지역으로 이주해 온 한족들이다. 이곳에서는 중국 내에서 이주해 온 사람들을 '손님 민족'이라고 부른다. 이들은 원래 살던 곳에서 쫓겨난 뒤 고원 지대의 가장 척박한 땅으로 이주해 왔다. 커오자족은 아직도 초기 형태의 중국어를 쓰는데 근처 마을 사람들도 이들의 언어를 이해하지 못한다.

8년마다 췌컨바 마을 사람들은 700년 된 차오톈 사원의 작은 관음불상을 마을의 절로 옮긴다. 이듬해엔 사원의 역사만큼이나 오래된 전통에 따라 이웃 마을 사람들이 불상을 가져가도록 한다. 마을에 전해져 내려오는 이야기에 따르면 이 축제는 지역 관리가 차오톈 사원이 훼손된 것을 보고 이를 수리하기 위한 자금을 제공하면서 시작되었다고 한다. 그 관리는 답례로 자신의 마을을 보호해주도록 관음상을 고향으로 가져왔다. 이웃 마을 사람들 역시 관음불의 자비를 원했기 때문에 그들은 각 마을에서 관음상을 일년 씩 보관하기로 합의했다.

축제를 준비하면서 우는 축제를 위한 기금을 모으고 행사를 주최하며 음식을 마련한다. 그는 마을의 풍수 전문가로서 결혼식이나 장례식을 치르기 좋은 날을 고르고 집이나 무덤 자리에 적당한 자리를 골라주며 대부분의 시간을 보낸다. 그는 15살 때부터 학교 공부에 흥미를 잃고 삼촌에게 풍수를 배우기 시작했는데, 지금은 이웃의 여덟 마을뿐만 아니라 100킬로미터 떨어진 롱얀 마을에서도 풍수가로서 명성이 높다.

우는 그의 세대 중에서는 마을에 남은 얼마 안 되는 사람 중 하나이다. 대부분의 젊은 세대는 남쪽의 광둥 성으로 일자리를 찾아 떠났으며 그들이 보내주는 돈이 이 마을의 경제를 일으켰다. 그 덕분에 우도 마을 사람들을 대상으로 차츰 돈을 벌 수 있게 되었다. "내가 어렸을 땐 충분히 먹을 음식도 없었어요."

그는 마을을 가리키며 말을 이었다. "그러나 지금은 각 가정마다 오토바이, 텔레비전, 냉장고가 있어요." 우는 광둥 성으로 이사 가지 않고서도 두 아들을 학교에 보낼 만큼 돈을 벌었다. "풍수가로서 나는 돈을 꽤 벌었고 앞으로는 더 많이 벌 겁니다. 마을 사람들과 도시의 사업가들이 풍수를 다시 믿기 시작했거든요."

축제 음식용 장보기
열 살짜리 아들 밍과 함께 우는 축제 때 먹을 특별한 음식을 만들 재료를 사러 옆 마을에 갔다.

집으로 돌아오는 길
우가 음식 재료를 산 뒤 오토바이에 싣고 집으로 돌아가고 있다. 오토바이는 자동차보다 싸기 때문에 농촌 마을에서 많이 사용하는 교통수단이다.

명단 적기
우와 마을의 한 노인이 축제를 위해 기부금을 낸 마을 사람들의 명단을 적고 있다. 기부자의 이름과 기부액이 적힌 이 명단은 마을 사람 모두가 볼 수 있도록 게시될 것이다.

FESTIVAL HOST
ORGANIZING A TEMPLE FESTIVAL, FUJIAN
축제 책임자 사원의 축제 준비, 푸젠 성

< 축제용 떡 만들기
우와 우의 부인이 쌀을 빻아 반죽을 만들어 다음날 아침에 먹을 츠바를 준비하고 있다.

v 축제 계획
이웃의 집에서 우와 마을의 어르신들이 모여 축제 행사에 대해 논의하고 있다. 이 노인들도 축제 때의 행진과 기념행사에 빠지지 않고 참여할 것이다.

< 부처님 맞이
관음불상이 마을에 오는 것을 맞이하기 위해 집집마다 문 앞에 차와 과일을 내놓는다.

v 기다리는 사람들
췌컨바 마을의 노인들이 축제의 행렬이 도착하기를 기다리고 있다. 노인들이 젊었을 때는 그들이 직접 불상을 마을에서 마을로 옮겼었다.

< 행렬 참여
우가 차오톈 절에서 췌컨바 마을까지 3킬로미터를 걸어가는 형형색색의 행렬에 끼어 함께 행진하고 있다.

v 불상들의 대이동
여덟 개 마을의 절에 있던 불상들을 관음상이 있는 곳으로 모두 옮긴 다음, 관음상을 마을로 가져올 때 이 불상들도 함께 행렬을 이루어 돌아온다.

^ 기부자 명단 게시
우가 축제를 위해 기부금을 낸 사람들의 명단을 붙이고 있다. 그의 왼쪽에 있는 포스터는 마을 광장에서 열릴 공연 광고이다.

209

PEOPLE A DAY IN THE LIFE

∧ **구불구불한 행렬**
행렬 속에는 여덟 개의 불상과 함께 불교와 도교의 상징을 담은 깃발들도 있다. 마을 사람들은 두 종교 중에서 기도에 가장 잘 응답해주는 신을 선택한다.

| 도시 사람들은 믿음이 없습니다. 저는 신앙이 유익하다고 생각해요. 마을 공동체가 함께 하도록 해주거든요.

PEOPLE A DAY IN THE LIFE

논을 지나가며
행렬이 논둑 옆을 따라가고 있다. 쌀을 기르는 논에서 마을 사람들의 음식과 수입이 생긴다.

불놀이
마을 외곽에서 행렬을 맞이하기 위해 폭죽을 터뜨리고 있다. 폭죽은 해로운 악귀들을 쫓아낸다고 한다.

부처님께 기도 드리기
우가 관음상 앞에 향을 피우고 기도하고 있다. 관음은 인도에서는 원래 남성이었으나 중국으로 오면서 여성으로 바뀌어 자비의 보살이 되었다.

마을 도착
마침내 췌칸바 마을의 진흙벽 건물이 있는 구불구불한 골목에 행렬이 도착하면 폭죽의 불협화음과 악단의 음악이 서로 경쟁하듯 울린다.

부처를 위한 제단
마을 사람들은 관음상이 도착하면 봉헌물을 제단에 바치면서 행운, 행복, 마을의 번영을 기원한다.

FESTIVAL HOST

< 제단 방문

관음불이 8년에 한 번만 마을에 오기 때문에 이 때가 마을 사람들에게는 부처에 대한 믿음이 깊어지는 엄숙한 순간이다.

< 마지막 행렬

다음 날 불상을 강으로 가져가서 비가 충분히 오되 홍수가 나지 않게 해달라고 기도한다. 농부들에게는 날씨가 가장 중요하다.

∨ 경의를 표하는 마을 노인

췌컨바 마을에서 가장 존경받는 노인이 마을 강둑에서 관음상에 절을 하고 있다.

∧ 제사 음식

마을 사람들이 관음상 앞에 가장 좋은 음식을 바치고 있다. 이중엔 그들은 거의 먹어보지도 못할 비싼 음식도 있다.

< 축제의 여흥

축제는 마을 광장에서 열리는 공연으로 마무리된다. 전통 음악과 춤은 모든 세대에 걸쳐 인기가 많다.

PEOPLE A DAY IN THE LIFE

< 행운의 노리개
과젠이라고 불리는 술 달린 장식은 벽에 걸어 놓는데 부, 건강, 재물을 상징한다. 사람들은 부, 건강, 재물을 기원하면서 과젠을 선물한다.

节日装饰

중국인에게 가장 중요한 명절인 음력 1월 1일인 춘절에는 수백만 명이 가족에게 줄 선물을 가지고 고향을 찾아간다.

신년 장식과 선물은 선물을 받는 사람의 부와 다산, 즉 돈을 넉넉히 벌고 자녀를 많이 낳고 먹을 복 또한 많기를 기원하는 의미를 지닌다. 보통은 금과 붉은 다이아몬드, 거꾸로 쓴 '푸(富)' 자를 벽과 문에 붙여둔다. '부'자(행운)와 '대'자(거꾸로)를 북경식으로 함께 발음하면 '재물이 들어온다'는 뜻이 되기 때문이다.

물고기 모양의 과자 역시 이러한 말장난에서 비롯된 것이다. 물고기라는 단어와 '잉여'(이득)라는 단어는 동음이의어이다. 구이쯔라는 작은 대추야자 열매 역시 신년 선물로 애용하는데, 자손이라는 단어와 발음이 같기 때문이다.

빨강은 행운의 색이고 금색은 금전의 색이기 때문에 명절 장식의 색은 대부분 빨강 혹은 금색이다. 특히 동전을 넣는 파차이수라는 종이에는 건강과 재물을 기원하는 문구가 적혀 있다.

FESTIVALS AND GOOD FORTUNE
축제와 행운 기원

> 신년 바구니
섬세하게 만든 바구니는 호화로운 신년 선물로 애용된다. 바구니 안에는 받는 사람이 새해에도 늘 배가 부르라는 의미에서 과자, 말린 과일 등 신년 과자 선물이 들어 있다.

∧ 선물과 장식
아이들은 신년 선물로 돈지갑인 빨강과 금색의 홍바오를 받는다. 걸이 장식은 자비의 부처인 관음에게서 행운을 가져온다고 한다.

PEOPLE A DAY IN THE LIFE

> 아침식사

리는 함께 사는 남자친구, 남자친구의 어머니와 함께 집 근처의 카페에서 죽과 찐빵으로 아침식사를 한다.

"제가 가게를 연다고 하자 부모님 두 분 다 경악하셨어요." 리칭허는 23살이다. "아버지는 중국어 선생님이고 어머니는 간호사예요. 두 분 다 열심히 일하지만 자기만의 사업을 한다는 것은 한번도 생각해보지 않았을 겁니다." 그렇다보니 그들이 딸의 야심을 이해하기까지는 시간이 좀 걸렸다.

企業家

리는 부모님을 꾸준히 설득한 결과 어머니에게서 3000위안(388달러)을 빌렸고 아버지에게는 2000위안(260달러)을 받았다. 이 돈으로 리는 창업 비용을 댔다. 결국 리는 장수 성의 쑤저우 구시가지 강변에 관광객에게 도자기와 보석을 파는 가게를 열었다.

쑤저우는 도시를 가로지르는 수많은 운하 때문에 중국의 베네치아라고 불리며 아름다운 경치로 오랫동안 명성이 높았다. 지금은 중국 동남부 지역에서 가장 부유한 도시이며 공업과 첨단 기술 발전의 중심지가 되었지만 관광객을 끌어들이는 매력 역시 줄지 않았다. 명, 청 시대의 퇴직 관료와 문인들이 건설한 섬세하게 장식된 정원은 언제나 관광객들로 가득하다. 구시가지의 좁은 거리 양편으로는 하얗게 회칠한 오래된 건물들이 가득한데 이곳 역시 기념품을 사려는 관광객들로 붐빈다.

처음 가게를 열었을 때 리는 손님들이 제품을 구경하는 동안 그 옆에서 보석을 만들며 시간을 보냈다. 그러다 손님이 리가 직접 만든 보석에도 관심을 보이자 그것들을 팔기 시작했다. 요즘 리는 직접 판매에 나서기보다는 다양한 보석을 만드는 제작자로 주로 활동한다. 리는 정오가 되기 전에 일어나서 늦은 아침을 먹고 이메일을 확인한 뒤 쑤저우까지 한 시간 동안 버스를 타고 간다. 가게까지 걸으면서 점심으로 먹을 것을 좀 사고 길가의 골동품이나 옥을 파는 시장을 구경하기도 한다.

오후엔 구상해놓은 디자인에 따라 작업을 한 뒤 남자친구와 저녁을 먹으러 나간다. 혹은 남자친구가 먹을 것을 가지고 가게로 오기도 한다. 리는 보통 밤 10시 정도까지 일한다.

리는 부모님 덕택에 상상하지도 못했던 자유를 누리고 있다는 걸 잘 알고 있다. 자신의 가게를 시작할 수 있었던 것도 그렇고 대학교의 애니메이션 학과에서 공부하게 된 것도 그렇다. 언젠가는 자신이 직접 만든 클레이 모형을 가지고 단편 애니메이션을 만드는 것이 그녀의 꿈이다. 리는 가게를 닫고 며칠 동안 여행을 가기도 하는데 지금은 해외여행을 고려 중이다. 매일 밤 잠들기 전 불어와 스페인어 단어 세 개씩 익히기도 한다.

"내 부모님은 가족을 부양하기 위해 열심히 일할 때, 그들에게 자유가 소중한지 아닌지조차 생각할 겨를이 없었어요." 리는 웃으며 덧붙였다. "난 그 점에 대해 생각할 시간이 너무 많다는 이유 하나만으로 불만을 느낄 때도 있어요!"

∧ 작업실

실험적인 디자인을 도자기에 그리는 리. 리는 남자친구와 함께 작업실을 쓰며 가게 문을 열 때까지 이곳에서 작업한다.

> 가게로 걸어가는 리

버스를 한참 타야 쑤저우의 구시가지에 도착한다. 리는 운하 옆의 길을 따라 오래된 전통 가옥을 개조해 만든 그녀의 가게로 간다.

ENTREPRENEUR
CRAFTING AND SELLING JEWELLERY, SUZHOU
사업가 보석 공예와 판매, 쑤저우

> **주문받은 일감**
리가 단골손님이 주문한 보석 공예품을 제작하고 있다. 미리 만들어 놓은 제품을 팔기도 하지만 주문 제작도 많이 한다.

∨ **완성작**
리의 작품은 전통적인 중국 공예품이라기보다는 현대적이고 세계적이다. 상류층 중국인들에겐 외국풍의 물건이 더 각광받는다.

∧ **가게 밖**
리는 어떤 사업을 시작할 것인지 정확히 결정하기 전부터 오래된 건물에 있는 이 상점에 매혹됐다.

∧ **리의 일터**
펜치, 철사, 구슬들로 가득 차 있는 작업대에서 리가 자신의 가게에서 판매할 새 제품을 만들고 있다. 리는 자신의 디자인을 대표할 브랜드명을 만들고 싶어 한다.

PEOPLE A DAY IN THE LIFE

 운이 좋아서 성공했다고 생각해요. 그리고 날 도와주고 용기를 내게 해준 사람들을 기억하려고 노력합니다.

▷ 영감을 얻으려는 노력
리는 중국 전통 문양에서 도자기에 그릴 디자인의 영감을 찾는다. 쑤저우의 골동품점에서 리는 창의적인 아이디어를 많이 얻는다.

▽ 로맨틱한 휴식
사업과 학업을 병행하고 있긴 하지만 리는 매일 남자친구와 저녁을 먹거나 최소한 차라도 마시면서 대화를 한다.

△ 도서관에서 공부
리는 가게 문을 닫고 대학 도서관에서 몇 시간을 공부한다. 리 같은 대학원 학생들은 전공에 제한받지 않고 폭넓은 주제로 공부할 수 있다.

▷ 쇼핑
또래의 다른 젊은 여인들처럼 리도 쑤저우의 대형 백화점에 들어와 있는 최신 패션에 뒤떨어지지 않길 바란다.

△▷ 새로운 디자인 시도
사업이 잘 돼서 리는 새 옷을 사 입을 수 있다. 중국에서 만들어지는 옷 대부분이 외국의 디자인으로 제작되어 수출되지만 중국 소매업자들은 이를 빨리 따라잡는다.

∨ **고급 화장품**
저녁에 외출하기 전 새로 산 화장품을 사용해본다.
도시 중심지의 대형 상점에서 파는 값비싼 외국 브랜드
화장품은 중국의 여성 사업가들의 마음을 사로잡았다.

china's young entrepreneurs
중국의 젊은 사업가들

1980년대 초반에 본인 혼자서 하는 개인사업이 허가되었다. 자전거 수리점, 식품 노점상, 옷 수선점 등이 빠르게 늘어났고 도처에 레스토랑이 수없이 생겨났다. 처음엔 본인에게만 사업 허가가 허용되었지만 지금은 친척이 아닌 사람으로 일곱 명까지 고용할 수 있게 되었다. 그리고 갑자기 많은 사람들이 해외로 진출하길 원하게 됐다. 농업을 포함해 인구의 85퍼센트가 어떤 방식으로든 정부에 고용되어 있는 한편, 리처럼 경제적 자유를 얻은 젊은 사업가들은 전국에서 새로운 사업을 시작했다. 개인 사업자들은 중국 GNP 중 10퍼센트 정도를 생산하며 최근에는 공산당 가입의 문도 열렸다.

그러나 개인 사업자들이 증가한다는 것은 고학력자, 사업가들과 농부, 이주 노동자들 사이의 소득 격차가 커진다는 의미이기도 하다. 중국인들의 소득 격차는 사상 최대이며 점점 더 벌어지고 있다.

< ∨ **친구들과의 외출**
남자친구, 친구들과 함께 쑤저우의 한 바에 온 리. 서구식 밤문화를
상징하는 서양식 바는 중국의 젊은이들에게 인기가 많은데,
술 한 잔 가격이 든든한 밥 한 끼보다 비싸기도 하다.

PEOPLE A DAY IN THE LIFE

张

물고기가 점점 적어지고 작아집니다.

그러나 고맙게도 자연산 생선은 아직도 수요가 많아요.

渔民

중국 동부 저장 성의 연안엔 섬들이 점점이 떠 있다. 그 중 지산다오라는 섬은 바나나처럼 길쭉하게 생겼으며 길이는 4킬로미터가 좀 못된다. 이 섬의 항구는 동중국해로 나가서 장기간 심해 어업을 하는 배들로 가득하지만, 장지핑의 배 세 척은 이 섬에서 한 시간 이상 나아가지 못할 정도로 작다.

"난 가까운 바다에서만 어업을 합니다." 장은 다음과 같이 말을 이었다. "올해는 어획량이 좀 더 많긴 하지만 여느 해보다 고기들이 작아서 낮은 가격에 팔렸어요. 큰 물고기를 잡으려면 지금보다 훨씬 더 먼 바다로 나가야만 해요." 장은 요즘 어업에 종사하려는 이들이 너무 많다고 걱정했다. 그는 어부 네 명을 고용하고 있는데 그들은 모두 중국에서 인구가 가장 많은 쓰촨 성 출신이다. 쓰촨 성은 이 부유한 해변 도시에 가장 많은 노동력을 제공하고 있다.

산업화로 인해 저장 성이 중국의 가장 부유한 지역이 되면서 장의 문제는 더 심각해졌다. 전 세계로 수출되는 소비재를 생산하는 공장 때문에 강이 오염되어 치어의 수가 줄면서 바다에서 송어가 사라졌다. 그는 공해 때문에 물고기가 자라기에 점점 더 안 좋은 환경이 된다고 불평했다.

중국 영해에서 물고기 남획이 만연했기 때문에 2000년엔 민물고기든 바닷고기든 충분히 자라기 전에 잡는 것을 금지하는 법이 통과되었다. 법은 종종 무시되기도 하지만 6월부터 9월까지 일부 구역에서는 어획 자체가 금지되기 때문에 물고기들이 알을 낳고 번식할 수 있게 되었다. 어류 양식은 해안 지방에서 빠르게 성장하는 산업이며 중국에서 소비되는 해산물 중 60퍼센트가 양식 해산물이다. 그러나 장이 어획하는 지역에서 나오는 생선은 대부분 자연산이다. "사람들은 자연산 생선을 더 좋아합니다"라고 장은 주장한다. "맛이 더 좋기 때문에 비싼 가격에 팔려요." 그러나 어업은 위험성이 높은 사업이라서 장 역시 어업을 그만둬야 할지도 모른다. "힘들고 위험한 일이에요. 사고도 자주 일어나고 심지어 생명을 잃기도 합니다."

위험 이전에 어업은 도박이기도 하다. 직원들 급여에 유지비, 연료비 등으로 장은 정부에 연간 100,000위안(13,000달러)을 내야 한다. 작년에 워낙 어획량이 적었기 때문에 장은 작년에 본 손해만큼 올해엔 작년의 두 배를 벌었으면 하고 바란다.

그래도 중국 전역이 그렇듯 덩샤오핑이 시작한 개혁 정책에 따라 이 섬에 사는 어부들의 삶도 이전에 비해 눈부시게 나아졌다. "우린 가난하지 않아요. 필요한 것은 다 가지고 있습니다. 그렇지만 만족할 만큼 부자도 아닙니다. 돈이 더 많다면 이렇게 살지 않겠지요." 그는 선전에서 일하는 외동아들이 도시에서 안전하고 믿을 만한 직업을 구하길 바란다. 장과 그의 부인은 언제든 준비가 되면 이 섬을 떠나 아들과 함께 살 것이다.

∧ 항구의 배
장은 소규모 어업에 속한다. 그러나 지산다오의 다른 어부들은 이 배들처럼 먼 바다에 나가서 어획할 수 있는 장비를 갖추고 있다.

> 문제가 생긴 엔진
아침 조업은 짧게 끝났다. 장의 어선 중 하나의 엔진이 고장났기 때문이었다. 장은 일을 접고 항구로 뱃머리를 돌려야 했다.

∨ 타륜 앞에서
장은 새벽 네 시에 일어나서 바다로 나왔다. 항구로 돌아가려면 한 시간이 걸리기 때문에 장비가 고장나면 장은 초조해진다.

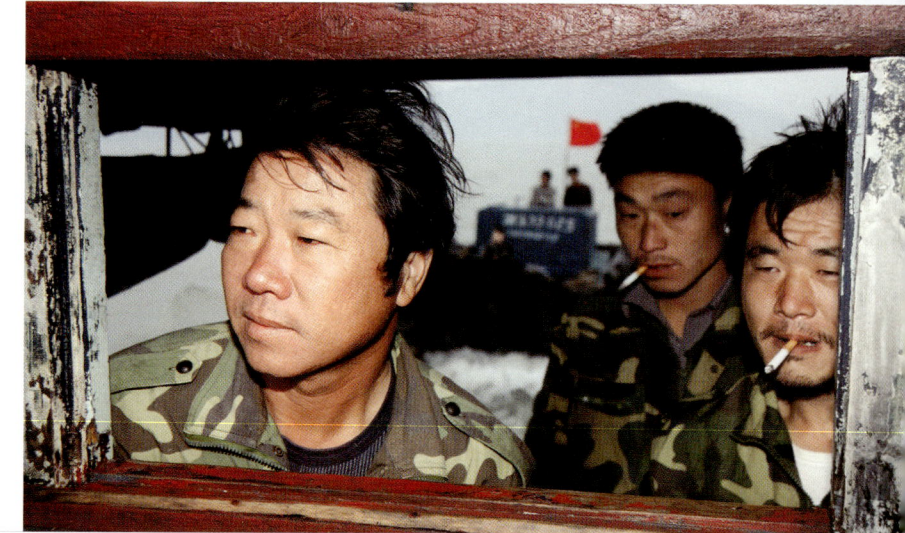

SEA FISHERMAN
TRAWLING OFF JI SHAN ISLAND, ZHEJIANG
어부 지산 섬에서 어업, 저장 성

< 조업

장이 물고기들이 얼마 들어있지 않은 그물을 끌어올리고 있다. 단속에도 불구하고 남획과 오염 때문에 남아있는 물고기가 적다.

∨ ∨ 항구에서의 그물 손질

장의 부인은 섬의 다른 여인들처럼 그물과 다른 도구들을 손질한다. 고기를 잡은 배가 들어오면 부두에서 고기를 팔 것이다.

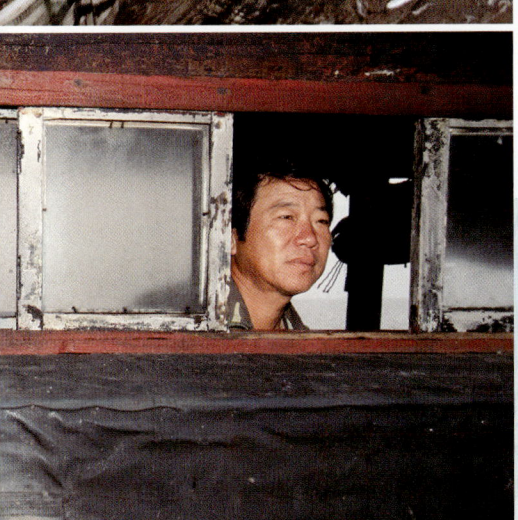

∧ 엔진 수리

장이 고장난 배를 수리하기 위해 항구로 돌아오고 있다. 이런 수리를 하는 데 드는 비용은 어부의 빠듯한 소득으로는 감당하기 어렵다.

< 경쟁자들

거대한 상업용 트롤 어선에서 일하는 어부들은 장의 경쟁자이다. 이런 어선들에는 얼음이 실려 있어서 며칠 동안 생선을 보관할 수 있다.

221

PEOPLE A DAY IN THE LIFE

< 장기
한창 시절에는 아침 5시부터 밤 10시까지 조업을 했지만 지금은 고기가 줄었기 때문에 여가 시간이 더 많아졌다. 늘어난 여가 시간에는 장기를 둔다.

< ∨ 손녀 돌보기
예전보다 바다에 나가는 시간이 적어지면서 장은 손녀와 더 많은 시간을 보낼 수 있게 되었다. 그의 아들은 도시에서 일하기 위해 집을 떠나 있다.

> 장기알
장의 취미인 장기는 서양의 체스와 비슷하다. 이 말은 체스의 졸과 같은 역할을 한다.

222 | SEA FISHERMAN

< ∨ 집안일
장은 집안일도 잘 거든다. 큰 항아리에는 저장한 야채를 채우고 작은 항아리에는 이 지역산 독주를 담는다.

∧ 건배
장이 술잔을 들어 건배한다. 이 가족은 저녁식사 때 주로 맥주를 마시지만 특별한 날이나 연회에선 바이주라는 강한 술을 마신다.

∧ 저녁식사
놀랄 것도 없이 장씨네 가족의 주 메뉴는 생선이다. 잡은 생선을 다 팔면 생선 대신 말린 건어물을 먹는다.

> 마작
친구들과 마작을 하는 장. 마작은 장의 고향인 중국 북부 닝보라는 곳에서 시작됐다고 하며 이곳에서는 특히 더 대중적이다.

PEOPLE A DAY IN THE LIFE

< 마작
마작에서는 주사위를 던져 누가 먼저 시작할지를 정한다. 순번이 올 때마다 앞에 놓인 패를 하나씩 가져오고 쓸모없는 패를 하나씩 버린다. 패의 짝을 다 맞추는 사람이 나올 때까지 게임을 계속한다.

중국 어디에서고 봄이 되면 중국인들은 길가의 마당에 낮은 탁자와

打牌 작은 의자를 꺼내놓고 장기, 마작, 중국 도미노, 카드게임 등을 즐긴다. 게임을 하는 사람뿐만 아니라 옆에서 이를 구경하는 사람들도 많다.

중국의 게임은 언뜻 보면 서양의 게임과 비슷하다. 그러나 도미노를 예로 들면 중국식 도미노는 더 길고 얇으며 탁자 위에 나란히 늘어놓는 것이 아니라 카드게임 할 때처럼 패로 사용한다.

외국에 가장 잘 알려진 중국 놀이는 마작이며 1850년경에 도미노와 카드게임으로부터 유래되었다. 1920년대에는 유럽과 미국에서 마작이 크게 유행했고 심지어 어떤 마작 파티는 중국식 의상을 입고 가야만 하기도 했다. 요즘 중국에서는 컴퓨터 게임으로 즐기는 마작이 인기를 얻고 있다.

장기는 2000년 전에 만들어졌으며 서양장기보다 줄의 개수가 적고 '장군'(체스의 '왕')의 운신의 폭이 제한된 구획으로 한정되어 있어 빠른 경기 진행이 가능하다.

GAMES OF CHANCE AND SKILL
중국인들의 놀이 기회와 재간의 놀이

> 도미노 세트
12세기경에 만들어진 중국식 도미노는 카드놀이와 비슷하다. 서양의 놀이를 받아들인 중국인들은 자신들만의 게임을 만들어냈다.

▲ 상자 안의 군대
장기와 반기(장기의 말 중 반만을 이용하는 게임)의 말에는 무기, 전차, 병사 등을 뜻하는 단어가 한자로 적혀 있다.

PEOPLE A DAY IN THE LIFE

> **출장**
>
> 오늘은 극단이 샤오싱과 가까운 마을에서 공연하기 때문에 장이 직접 극단 사무실에서 자기가 쓸 의상과 화장 세트를 가지고 나온다.

장린은 세 살 때부터 부모님에게 월극에서 노래하는 법을 배웠다. 그리고 열 살이 되자 정식 훈련을 시작했고 열네 살에는 저장 성의 샤오싱에 있는 샤오바이화 극단에 입단했다. 스물여섯 살인 지금은 상도 타고 유명해졌으며 자신의 분야에서 가장 인정받는 연기자가 되었다.

歌剧演员

> **대사 점검**
>
> 전에도 같은 역할로 여러 번 공연했지만 장은 공연 전엔 여전히 신경이 쓰인다. 공연 전 자신이 맡은 부분을 확인하는 장.

장은 샤오싱에서 차로 두 시간 걸리는 선저우 출신이다. 월극은 여성들만 참여하는 극의 한 형식인데 선저우는 바로 그 월극이 태동한 곳이다. "어렸을 때 고향에 가면 사람들 중 90퍼센트는 월극 노래를 부를 줄 알았어요." 중국 극의 기원은 최소한 12세기 송나라 시대까지 거슬러 올라가지만, 가장 잘 알려진 극들의 경우는 역사가 그리 길지 않다. 세계적으로 제일 널리 알려진 베이징 경극은 18세기 후반부터 시작되었고, 장이 활동하는 월극은 1930년대에 시작됐다.

월극의 기원은 20세기 초반에 농부들이 지역 방언으로 부르던 노래이다. 반주는 나무로 만든 짝짝이뿐이었지만 신랄하면서도 생생한 농부의 언어 때문에 이 새로운 공연 형식은 빠른 속도로 대중의 사랑을 얻어 갔다. 1920년대 초반, 상하이 지역에서 인기를 얻기 시작했고 점차 음률을 띠는 반주와 함께 공연되기 시작했다.

약 20년 전만 하더라도 경극이나 월극 같은 중국 극은 중국에서 즐길 수 있는 유일한 오락거리였으나 지금은 텔레비전, 영화, 여러 종류의 현대적 문화의 도전을 받고 있다.

"월극은 할리우드 영화처럼 활력이 넘치거나 현대인의 생활 속도처럼 빠르지 않고 아주 느립니다. 그러나 마음을 가라앉히고 노래를 듣는다면 월극의 감미로움과 아름다움을 발견하게 될 것입니다"라고 장은 말한다. 오늘날 월극 작가는 매우 드물다. "대부분의 훌륭한 작가들은 텔레비전 드라마 쓰기를 선호합니다. 돈을 더 많이 벌 수 있거든요." 그래서 극단의 공연 레퍼토리는 신화화된 역사 이야기와 잘 알려진 사랑 이야기에 기초한 고전극이 대부분이다.

국가가 극단에 지급하는 보조금이 줄었기 때문에 샤오바이화 극단은 이익을 내기 위해선 일 년에 최소 150번 이상의 상업 공연을 해야 한다. 이 때문에 배우 25명과 공연 스탭 50명은 일 년의 대부분을 집 밖에서 지내야 한다. 이들은 샤오싱을 근거지 삼아 열 시간 정도씩 걸리는 여행을 하면서 길에서 많은 시간을 보낸다. "부모님과 여동생은 아직 선저우에 사는데, 일 년에 네다섯 번 쯤 봐요. 우리 극단은 함께 오랜 시간을 보내기 때문에 뭔가 문제가 생기면 서로에게 제일 먼저 이야기합니다."

장이 2005년에 월극 경연 대회에서 우승했을 때 그의 얼굴이 지방 텔레비전에 자주 등장했었다. 그때 사람들이 자신의 능력을 알아보기 시작한 것에 장은 만족했다. "관중들이 박수를 크게 칠 때 가장 기쁩니다. 그거 하나로 충분해요."

> **공연 준비**
>
> 장은 공연 시작 두 시간 전부터 분장을 준비한다. 공연에서 남자 역을 맡았기 때문에 남성적으로 보이는 두꺼운 화장을 한다.

OPERA PERFORMER
ON TOUR WITH A TRAVELLING YUE OPERA TROUPE, ZHEJIANG
월극 배우 순회공연 중인 월극단, 저장 성

< 차례 기다리기

남자들만 참여해 남자가 여자 역까지 맡는 경극과 반대로 월극은 여자들이 남자 역할까지 한다. 장군처럼 옷을 입은 장이 무대 한쪽 옆에서 자신의 차례를 기다리고 있다.

张 | 유랑 극단의 배우가 된다는 것은 특수한 직업이자 특별한 경험을 할 수 있는 기회입니다. 지금은 단원들이 내 가족 같아요.

< V 무대에서

장이 많은 관객 앞에서 공연하고 있다. 샤오싱 외곽에 사는 성공한 섬유 상인이 자신의 아버지의 70번째 생일을 축하하기 위해 극단을 초청했다.

∧ 대기실

화려한 의상과 소도구 때문에 관객은 배우들의 역할이 무엇인지 확실히 알아볼 수 있다. 배우들은 무대 뒤에서 차례가 될 때까지 기다리며 담소를 나눈다.

< ∧ 만원

마을의 공공 광장에서 공연되므로 초청자의 가족뿐만 아니라 모든 마을 사람들이 이 유명한 공연을 무료로 볼 수 있다.

< 공연용 신발

의상을 갈아입을 때마다 신발도 이에 맞춰서 신는데 신발 역시 의상처럼 화려하고 극중 인물의 지위에 어울려야 한다. 높은 신발 때문에 배우들이 무대에서 더 돋보인다.

张 | 월극은 우리의 중요한 문화유산 중 하나입니다.
적극적으로 보존하지 않으면 곧 사라질 것입니다.

▲ 무대 중앙
배우들은 다재다능해야 한다. 어지러운 음악에 화려한 춤을 춰야 하고 무술도 할 줄 알아야 하며 목소리 역시 좋아야 한다.

< ∨ 의상

화려한 무대의상 안에 장이 옷을 따뜻하게 여러 겹 입는다. 두 번째 공연이 밤에 있기 때문에 야외의 밤공기에 대비하기 위해서이다.

∨ 맹여군 극

맹여군 극은 장군(장의 역할)과 약혼을 한 소녀의 이야기로, 자신을 기억하라며 제 초상화를 남긴채 집을 떠나게 된다.

∧ > 준비 완료

장이 마지막으로 무대 의상을 확인하고 있다. 눈에 띄는 머리 장식은 장이 맡은 인물의 지위를 나타낸다.

∧ 연기

장이 연기하는 장군은 그의 연인을 애타게 그리워한다. 장군은 모르지만 그의 연인은 황제의 관리가 되기 위해 남장을 한 채 과거시험에 합격한다.

◁ ▽ **치밀한 구성**
궁정에서 장군은 새 총리가 변장한 맹여군이라는 것을 알아챘다. 황제 역시 그가 여자라는 것을 알아챘고 사랑에 빠지게 되었다.

△ **무대 뒤**
장면이 바뀔 때 의상을 재빨리 갈아입어야 할 때도 있다. 장 뒤에 소도구와 머리장식이 놓여 있다.

△ **마지막 장**
공연은 맹여군과 장군의 결혼식 장면으로 끝난다. 텔레비전 드라마가 더 인기가 많을 수는 있지만 월극은 그 구성상 더 많은 것을 보여준다.

mass entertainment
대중오락

극은 시골 마을처럼 전통적인 환경에서는 여전히 인기가 많지만 그래도 중국에서 가장 인기 있는 오락거리는 아니다. 경제가 성장하면서 오락거리 역시 축구 같은 운동경기, 경기장 혹은 대규모 공연장에서 열리는 록 콘서트, 가라오케, 인터넷 등으로 선택의 폭이 넓어졌기 때문이다.

텔레비전은 거의 모든 장소에서 볼 수 있다. 외국의 스포츠와 드라마 역시 인기가 많은데, 드라마는 검열을 거치면서 공산주의의 메시지가 가미된다. 최근에는 참가자들끼리 재능을 겨루는 '수퍼걸'이라는 리얼리티 쇼 프로그램이 엄청난 인기를 모았다.

지금까지 중국의 박스오피스 최고 기록은 1997년의 할리우드 블록버스터 '타이타닉'이 가지고 있다. DVD플레이어는 광범위하게 보급됐는데 해외 영화가 현지에서 출시된 지 일주일 만에 해적판을 구해서 볼 수 있을 정도다.

本乃真蹟也尤為奇特翰

秘閣所藏快雪時晴帖墨
事家蓋見之一二焉此
王逸少書不可多得於好

雪霽公云可年前三白過逑雑融日彩弄色溪妻和永
蘭毛譽細銀毫鐵樹每時晴臨鎦辛玉枕蛟如尺
庚午新正雪晴育作鴈玉梨命工梨為養之玩鶯曾緇悌是
帖於上故束句及之再書於卅湖淺

昭雪逮冬寒一朝甚一朝三更
鼓把雲飄兌沃心芽潤深培麥本饒惟朝
盈尺積寧逐百憂消 夜雪一律
癸卯嘉平月下澣濟筆

右軍此帖跋語俱佳紙亦清瑩可玩臁
題識散番喜至興筆墨相和愛不釋手
得意輙書無拘次苐也乾隆偶記

不勝欣幸至延祐五年四月二十一日
翰林學承旨榮祿大夫知制誥兼脩國史臣趙孟頫奉
勅恭跋

CULTURE
THE SPIRIT OF CHINA
文 化
문화 중국의 정신

중국 문명은 세계에서 가장 뛰어나고 오래 지속된 문명 중 하나다. 그리고 중국 문명의 문화, 정신, 예술적 전통은 현대 중국의 주춧돌이 되었다. 당연히 중국인들은 그들의 위대한 유산을 자랑스러워하며 현대화와 세계화의 물결이 그들의 전통 가치와 삶의 방식을 휩쓸어버리지나 않을까 걱정한다. 그러나 수천 년 넘게 지속된 중국 문화의 활기를 생각컨대 이러한 두려움은 근거가 없어 보인다. 중국의 변경지대에는 수십 개에 이르는 민족과 언어의 다양성이 존재하지만 이들을 아우르는 공통 언어와 세계관은 몇 천 년 동안 중국인들을 연결시켜 왔다. 국제 사회에서 중국의 역할이 커지기 시작하면서 중국을 이해하고자 하는 이들에겐 지금의 중국을 있게 한 전통을 아는 것이 중요해졌다. 이 장에서는 중국의 종교적, 철학적 믿음과 실천, 예술과 문학 유산에 초점을 맞춰 환상적이고 독특한 문명을 향한 작은 창문을 열 것이다.

三教

무력을 이용한 왕권 교체, 내전, 외세의 침입, 자연재해, 지리와 언어적으로 만만치 않은 장애물 등에도 불구하고 중국 문화는 수천 년이 넘는 세월 동안 변하지 않고 남아 있다. 이는 '중국인'이 된다는 것이 무엇인지에 대한 명료하고도 믿을 수 없을 만큼 통일된 상을 제공하고 있다. 복잡하면서도 환상적인 이 나라의 문화유산을 이해 하려면 중국인의 삶의 방식의 토대를 이루는 고대의 신앙 체계, 창조 설화, 전통 철학을 돌아봐야 한다.

道 the dao 도

도는 중국인들의 사고의 중심이다. 도는 개인이 인생에서 찾아야 하는 길일 수도 있고 우주적이며, 자연적이고, 사회적인 질서체계의 미래상일 수도 있다. 덕이 부족해서 생긴 무질서는 지진이나 홍수 같은 자연재해를 초래할 수 있다. 지도자와 관리는 조화를 유지할 책임을 맡고 있기 때문에 그들이 덕의 길을 따르지 않으면 천명(하늘이 내린 권한)을 잃을 수도 있었다.

늦어도 기원전 10세기경에 만들어진 중국 시 선집 〈시경〉은 이상적인 고대 세계를 묘사했다. 그 세계에서 사람들은 땅, 농사철과 조화를 이루며 살고 있었으며 그들의 환경을 이해하고 조절하면서 살았다. 고대 사회는 위계적이며 종종 폭력적이었지만, '도'로 형성된 사회적 조화의 이상은 중국인과 그들의 세계 사이의 관계에서 결정적인 부분이 되었다.

전통적으로 가족은 사회 구성의 주요 단위이자 중국 사회 안에서 지속되는 개념이었다. 이상적인 가족은 강력한 가부장제를 모델로 했다. 아버지는 존경하고 복종해야 하는 중심인물이었다(물론 자녀들에게는 어머니 역시 존경의 대상이었다). 아버지는 통치자처럼 조화를 유지해야 하고 도를 따라서 도덕적 선례를 남겨야 하는 의무를 지고 있었다. 이 속에서 가족의 구성원들은 자신의 지위를 잘 알고 있었으며, 언젠가 자신들의 역할이 바뀐다는 것도 이해하고 있었다. 사회의 자연스러운 반복(혹은 도)에 따라 아들이 아버지가 되고 며느리는 시어머니가 되기 때문이다.

盤古 pan gu 반고

중국에도 세계와 인간 창조에 대한 여러 신화가 있지만 가장 대중적인 것은 반고의 이야기이다. 태초의 우주에는 아무것도 없었으며 형태가 없는 혼돈만 있었다. 이 혼돈은 시간이 지나면서 합체되고 형태를 갖추면서 완벽하게 서로 반대인 음과 양이 되었다. 이 음과 양 사이에서 반고라는 거인이 태어났으며 이는 우주의 세 원소 천, 지, 인 중에서 인간을 상징한다.

반고는 도끼로 음(땅)을 양(하늘)에서 분리해내 세계를 창조했고 둘을 갈라놓기 위해 그들 사이에 섰다. 이 과정은 18,000년이 걸렸으며 하늘은 매일 10척씩 높아졌고 땅은 매일 10척씩 두터워졌다. 반고 역시 매일 10척씩 커졌다.

반고에게 죽음이 다가왔을 때 그의 몸은 변화했다. 그의 숨은 바람과 구름이 되었고 목소리는 천둥소리가 되었다. 왼쪽 눈은 태양이 되고 오른쪽 눈은 달이 되었다. 그의 사지와 오장은 동서남북과 다섯 봉우리가 되었다. 또 그의 피와 체액은 물과 강이 되었다. 근육과 핏줄은 지구의 동맥이 되었고 살은 들판이 되었다. 머리칼은 별, 체모는 풀과 나무가 되었다. 이와 뼈는 철과 바위가, 골수는 진주와 옥이 되었다. 땀은 비가 되었다. 바람이 그의 몸에 있던 진드기들을 훑고 지나가자 검은 머리칼을 한 인간이 되었다.

WAYS OF THOUGHT
THE ANCIENT ROOTS OF CHINESE CULTURE 정신세계 중국 문화의 오랜 뿌리

女 nü wa 여와

娲 반고 신화보다 오래된 신화에서 여와 여신은 지구를 가득 채우기 위해 황토로 인간을 빚었다. 그러나 이 일이 오래 걸리자 지친 여신은 밧줄을 진흙에 때려서 진흙 방울들을 만들

여와는 날개 달린 용들과 뿔 없는 초록색 용 한 쌍이 끄는 천둥 마차를 탄다.

었고 이것들을 인간으로 변하게 하였다. 손으로 만든 점토 인간은 귀족과 지도자가 되고 진흙으로 튀겨서 만든 인간은 평민이 되었다. 이 설화의 다른 판본에서는 진흙 인간이 비에 녹아서 질병과 기형이 있는 사람들이 생겼다고 한다. 또한 여와는 화재와 홍수가 맹위를 떨치고 하늘을 떠받치던 기둥이 물의 신 공공에 의해 파괴되었을 때 땅과 하늘을 구해주었다. 여와는 오색 돌을 녹여 하늘을 고쳤다고 하는데 이 이야기는 18세기 소설 〈홍루몽〉에 나오는 내용이다. 여와는 거대한 거북이를 죽여 거북이의 발을 하늘을 받치던 기둥 대신 놓았다. 그러나 기울어진 하늘을 곧게 만들 수 없었기 때문에 오늘날까지도 태양, 달, 별들이 북서쪽으로 기울어져 있으며, 중국의 강들 역시 남동쪽으로만 흘러 바다로 들어간다고 한다. 그리고 검은 용을 죽여서 '지' 지역을 구하고 홍수에 저주를 내려 온 세상에 평화가 깃들었다고 한다. 이 업적 때문에 여와는 사람들로부터 끊임없는 감사를 받는다.

< 여와와 복희
여와와 복희는 인간의 몸통에 용 혹은 뱀의 하체를 갖고 있다.

FU XI 복희

한나라의 설화에서 여와는 덜 중요한 역할로 강등되었는데 이는 여와의 오빠이자 배우자인 복희와 밀접한 관계가 있다. 여와와 복희는 '인류의 부모'로 여겨진다. 복희는 중국 문화의 영웅이자 세계에서 가장 위대하고 중요한 발명품의 창조자라고 한다. 그는 글쓰기, 사냥과 어획용 그물, 음악 등을 창조했다. 복희는 자신의 발명품을 발전시키기 위해 자연 세계를 관찰했다. 거미가 거미줄을 치는 것을 보고 어망을 만들었고, 신화 속 용마(거북이라고도 한다)의 얼룩을 보고 팔괘를 만들었다. 팔괘는 역경에서 점의 기본이기 때문에 복희를 점의 창시자로 부른다. 또한 그는 시간과 거리 계산을 하는 매듭을 만들었고 문자의 형태도 발명했다고 한다.

∧ 자연에 대한 지배
고대 중국인들은 인간과 자연 세계의 관계는 농경지에서 보이는 것처럼 하늘, 땅, 인간의 세 요소에서 나온다고 믿었다.

CULTURE THE SPIRIT OF CHINA

黄帝 the yellow emperor 황제

신화의 황제는 한족의 조상이라고 한다. 전설에 따르면 황제의 어머니는 이상한 번개를 본 뒤 23개월 후에 황제를 낳았다. 그는 중국 문화의 창시자일 뿐더러 나라가 위험에 처했을 때 나라를 구하기 위해 싸운 전사이자 중재자이기도 하다. 그가 통치한 시기는 황금시대로 불리운다.

황제는 그의 라이벌이자 이복형제인 염제를 비롯해서 전쟁의 신인 괴물 치우 등 무서운 적과 싸웠다. 치우와 싸울 때 황제는 비바람의 신과 그의 딸 가뭄의 여신이 도우러 오기 전까지 거의 패배할 뻔했다. 또한 다리가 하나뿐인 괴물 기를 죽여서 그 가죽으로 적들을 교란시키기 위한 북을 만들었다. 적인 네 황제들에게 승리한 후 그는 평화와 조화를 회복시킬 수 있었다.

황제는 중국 백성에게 불, 무기, 배, 농업, 악기, 옷, 궁전, 집을 가져다주고 땅을 분배하여 우물과 경작지를 골고루 나눠주었다. 그는 건강, 병을 다스리는 법에 대해 관심이 많았기 때문에 100살까지 살았다고 하며 중국 의학의 아버지라 불린다. 황제는 죽은 뒤 영생을 얻었으며 도교에서 중요한 신이 되었다.

∧ 의학의 아버지
황제가 우레의 신 뇌공에게 의학서를 하사하고 있다.

> 신농

신농에게서 곡식을 어떻게 재배하는지를 배운 사람들은 더 이상 배를 채우기 위해 동물을 사냥하지 않게 되었다.

尧舜禹 the three demigods 요, 순, 우

요, 순, 우는 유학자들에게 존경받던 고대 중국의 신화적인 세 왕이다.

전설에 따르면 요 왕은 붉은 용의 아들로 태어나 20살부터 119살까지 섭정으로 중국을 다스렸다. 그는 아들에게 왕위를 물려주는 대신 훌륭한 인품을 지닌 순에게 나라를 다스리게 했다. 그래서 부자 상속을 뛰어넘는 장점을 취할 수 있었고 훗날 공자가 말한 이상적인 통치를 이루었다.

EMPEROR SHUN 순

순은 아버지의 잔인함에도 불구하고 아버지를 언제나 존경했다. 순의 아버지는 장님이었고 순을 미워한 이복형제인 상(코가 길었기 때문에 코끼리라고 불리기도 하였다)을 좋아했다. 순의 아버지와 이복형제는 순을 죽이려고 세 번 시도했으나 순은 매번 요의 딸인 두 아내의 마법으로 목숨을 건졌다. 순의 부인들은 그에게 밧줄을 주었는데, 상이 순을 독살하려 할 때마다 밧줄이 새나 용으로 변해 그를 위험에서 구해주었다. 이처럼 무자비한 가족이었지만 순은 53세에 왕이 되었을 때 그들을 용서하고 돌봐주었다. 그는 위대한 황제였고 그의 치세 50년은 중국 역사상 가장 긴 통치기간 중 하나이다. 그가 죽자 두 부인이 너무 많이 울어서 그들의 눈물이 대나무에 얼룩을 남겼다고 한다. 지금도 대나무의 얼룩은 사랑하는 이를 잃은 슬픔의 시적 상징으로 내려온다. 남편의 무덤에서 애도하기 위해 중국 남부로 가던 중 두 자매는 강물에 빠져서 후난 성의 강의 여신이 되었다. 죄책감에 빠진 순의 이복형제 상은 코끼리가 되어 들에서 일을 하였다.

THE GREAT YÜ 우

순은 왕위를 자신의 아홉 아들 중 한 명이 아니라 우에게 물려주었다. 요 시절에 큰 홍수가 일어 온 땅을 덮쳐 백성들이 고생을 했다. 그때 대

자신의 아버지인 곤의 시신으로부터 태어난 우는 황금시대의 마지막 통치자이자, 중국의 가장 오래된 왕조인 하 왕조의 창시자이다.

홍수를 관리하고 측량하는 임무를 맡았던 우의 아버지 곤은 이 실패에 책임을 지고 처형되었고 우가 아버지의 임무를 넘겨받았다. 우에 대한 전설의 대부분은 대홍수를 관리한 영웅적인 역할에 대한 것이다. 그 혼자 대홍수를 관리했다고도 하고 신과 신화적 인물의 도움을 받아 치수를 이뤘다고도 한다. 대홍수가 가라앉은 후 우는 나라를 다시 세우고 업적을 세운 사람들에게 상을 주었다.

우는 전국을 측량하여 아홉 지역으로 나누었다. 9는 남성적 요소인 양과 하늘을 상징하는 숫자이다. 전사이자 황제였던 우는 평화를 이루한 뒤 각 지역을 상징하는 청동 그릇을 주조했다. 이 신비한 청동 그릇 9개를 가지고 있다는 것은 황제의 도덕적 가치를 상징하면서 하늘의 지지를 받고 있다는 뜻이 되었다. 꼬리가 아홉 개 달린 흰 여우가 나온 예언에 따라 우는 여구를 부인으로 선택했다. 흰 여우는 여구의 백성과 관련된 동물이다. 임신 중이던 여구는 우가 곰으로 변하자 두려움 때문에 돌로 변해버렸다. 우가 돌에게 갈라지라고 명령하자 돌에서 아들 계가 태어났다. 계는 천상의 음악을 땅에 전수해주었다고 한다.

神农 agriculture gods 신농

중국 전통에서 가장 중요한 문화 관련 인물은 중국인에게 농경을 가르친 농사의 신, 신농이다. 그는 쟁기를 어떻게 사용하는지 알려주었고 기장을 재배하는 법을 가르쳤다. 그는 독이 있는 식물과 안전한 식물, 어패류를 구분하는 방법도 가르쳐 주었다. 그는 하루에 70가지 독에 괴로워하면서도 모든 식물과 물을 직접 맛보았는데, 그 때문에 사람들은 무엇이 먹고 마시기에 안전한지 알게 되었다. 그는 적갈색 풍차와 함께 그려질 때가 많은데 그가 곡물 고유의 맛과 쓰임새를 밝혀낼 때까지 탈곡을 하기 위해 풍차를 사용했기 때문이었다.

신농처럼 농부의 신인 기장의 신은 그의 어머니가 어떤 신의 거대한 발자국 위를 지나갈 때 잉태되었다고 한다. 새들과 들판의 동물들이 외가에서 버림받은 그를 돌보았다. 〈시경〉에는 그의 신비로운 탄생과 어린 시절, 농경 기술을 백성들에게 알려준 것을 묘사한 노래가 있다. 기장의 신은 일부 초기 문헌에서는 여성으로 묘사되며 주나라의 선조라고 간주되기도 한다.

< 용의 아들

요는 붉은 용의 아들이다. 요의 왕위는 순이 물려받았는데 순은 용의 모습으로 변신할 수 있었다.

后羿 yi the archer 명궁 예

천제 제준과 희화 여신 사이에는 열 명의 자녀들이 있었는데 모두 태양이었다. 이들은 각각 한 날을 맡았기 때문에 한 주일이 열흘 단위로 흘러갔다. 매일 태양은 동쪽 바다에서 목욕을 하고 전설에 나오는 거대한 푸상나무에서 보금자리에 들었다. 그러던 어느 날 매일매일이 똑같은 것에 지겨워 장난기가 발동한 그들은 모두 함께 떠오르기로 결정했다. 그러자 땅에 사는 인간들이 고난을 겪게 되었다. 물과 식물이 마르기 시작했으며 너무 더워서 사람과 동물들이 숨을 쉬기 힘들 정도가 되었다. 말라버린 호수와 숲에는 괴물들이 출몰하기 시작했다.

인간들이 애타게 탄원했음에도 태양들은 무시하고 말을 듣지 않았다. 그러자 그들의 아버지인 제준 신은 세상을 구하기로 마음먹고는 아들들이 하고 있는 일을 그만두도록 설득하기 위해 선홍색 활을 천국의 궁수 예(혹은 존경의 의미로 '후예'로 불린다)에게 주었다. 그래도 태양들은 물러서지 않았고, 예는 태양들이 계속 세상을 괴롭히는 것을 보자 분노에 가득

> 예는 태양들이 본래의 순서대로 떠오르게 하도록 그들을 겁주려 했지만, 그들은 예의 말을 무시하였다. 이에 분노한 예는 그들을 차례차례 활로 쏴 떨어뜨림으로써 그들의 파괴적인 권력을 종식시켰다.

찼다. 그는 활을 잡고 태양 아홉 개를 차례로 맞추어 떨어뜨렸다. 태양은 땅으로 떨어지면서 다리가 셋 달린 새의 모습으로 죽었다. 다른 형제들의 주의를 받은 마지막 태양은 하늘에 남아 있게 되었다. 그리고 하늘에서 땅을 따뜻하게 하고 빛을 비춰주는 등 원래의 의무를 다했다.

예는 태양 때문에 생겨나 땅에서 배회하는 괴물들과 계속해서 싸웠고 멸망할 뻔한 세상을 구한 것에 대해 포상을 받았다. 그러나 제준 신은 예가 아들들이 태양의 원래의 의무를 다하도록 설득하지 않고 죽여 버린 것 때문에 화가 났다. 결국 예는 천국에서 추방되어 부인 항아와 함께 지상으로 내려와 보통 인간처럼 살게 되었다.

항아는 불사의 땅인 천국에서 쫓겨난 것에 매우 불만을 품었고 서왕모에게 불멸의 약을 부탁하라고 남편을 설득했다. 서왕모는 쿤룬 산에 사는 위험한 여신이었다. 예는 아내의 요구를 들어주기 위해 많은 고난을 겪고 결국 영생의 약을 받아 돌아왔다. 그러나 항아는 그 약을 훔쳐 혼자 마시고 달로 떠올라 달의 여신이 되어 토끼와 계수나무가 있는 궁전에서 살았다. 어떤 전설에서는 항아가 벌을 받아 두꺼비로 둔갑했다면서 오늘날에도 달에서 두꺼비 상을 볼 수 있다고 말한다.

THE QUEEN MOTHER OF THE WEST
서왕모

서왕모는 원래 동물의 모습을 하고 새와 야수를 거느리며 사는 거칠고 위험한 여신으로 전해졌다. 그녀는 중국의 서쪽 외딴 산에서 살았고 그를 본 이들은 두려움에 떨었다. 시간이 지나면서 서왕모의 모습은 영생을 주는 자애로운 여왕으로 바뀌었다. 후대의 소설인 〈서유기〉에서 서왕모는 손오공이 3000년 만에 한 번 익는다는 영생의 나무에서 딴 복숭아를 훔치는 대목에서 등장한다(271-2쪽 참조).

명궁 예
예는 세상이 어둠에 완전히 빠지지 않도록 10개의 태양 중 하나를 파괴하지 않고 남겨두었다.

卜 diviners and
筮 shamans
예언자와 무당

상 왕조(기원전 1766-1122년) 때 중국인들은 점을 통해 그들의 신이나 조상들과 대화했다. 그들은 소의 뼈나 거북이의 등껍질로 만든 신탁의 뼈를 이용해 사냥, 전투, 추수, 예식을 치를 상서로운 날, 심지어는 왕의 치통을 유발한 기운에 대해 질문했다. 예언자들은 뚫어놓은 구멍을 따라 태워서 생긴 균열을 해석했다.

주 왕조(기원전 1122-221년) 때는 제사에 쓸 희생제물을 섬세한 글을 새겨 넣은 특수한 청동기에 담아 가져왔다. 그러나 오랜 세월이 지나오는 동안 희생제물의 본래의 성격은 사라져갔다.

자연에 대한 중국인의 친근감 때문에 많은 하급 신들은 바람, 천둥, 호수, 강, 산, 심해 왕국의 용 등 자연 현상이나 자연물과 연관돼 있다. 지금의 후난 성 유역인 고대 초나라 문화에는 산과 물의 정령과 강의 신이 많이 알려져 있다. 무당은 이러한 정령들을 만족시켜주는 존재였다. 무당은 이들을 발견하기 위해 영적 여행을 하고 홍수를 막기 위해 인간을 제물로 바치기도 했다. 무당들은 음악, 춤, 신들림을 위한 식물들 등을 가지고 의식을 거행했다.

중국 시인 굴원(기원전 340-278년)은 무당에 관한 노래를 여러 편 썼는데, 그중 가장 유명한 것은 '이소(근심과 만남)'라는 시이다. 굴원은 사악한 경쟁자의 음모로 초나라 궁정에서 추방된 뒤 중국 남부에서 샤머니즘 예식을 관찰하면서 살았다. 그는 결국 스스로 물에 몸을 던졌는데 중국의 유명한 축제인 단오절은 그의 시신을 찾으려고 한 것에서 시작되었다. 샤머니즘의 흔적은 도가의 시와 대중적인 종교에 아직 남아 있다.

∨ 신들의 풍경
중국인들에게 있어 자연과 가깝게 산다는 것은 자연물과 하급 신들을 연관시킨다는 의미이기도 하다.

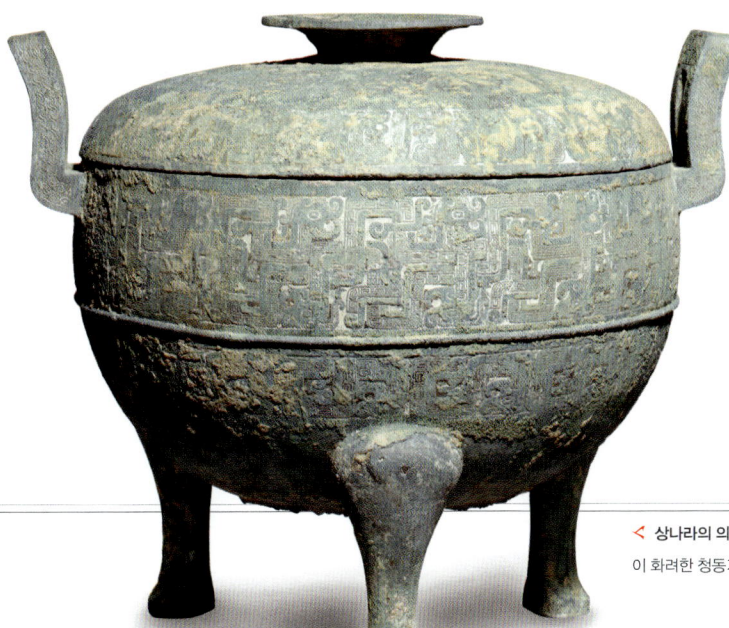

< 상나라의 의식용 청동기
이 화려한 청동기는 의식에서 제물을 바치는 이들의 지위를 나타내준다.

CULTURE THE SPIRIT OF CHINA

> **주작과 용**
> 이 신화의 동물은 음과 양을 상징한다.

气 the concept of qi
기의 개념

기는 중국 문화의 근본이며 모든 사물에 존재한다. 기는 단순하게는 공기, 숨, 증기 등을 의미하며 생명력, 생명을 주는 우주의 숨, 모든 살아 있는 것들에 존재하며 그것들을 움직이게 하는 에너지이다. 기는 늘어나고 줄어드는 규칙적인 순환으로 작동한다고 한다. 그리고 이는 지배 국가의 흥망, 변화무쌍한 자연의 세계, 인간 삶의 주기를 반영한다. 또한 기는 감정이나 도덕적인 행동과 관련된 부정적, 긍정적인 속성으로써 기가 과잉되면 신체적, 정신적으로 사회와 우주에 무질서를 일으킨다. 중국 의학, 명상, 태극권 연마자들은 모두 정신적, 육체적 건강과 체력에 있어서 기의 균형을 유지하는 것이 중요하다고 강조한다. 침술과 지압 등 중국 의학은 기가 혈을 통해서 이동한다는 생각에 기초한다. 기가 불균형하거나 막혀 있으면 건강을 회복하기 위해 기를 풀어주어야 한다.

阴阳 yin and yang
음양

기에서 생성된 음과 양은 서로 보완하며 자연의 패턴이 어떻게 세계, 사회, 신체를 구성하는지 설명한다. 음양은 원래 산의 음지와 양지를 의미하는 단어였다. 이 용어는 서로 반대지만 보완해주는 순환, 즉 여자와 남자, 어둠과 빛, 달과 태양, 축축함과 건조함, 추움과 더움, 감소와 증가, 잠재된 것과 활동적인 것, 귀신의 세계와 인간의 세계, 북과 남 등을 나타낸다. 음과 양은 서로 상반되지만 각자가 존재하기 위해서는 서로를 필요로 하며, 이 둘이 균형을 이루었을 때 완벽한 조화를 이룰 수 있다. 전설에 따르면 하늘은 쌓여 있던 양이 위로 떠오르면서 형성되었고, 땅은 농밀한 음이 아래로 내려앉으면서 생성되었다고 한다. 전통적으로 용은 양을, 주작은 음을 나타낸다. 인간의 몸 역시 음과 양으로 구성되었고 건강을 유지하기 위해서는 이들이 올바른 균형을 이루어야 한다. 음양

∧ **새벽의 태극권**
많은 중국인들이 기의 균형을 찾고 건강한 몸과 마음을 유지하기 위해 태극권을 연마한다.

> **기의 흐름**
> 전통 중국 의학자들은 몸에 기가 흐르는 것이 건강을 위해 필수적이라고 믿었다. 다음은 몸의 경락을 보여주는 그림.

은 상호의존적이고, 각각의 존재가 다른 나머지 하나 속에서 제 모습을 나타내긴 하지만 양의 위계가 음보다 높다.

THE HIERARCHY OF YIN AND YANG
음양의 위계

일반적으로 양이 음보다 더 긍정적인 의미이다. 남성은 여성보다, 주인은 하인보다, 지도자는 신하보다 상위이다. 양 또는 음의 과잉은 모두 신체상 또는 정치상의 무질서를 유발하지

> 우주가 어떻게 생성되었는지에 대한 중국인의 생각은 자연 과학과 자연 세계의 과정(도)이 인간 사회와 국가를 반영한다는 전통적인 믿음에 깊이 관련돼 있다.

만 특히 음의 과잉 즉 여성의 힘이 세거나 여성이 지도자일 경우는 바람직하지 못하다고 여겨진다. 이러한 불균형은 홍수 같은 조짐으로 드러난다. 음양은 음식, 풍수, 건강, 사회적 관계, 관습, 점, 대중 종교 등에서 우주의 섭리로 나타난다.

五行 five phases
오행

세계가 다섯 가지 자연 요소 즉 오행으로 이루어져 있다는 것은 전 세계 전통 철학의 기본 체계이다. 중국 철학에 따르면 오행은 음양처럼 기 안에서 발전한다. 오행이 상호작용하고 바뀌는 방법은 자연 현상이 다양한 지역, 인간 사회, 역사의 순환, 자연 세계 등에 어떻게 영향을 주는지 설명할 수 있도록 해준다.

CYCLES OF THE PHASES
오행의 순환

오행은 나무木, 불火, 금속金, 물水, 흙土이다. 이 요소들은 자연스럽게 순환하며 각 요소는 다른 요소를 따라가면서 극복 또는 '정복'한다. 물은 불을 이기고, 금속은(도끼를 상상해보자) 나무를 이긴다. 또한 각 요소는 다른 요소를 태어나게 한다. 물은 나무를 키우고 나무는 불을 만드는 식이다. 각 행은 각각 방향, 동물, 색과 연결되기도 한다. 예를 들면 나무는 청록색, 불은 빨간색, 흙은 노란색, 금속은 흰색, 물은 검정색이다.

HOW THE PHASES ARE USED
오행을 이용하는 법

오행 이론은 각 요소의 기 에너지 불균형을 바로잡기 위해 사용한다. 전통적으로 오행은 다양한 분야의 사건을 해석하기 위해 사용됐다. 당시 지배계급의 흥망성쇠를 알아볼 때도 활용되었으며, 후대의 역사가들이 오행 중 하나를 고대 왕조에 배정할 때도 활용되었다.

고대의 의사들은 오행 이론을 인체와 자연의 관계를 발견하기 위해 사용했다. 그리고 이 체계는 오늘날 침술 같은 처방에서도 사용된다. 오행은 인간의 몸이 어떻게 작동하는지 묘사할 때 중요한 역할을 담당한다. 그리고 이러한 해석은 불균형을 바로잡거나 질병을 치료하기 위한 의학적 선택에 영향을 준다. 더불어 오행은 중국의 천문학, 풍수, 무술, 음악에도 활용된다.

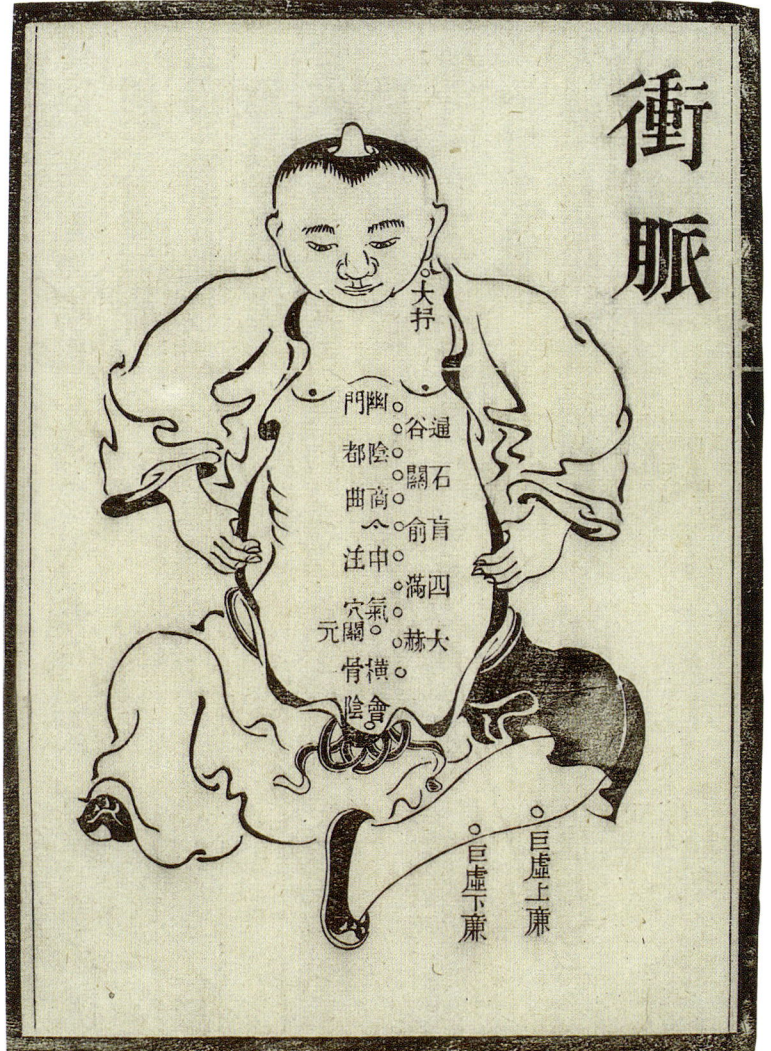

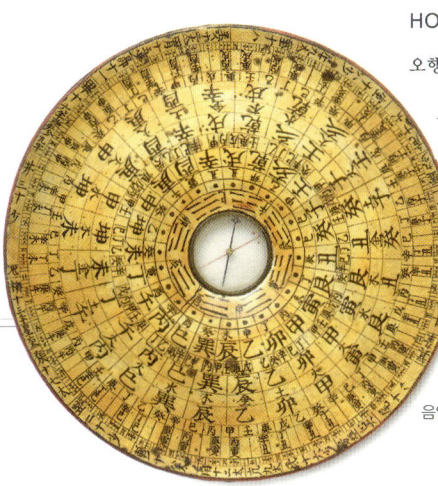

< **풍수판**
고대의 풍수는 집, 가게, 무덤 등의 자리를 잡기에 좋은 위치를 기의 흐름, 음양, 오행의 상호작용으로 결정했다.

서양 종교의 영적이고 신비로운 면모에 비해 중국의 종교는 다양한 도의 개념과 연결되어 도덕적이고 윤리적인 규범들에 기초해 있다. 중국의 주요 철학과 종교의 발전은 제자백가가 나타났던 격동의 춘추전국시대(기원전 771~221년)로 거슬러 간다. 그중 가장 중요한 사상은 유교, 도교, 불교이며 그리스 철학과 비슷한 시기에 출현했다. 유교와 도교는 동전의 양면이라고 여겨졌는데, 유교는 공적 세계를, 도교는 명상과 예술적 창작성을 나타냈다. 중국에서는 철학과 종교가 고도로 발전해나갔지만 그와 함께 민속 신앙과 지역 관습도 여전히 많이 남아 있다.

confucius and confucianism
공자와 유교

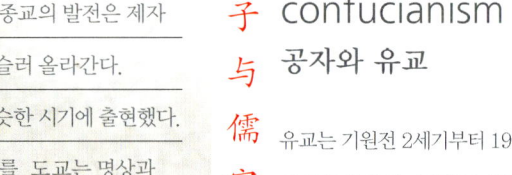

유교는 기원전 2세기부터 1911년경까지 중국 왕조의 이데올로기였고 아직도 동아시아 국가와 사회에서 큰 역할을 담당한다. 권력을 초월하는 도덕적 신념에 대한 믿음, 백성을 변화시키기 위해 교육이 필요하다는 확신, 그리고 과거의 전통을 존경하는 것 등이 공자의 낙관론적인 이상주의 안에서 오늘날까지 보존되었다.

공자(기원전 551~479년)는 몰락한 학자 가문에서 태어났다. 그는 오늘날의 산동 성의 유나라에서 태어났으며 그의 자손들은 아직도 그곳에 살고 있다. 그는 공직에서 일하긴 했지만 고위직에 오른 적은 한 번도 없었다. 그는 무엇보다 뛰어난 교사였으며 그의 사상은 사람들에게 깊게 영감을 주었기 때문에 동아시아에서 2000년 이상 영향력을 발휘했다. 그의 철학은 세상을 보는 시각 중 가장 널리 확산되었으며 동아시아의 국가, 사회, 문화, 교육, 가족, 영적인 삶에 깊은 영향을 주었다.

THE ANALECTS OF CONFUCIUS
공자의 〈논어〉

여러 경로로 구성된 〈논어〉는 유교의 가장 중요한 가치들을 담고 있다. 〈논어〉의 가르침은 공자가 사망하고 나서 한 세대 혹은 두 세대 이후에 공자의 제자들이 기록한 것이다. 공자가 강조한 도덕 중 가장 중요한 것은 인간다움, 선의를 의미하는 '인'일 것이다. 인은 노인을 공경하고 친구를 믿으며 젊은이를 아끼는 것이다.

공자와 그의 추종자들은 진정한 도의 지배자는 자애로워야 하며 무력보다는 도덕적 본보기로 지배해야 한다고 믿었다. 그리고 개인은 선하게 살 의무가 있으며 그러면 모든 사회가 서로 배우고 이익을 얻을 수 있다고 생각했다. 또한 공자는 사람들이 스스로 발전하기 위해 노력해야 하며 이 과정에서 가족과 국가도 이롭게 된다고 믿었다. 사회의 도덕적 리더이자 귀족인 군자는 계속 열심히 공부해야 했으며 도덕적인 삶을 살아 다른 이에게 어떻게 행동해야

> 스승님이 말씀하셨다. "정치를 하되 덕으로써 하는 것은. 비유컨대 북극성이 제자리에 머물러 있어도 나머지 모든 별이 그를 중심으로 고개를 숙이고 도는 것과 같다." — 논어, 공자

하는지 모범이 되어야 했다. 군자가 되고 선을 실천하기 위해서는 먼저 부모를 공경하고 따르는 효심 있는 아들이 되어야 했다(여자는 공자의 철학에 따르면 그리 중요하지 않았다). 효와 자신에게 알맞은 역할, 가족과 사회 안의 지위를 아는 것이 중요하다는 가르침은 질서 잡힌 조화로운 세계로 가는 비결이다. 이와 관련된 개념이 바로 '예'이다. 예는 의식 예절, 올바른 행동을 말한다. 그리고 불화를 막기 위해 예의 바르게 행동하고, 자신의 지위를 솔직하게 받

PHILOSOPHY AND RELIGION
THE HUNDRED SCHOOLS OF THOUGHT 철학과 종교 제자백가

아들이며 윗사람을 진심으로 공경하는 것이다. 사회적 조화와 질서는 공자의 세계관의 핵심이며, 공동의 선을 확실히 하고 도를 소중히 여기는 개인의 이상화된 역할을 나타낸다.

MENCIUS 맹자

맹자(기원전 372-289년)는 공자의 가장 뛰어난 제자였고 유교를 국가 이데올로기로 발전시켰다. 공자는 생전에 지도자들에게 영향을

> 스승님이 말씀하셨다. "유야, 알아야 할 것이 무엇인지 아느냐? 네가 알고 있을 때 안다고 말하고 모를 때 모른다고 말하는 것이다. 이것이 앎이다."
>
> 논어, 공자

주지 못했으나 맹자는 몇몇 지도자들의 존경을 받았고 조언자로서 신임받았다.

맹자는 자애로운 통치를 하는 방법 즉 왕도를 통치자들에게 교육시키는 것을 업으로 삼았다. 그는 백성의 안위를 돌보는 좋은 지도자는 그들의 마음을 얻게 될 것이며, 또한 백성들은 나쁜 왕을 퇴위시킬 수 있는 권한을 갖고 있다고 했다. 당연히 백성이 왕을 퇴위시킬 수 있다는 생각은 권력자들에게 별로 환영받지 못했다. 아울러 맹자는 〈논어〉에 나오는 것보다 인간에 대해 더 심도 있는 개념을 발전시켰다. 그는 인간은 본질적으로 선하지만 기 때문에 생기는 외부 영향으로 타락하기 쉽다고 했다. 맹자의 어머니는 아들의 교육을 위해 나쁜 이웃들이 미치는 부정적인 영향을 걱정하여 세 번이나 이사를 한 것으로 유명하다.

공자와 맹자는 잠재적으로 모든 사람은 그 자체로 완벽하다고 믿는 낙관주의자였다. 더 나아가 인간 사회엔 법과 처벌에 의한 규정 없이도 불화보다는 조화가 존재할 수 있다고 믿었다.

∧ **현인들**
〈논어〉의 한 장면을 그린 19세기 회화.
교육받은 사람을 만나 교양있는 대화를 나누고 싶은 바람을 이야기한다.

CULTURE THE SPIRIT OF CHINA

> ▽ 불사의 상징
> 두루미는 도가에서 불사의 상징이다. 도를 다 깨우친 사람은 두루미 등에 탈 수 있을 정도로 가벼워진다고 한다.

道家 daoism 도가

도가의 철학은 도를 따르는 삶을 주장했다. 도가 사상가들에게 도는 꾸준히 변화하고 현존하는 자연의 길이었다. 도가의 지도자는 홀로 백성 곁을 떠나며 그들을 다스리려 하지 않는 등의 수련의 과정을 거쳐야 했다.

도가는 유교와 비슷한 시기 혹은 조금 일찍 출현해서 중국 사회에 큰 영향을 주었는데, 국가운영보다는 미술, 문학, 명상 등의 분야에 더 영향을 주었다. 중국의 학자나 관리들은 공적 생활에서는 유학자였지만 사적인 삶에서는 도가에 속했다. 이 두 철학은 많은 점이 완전히 반대이고 황제의 후원을 받기 위해 경쟁을 하기도 했으나 역설적으로 유학자가 되면서 동시에 도가가 될 수도 있었다. 중국 문화의 매력적인 면은 다른 종교와 철학이 서로의 특성을 받아들이면서 조화를 이룬다는 점이다. 그럼에도 불구하고 도가와 유가는 기본적으로 다르고 특히 문명과 통치의 측면에선 더 그렇다. 유학자에게 도는 사람들이 지켜야만 하는 행동의 도덕적 규약을 의미한다.

LAOZI AND THE DAODE JING
노자와 도덕경

노자는 도가의 아버지라고 한다. 그에 대해서 알려진 것은 적지만 그에 대한 전설은 많다. 그가 인도에서 불교에 영향을 주었다고 하는 이야기와 공자와 만났다는 것 등이다. 노자가 썼다고 하는 〈도덕경〉은 중국어 문학 중 가장 많이 번역된 책일 것이다. 〈도덕경〉은 은유와 반어법을 풍부하게 사용하여 도에 대해 이야기한다. 도가 사상의 핵심 중 하나는 다음 말에서 보듯 무엇도 쉽게 정의할 수가 없다는 것이다. "도에 대해 말할 수 있다면 그것은 더 이상 도가 아니다."

ZHUANGZI 장자

〈장자〉는 중국 문화의 걸작이자 소설의 초기 모습이기도 하다. 200년이 넘는 기간 동안 여러 작가가 썼다고 전해지며, 책의 일곱 장에는 도가의 스승 장자의 초상화가 실려 있다. 장자는 도에 대한 자신의 생각을 흥미롭고 유머러스하게 표현했다. 그는 일화, 우화, 농담 등을 사용해 기존 질서와 철학(유교)을 조롱하기도 했다. 불간섭주의를 표방하는 도가 철학은 장자의 우화에서 잘 나타난다. 유가의 우화처럼 역

△ 노자
도가의 아버지인 노자에 대해서는 신화적인 인물인지 혹은 기원전 6세기~4세기의 철학자인지를 두고 아직도 의견이 분분하다.

시 장자의 우화도 전하려는 바가 있다. 아래의 이야기에서 수와 후는 좋은 의도를 갖고 있었으나 자연에 도전했고 결국 그들은 친구를 죽게 하고 말았다.

장자가 이 이야기에서 전하고자 하는 메시지는 자연은 끊임없는 흐름이므로 고치거나 인위적으로 변화시키려고 해서는 안 된다는 것이다. 또한 도가는 죽음은 모든 사물의 변화 중 일부라고 생각했다. 앞의 우화는 유교 학자들이 죽음을 높게 여기며 존경하는 의식을 치르는 것을 보고 충격을 주려고 만든 것이기도 하다. 심지어 장자는 그의 부인이 죽었을 때 즐겁게 북을 쳤다고 한다. 누가 이에 대해 묻자 장자는 부인의 죽음을 애도하는 동시에 자연에서의 마지막 변화를 축하하기 위해서였다고 말했다. 모든 것은 계절이 바뀌듯 변하기 마련인 것이다.

노자처럼 장자도 도를 명백하게 명시하지 않았다. 도는 유가가 그렇듯 국가, 가족, 개인에게 명령하는 규칙이 아니었다. 도는 이해하기 어렵지만, 수년에 걸쳐 훈련하고 연습한 기술이나 기교를 통해서는 도를 이해하는 것이 가능하다. 한 번 기술을 터득하면 지식을 얻는 데 사용한 도구를 버릴 수 있다.

> 남쪽 바다의 황제는 수, 북쪽 바다의 황제는 후였고 중간 지역의 황제는 혼돈이었다. 수와 후는 종종 혼돈의 영토에 함께 갔고 혼돈은 그들을 극진히 대접했다. 수와 후는 그의 친절함에 보답하고 싶었다. 그들은 '모든 사람은 몸에 7개의 구멍이 있어서 보고 듣고 먹고 숨쉴 수 있지 않은가. 그러나 혼돈은 구멍이 하나도 없으니 그에게 구멍을 좀 뚫어주세'라고 말했다. 그들은 혼돈에게 매일 하나씩 구멍을 뚫어주었고 혼돈은 7일 후에 죽었다.
>
> 장자의 우화

> 미끼는 고기를 잡기 위해 필요하다. 고기를 잡은 다음엔 미끼를 버릴 것이다. 말은 생각을 얻기 위해서다. 생각을 포착한 다음엔 말에 대해선 잊어라.
>
> 장자의 우화

∧ 자연의 조화
도교에서 산은 하늘과 땅이 만나는 곳이라고 여겨졌다.
삶은 자연 세계와 조화를 이루어야 한다.

CULTURE THE SPIRIT OF CHINA

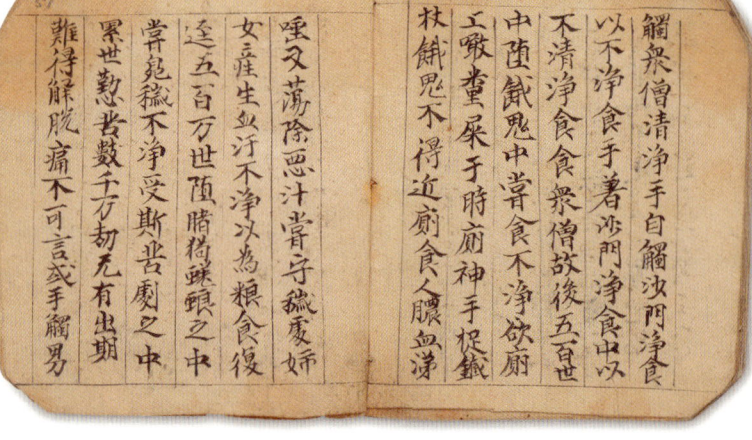

> **고대 불교 경전**
> 천 년 된 이 경전처럼 불교 필사본과 두루마리는 불교 신자들에게 공경의 대상이었다.

佛教 buddhism
불교

불교는 오늘날 중국에서 가장 많은 사람이 믿는 종교이며 유교, 도교와 함께 '3대 종교'로 여겨진다. 불교는 기원후 1, 2세기 경 실크로드를 통해 인도에서 중국으로 유입되었고 빠르게 중국의 사상과 사회에서 확실한 힘을 갖게 되었다. 초기에 학자들은 불교를 영적 수련과 명상을 통해 불멸을 얻는 수단으로 보았다. 나중에 사상가들은 불교의 철학적 개념에 매료되었고 많은 이들이 부처의 연민과 구원의 메시지에서 영적인 위안을 얻었다.

CHINESE BUDDHISM
중국 불교

4세기에 들어 인도로 불교를 공부하러 가는 학승들이 나타나기 시작했다. 이들은 처음으로 중국어로 옮겨진 불경들을 가지고 돌아왔다. 외국에서 공부한 승려들 중 가장 유명한 승려는 구마라집(350-413년)이었는데, 그는 40종 이상의 책을 번역했다. 그가 번역한 〈연경〉은 중국에서 가장 소중히 여기는 불교 경전이 되었다.

초기에 불경의 번역자들은 불교의 개념을 중국인들이 쉽게 받아들일 수 있도록 도교의 어휘를 차용했다. 이 때문에 중국 사회에서 불교가 빨리 수용되었지만 또한 불교가 긴 쇠퇴기에 접어든 인도에서는 찾아볼 수 없는 중국 고유의 불교 유파가 생겨나기도 했다. 이 중 서양에 가장 많이 알려진 것이 선불교인데, 7세기 중국의 불교가 전성기였을 때 출현했다. 그러나 그보다 더 널리 성행했던 불교는 아미타불과 관음보살에 초점을 맞춘 정토불교였다. 관음보살은 원래 남자였으나 시간이 지나면서 자비와 자녀를 위해 기도하는 이들에게 연민을 갖는 여성 부처로 변화했다.

모든 불교 유파의 공통 교리는 고타마 싯다르타(석가모니)의 교리이며 석가모니는 대략 공자와 비슷한 시기였던 기원전 563-483년경에 살았다.

명상, 기도, 선행, 그리고 훈련을 통해 얻어진 깨달음 등을 통해 모든 속박을 잘라낼 수 있다면 남자는(여자는 먼저 남자로 다시 태어나야 한다) 열반에 이를 수 있다. 열반은 모든 집착과 번뇌에서 벗어났다는 것을 의미한다. 중국에 널리 퍼진 대승불교에서 신자들은 죽음 다음에 완전한 사멸이 아니라 구원과 내세에 대한 약속을 받는다. 이러한 특징은 유교의 낙관주의를 유지하면서도 불교가 특히 평민들에게 널리 퍼지는 데 기여했다. 카르마, 즉 '연

> 고타마 붓다는 인생은 고통이라고 말했다. 인간은 끊임없는 생과 환생의 굴레에 갇혀 있으며, 인간을 고통스럽게 만드는 집착과 욕망에서 벗어나야만 그 수레바퀴에서 벗어날 수 있다.

기설'이라는 불교 개념은 전생에서 행한 것에 따라 다시 태어난다는 것인데, 이는 중국 전통 신앙의 '보'와 비슷하다. 좋은 일을 하면 보상받고 나쁜 일을 하면 벌을 받는다는 것이다. 이는 특히 대중적인 종교 관습에서 중국 문화의 중심이 되었다.

> **불상**
> 홍콩에 있는 금불상. 거대한 불상들은 중국의 종교미술에 불교가 준 극적인 영향을 증명한다.

> 관음
깨달음을 얻은 관음은 부처가 되기를 거부하고 인간 세계에 남아 다른 이들의 구원을 위해 애쓴다.

ENCOUNTERING RESISTANCE 저항

불교를 받아들인 사람들 중엔 권력을 잡고 있는 이들이 많았다. 유교는 소멸해가는 자신들의 철학을 다시 살리기 위해 불교의 개념과 용어를 받아들였다. 그러나 엘리트 유학자 중엔 새로운 종교인 불교에 반대하는 사람도 많았다. 불교가 외국에서 유입되었기 때문에 반대한 측면도 있지만 대부분은 불교가 중국인들의 중요한 믿음과 배치되기 때문이었다. 특히 가족 관계의 중요도 같은 것은 민감한 문제였다.

불교의 가르침처럼 금욕을 하면서 세상에 대한 인연을 끊기 위해서는(출가) 아들을 낳아 가문의 대를 잇는 것이 가장 효심 깊은 것이라는 맹자의 가르침을 거슬러야 했다. 승려가 되기 위해 삭발을 하는 것도 효에 어긋난 것이었는데, 이는 부모가 준 신체를 훼손하는 것이기 때문이었다. 그러나 불자들은 부모님의 구원을 위해 기도하는 것도 깊은 효심에서 나온 행동이라고 반박했다. 오늘날에도 공연되는 가장 유명한 불교극 무리안의 이야기에서는 경건한 승려가 탐욕스럽고 이기적이며 은혜를 모르는 그의 어머니를 구하고 어머니의 구원을 얻기 위해 지옥을 다녀온다.

THE BUDDHIST LEGACY
불교의 유산

불교가 중국에 미친 영향은 심오하다. 중국의 문화만큼이나 위대한 외국 문물을 만난 것도 그렇고 불교가 중국인의 삶에 녹아든 것도 그렇다. 불교미술은 특히 조각, 건축, 회화에서 중국 문화와 풍경을 변화시켰다. 전통적으로 신성한 곳으로 여겨지던 중국의 산은 수많은 불교 사원과 수도원, 성지순례의 터전이 되었다. 놀랄 만한 규모의 동굴 사원과 거대한 불상은 오랜 시간 동안 이어져 온 불교 신자들의 재력과 신심을 증명한다. 중국 문화와 언어 역시 불교 승려들이 대량으로 인쇄해 소개한 대중적인 이야기에 깊이 영향받았다. 시간이 흐르면서 불교의 성인, 신, 수호자, 귀신 등이 점차 중국의 만신전에 들어왔다. 그리고 불교의 지옥은 빠르게 중국의 토착 신앙에서 죽은 사람들의 잘못된 행동과 옳은 행실 등을 가리는 저승 세계와 통합됐다. 연민을 중요하게 여기는 불교의 믿음은 박애를 형성했고 이는 요즘도 여전하다.

CULTURE THE SPIRIT OF CHINA

民间宗教 popular religion and folklore
민간 신앙

중국의 민간 신앙은 언제나 유교 사상과 나란히 존재했고 종종 사원을 함께 쓰는 경우도 있었다. 이러한 전통 신앙 체계는 현대에 들어서 미신으로 몰리며 일시적으로 쇠퇴하기도 했다. 그렇지만 지금은 중국과 전 세계의 중국인 사회에서 민간 신앙이 다시 부활하고 있다. 오랫동안 중국의 권력층은 농부들의 반란과 모반을 두려워하여 강력함과 통솔력을 지닌 민간 신앙을 억압해왔다. 반면, 지방 수준의 민간 신앙은 특별하게 규제받지 않았으며 지역 정체성과 공공 질서 유지에 도움이 된다는 이유로 장려되기까지 했다. 지역 사회에서 그 지역과 관련된 특정한 신을 숭배하는 것은 보편적이었고, 공자를 비롯해 덕을 쌓은 인물들의 사원을 짓는 것 역시 보편적이었다. 공자의 사원은 중국 전역에 걸쳐 분포돼 있다.

RELIGIOUS DAOISM 도교

불교가 유입된 시기와 비슷하게 새로운 형태의 도가 사상이 퍼져 나갔다. 이는 종래의 엄격한 철학적 도가 사상과는 달리 불교의 특성들을 받아들였고 도교만의 사원, 전례, 신비로운 의식, 성스러운 산에 사는 선인과 신들의 만신전 등을 발전시켰다. 도교인들은 장수와 불멸의

∧ 부엌의 신
이 그림에는 조군과 그의 부인이 화덕 위에 자리잡고 있다. 새해에 부엌의 신들은 가족의 행실을 옥황상제에게 고한다.

∨ 문의 수호신

이러한 화려한 부적은 전통적으로 집의 대문에 붙인다. 나쁜 귀신이나 파괴적인 힘이 들어오는 것을 막기 위해서다.

비밀을 찾았다. 이를 위해 국화 꽃잎 같은 식물, 진사(수은) 같은 독성 물질을 섭취하고 연금술, 명상을 실험하며 신체의 양의 기운을 늘리는 성적 행위 등을 동원했다. 많은 이들이 사람들을 피해 꼭대기가 구름으로 덮인 산에 올라가 살며 은둔자가 되었다. 불멸을 얻은 사람들은 두루미 등 위에 올라타 날아오를 수 있을 정도로 가벼워졌다고 한다. 도교는 불교와 중국의 국교 자리를 놓고 경쟁을 벌였으나 시간이 지나면서

> 많은 유교 학자 및 관리들은 지역의 예식과 축제 등에 공식적으로 참여하지만, 그들의 사적 생활에선 불교와 도교의 예법들을 따르기도 하였다.

두 종교는 서로의 특성을 받아들였다. 승려와 비구니, 도인들은 주요 축제나 결혼식, 장례식 같은 가정 의례에 함께 나타났으며 더 이상 반목하지 않았다. 그리고 유교 학자들은 이들을 일상의 한 부분으로 받아들였다.

OTHER GODS AND DEITIES
다른 신들과 여신

중국 전역에는 각 도시마다 자신들의 신이 있는데 이들은 땅 위의 사법 체계와 대비되면서 지하 세계의 정의를 지키는 역할로 공경받는다. 이러한 신들은 지역의 죽은 사람들이 받을 상과 처벌을 가린다. 이 신들의 영토를 분명히 하고 주민들에게 그의 중요성을 알리기 위해 여러 마을에서 신상을 앞세운 행진이 거행된다. 도시의 사원은 열 가지 지옥을 그린 무시무시한 그림으로 장식되며 튀어나온 이와 눈을 한 흉포한 문지기가 잘못을 저지른 사람들을 벌주기 위해 위압적인 모습을 드러내고 있다.

귀신과 악마를 잡는 종규 역시 인기 있는 신이다. 그는 불구인 자신의 모습을 비관해 학자라는 신분을 버리고 자살을 해서 귀신의 왕이 되었다. 그는 마귀를 없애기 위해 세상으로 돌아왔고 그의 모습은 집이나 사무실을 지켜주는 정령으로 문에 그려져 있다. 만약 종규가 없을 때 귀신을 만나면 침을 뱉어 귀신을 막을 수 있다고 한다.

관우의 사원 역시 중국에서 많이 볼 수 있다. 그는 전쟁의 신이자 〈삼국지〉의 영웅이다. 그는 상인들의 수호신 역할을 하며, 특이하게도 그의 고결함과 정의를 기리는 비밀결사에게 추앙받는다. 도교의 개성 강한 여덟 불사신 역시 중국 전역의 사당과 민속에서 찾아볼 수 있을 만큼 인기가 많다. 관음과 연관되기도 하는 마조라는 강력한 여신 역시 중국 여러 지역에서 숭배된다. 또한 중국에는 각 지역별로, 민족별로 그들만의 신과 사당을 갖고 있는 경우가 많다. 더 작게는 가정집마다 조상의 사당과 영정이 있으며, 부족 회관에서 세상을 뜬 조상을 기리는 행사가 열리기도 한다. 부엌의 신에게는 가족들의 부, 건강, 다산을 지켜달라고 제사를 드린다. 이 세 가지 덕목은 민간 신앙에서 매우 중요하다.

> 관음의 사원

중국에서는 봉헌의 의미로 향을 태우는 것을 흔히 볼 수 있다. 이 사원은 관음보살에게 바쳐진 사원이다.

CULTURE THE SPIRIT OF CHINA

▼ 상징적인 예술
이 그림은 봄꽃과 향 등 봄과 부를 의미하는 것으로 가득 차 있다.
이 그림은 설날에 사용되었을 것이다.

符号 symbols, signs, and fortune
상징, 기호, 행운

상징과 기호는 전통적인 중국 신앙 체계에서 중요하다. 중국어의 많은 단어들이 의미와 글자는 다르지만 발음이 같은 동음이의어다. 중국어의 이러한 성격 때문에 동음이의어를 쓴 유희와 재담이 많아졌고 이는 시각적으로도 많이 표현되었다. 따라서 풍부하고 매력적인 상징과 기호 체계가 발달했다. 이런 글자들은 보통 부와 장수, 다산을 의미하는데, 도자기, 보석, 옷감, 종이나 나무에 그린 삽화, 심지어는 음식에서도 찾아볼 수 있다.

박쥐와 물고기를 의미하는 중국어는 '부'와 '풍부함'을 의미하는 단어와 발음이 같기 때문에 상서로운 그림에 많이 등장한다. 또한 씨앗을 의미하는 단어는 아들을 의미하는 단어와 발음이 같아서 많이 사용됐다. 그런 식으로 청동 그릇과 꽃병은 부와 번영을 의미한다. 청동이라는 단어 자체가 '금과 비슷한'이라는 의미이기 때문에 부를 암시하며, 꽃병은 평화와 동음이의어이다.

숫자 역시 여러 문화적 암시를 지닌다. 보통 행운은 쌍을 이루어 온다고 생각하기 때문에 짝수가 상서롭다고 한다. 예를 들어 숫자 8은 불교와 도교 도상학에서 모두 행운의 숫자이며, 심지어 유교의 고전 〈역경〉에 나오는 팔괘와도 연관되어 사랑받는 숫자가 되었다. 8은 중국 전역에서 도박가들부터 주택 소유자에 이르기까지 모든 사람이 행운의 숫자라고 생각한다. 반대로 숫자 4는 죽음이라는 단어와 소리가 같기 때문에 피한다. 어떤 숫자나 숫자의 조합이 상서로운지 따지는 수비학은 중국 문화의 여러 면을 보여주는데, 특히 점성술, 예언과 관련해서 더욱 진가를 발휘한다.

ASTROLOGY AND HOROSCOPES
점성술과 12궁도

중국의 12궁도는 온전히 달력에 기초한다. 중

> 장식적인 상징주의와 화려한 도상의 풍부함은 중국의 시각문화를 한층 풍요롭게 한다.
> 이들은 장난스럽고 생기 있으며, 어려운 시기에 사람들을 보호해주고 행운을 가져다준다.

국 전통 점성술은 서양의 점성술과 다른 방법으로 별을 읽는다. 12궁도는 결혼, 사업 등 인생의 중요한 사건들을 결정하는 데 중요한 역할을 한다. 중국 12궁도의 동물은 쥐, 소, 호랑이, 토끼, 용, 뱀, 말, 양, 원숭이, 닭, 개, 돼지이다. 열두 동물은 각각의 색을 가지고 있고 하루와 한 해의 흐름에도 맞춰지며 이는 개인의 운명과 성격을 결정한다고 한다. 전통에 따르면 호랑이 해에 태어난 여자는 좋은 아내가 될 수 없다고 한다. 〈수호지〉의 악명 높은 여인 반금련이 바로 호랑이띠이다. 특히나 그녀는 백호랑이 해에 태어났기 때문에 운이 더 안 좋은데 흰색과 죽음이 관련 있기 때문이다.

역서와 달력은 수많은 일상생활의 사건을 결정하도록 도와준다. 농경용 역서는 씨를 뿌리고 추수하기에 가장 좋은 날을 계획하는 데 쓰였다. 점쟁이들은 장례를 치르기 위해 가장 좋은 때와 장소를 유족들에게 알려준다. 죽은 이들이 원한에 찬 귀신으로 나타나 돌아오거나 후손에게 불운이 가져다주는 등의 액운을 막기 위해서 장례식은 가장 좋은 방법으로 치러야 했다.

FENG SHUI 풍수

단어의 뜻 그대로는 '바람과 물'을 뜻하는 풍수는 중국식 흙점의 하나로써 점이나 수비학을 기초로 건물이나 무덤을 가장 좋은 자리에 두기 위한 기술이다. 이 관습은 중국 문화의 중요한 부분이며 특히 남부에서 더 그러하다. 남부 지방은 다른 지방보다 풍수를 덜 미신적이라고 생각한다.

본질적으로 풍수는 천, 지, 인의 조화를 이루려는 전통적인 탐구이다. 풍수 연구가는 건물의 전체적인 설계와 위치를 결정하기 위해 공간 안에서 기의 흐름을 쫓는다. 문의 위치, 창문, 건물에 마루가 몇 개 있어야 하는지도 풍수에 따른다. 홍콩의 극적으로 높게 솟은 스카이라인은 풍수를 믿고 따른 결과이다. 탑 같은 옛날 건물 역시 기의 흐름을 극대화하고 음과 양의 기운을 조화시킴으로써 거주자의 안녕을 도모했다(240쪽 참조). 중국인의 조상 공경에 따라 이러한 풍수 측정은 살아 있는 사람만큼이나 죽은 이를 이롭게 하기 위해 이루어졌다.

< **점괘 막대기**
조각이 새겨지고 그림이 그려진 막대기는 미래를 예언하기 위해 사용됐다. 점쟁이는 막대기를 바닥에 던져서 막대기들의 패턴을 보고 점괘를 읽었다.

△ **만불사의 팔각탑**
중국인들은 팔각탑이 주변 지역에 행운을 가져다준다고 믿는다. 숫자 8은 특히 상서로운 숫자이다.

< **점성술 기호**
종이에 그려진 열두 동물. 중앙에는 팔괘가 있으며 그 주변으로 12궁도의 상징물들이 있다.

251

중국 전통 문화의 필수 부분인 서예, 회화, 시는 삼절이라 하여 동양에서 두루 고귀한 예술 형식으로 간주되었다. 북송(960-1126년)의 마지막 황제인 휘종은 화가이자 시인, 서예가였으며 그의 지도 아래 글쓰기가 서예로 발전했다. 이때부터 서, 화, 시를 한 작품에 함께 그리고 쓰는 경우가 많아졌다. 삼절을 통해 중국 전통 예술이 갖고 있는 우아함과 아름다움을 보는 식견을 갖게 될 것이다.

中文 the written word
한자

전설에 따르면 눈이 네 개, 눈동자가 여덟 개인 현자 창힐이 자연을 관찰한 후 한자를 만들었다고 한다. 황제의 공식 역사가였던 그는 문자를 만드는 임무를 맡았다. 창힐은 겹눈으로 하늘에 새의 움직임을, 땅엔 동물의 자취를 표시했다. 그리고 이를 글자로 바꾸었다. 이런 신화가 있지만 한자의 기원은 오랫동안 잊혀졌었다.

A LITERARY ELITE 사대부

한자는 상 왕조(기원전 1766-1122년) 때 이미 체계가 잡혔으며 시간이 흘러 오늘날의 간자체까지 변하기에 이르렀다. 각 글자는 단일 음절이며 대부분은 상형—음성 문자이다. 즉 글자의 일부는 상형문자에서, 일부는 소리에서 유래한다. 중국어의 단어 대부분은 한 음절 이상이며 적기 위해서는 두 자 또는 그 이상의 글자가 필요하다. 표음문자가 아니라는 점 때문에 중국어는 읽고 쓰기가 매우 어렵다. 그리고 이 점 때문에 역사적으로 소수의 엘리트인 사대부나 신사 계급만이 글을 읽거나 쓸 수 있었고, 이들의 권력과 지위는 글을 읽고 쓰는 능력과 밀접한 관계가 있었다. 당 왕조 때부터 실시된 과거 제도는 유학의 고전에 대한 지식과 작문 능력에 따라 재능 있는 학자를 등용하던 방법이었다.

한자는 기원전 2세기 진나라 때부터 중국 전역에서 사용됐으며 학문과 교육 체계의 기초를 형성한 고전문은 다양한 사람들을 잇는 연결 고리가 되었다.

BRINGING THE COUNTRY TOGETHER
한자를 통해 소통하기

11세기에 인쇄기술이 발명되고 인쇄된 책을 싸게 구할 수 있게 되자 구어체가 통용되면서 많은 사람들이 읽고 쓸 줄 알게 되었다. 종이에 인쇄된 책은 손상되기 쉬운 비단 두루마리나 다루기 어려운 대나무 두루마리보다 훨씬 싸고 편리했다. 대나무 두루마리는 무거워서 이동하려면

> 한자는 오랫동안 변하지 않았으므로 교육받은 사람들은 언제나 읽고 써서 서로 소통할 수 있었다.

수레가 필요할 정도였다.

중국은 거대한 나라라서 방언을 서로 이해하지 못하는 경우가 많은데(오늘날까지도), 같은 문자인 한자를 사용했기 때문에 전국에서 사람들이 서로 소통할 수 있었다.

THE WAY OF THE BRUSH
CALLIGRAPHY, PAINTING, AND POETRY 붓의 길 서, 화, 시

> 초서
> 당나라의 초서. 이 작품은 초서체로 유명했던 승려 회소(725-85년)의 작품으로 전해진다.

书 calligraphy
法 서예

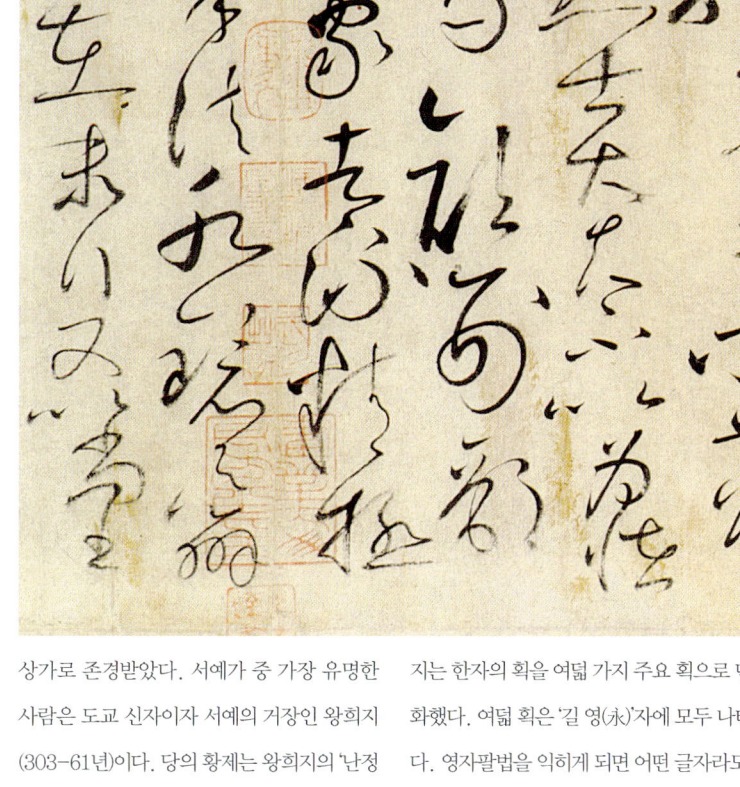

중국 문화에서 글씨 쓰는 것을 얼마나 높이 평가하는지는 서예에 대한 존중을 보면 명백히 알 수 있다. 천년 이상 된 예술인 서예에는 글씨를 멋들어지게 쓰는 것 이상이 있다. 서예가는 몸, 마음, 붓을 통일하여 글씨를 쓴다. 그리고 한 획 한 획 쓰면서 자신의 내적 완전함과 자연과의 조화를 표현한다. 중국 서예의 역사와 발전은 복잡하다. 그러나 다양한 상징과 글자가 오랜 시간을 거쳐 발달했기 때문에 한자와 중국 문화 발전은 떼어 놓을 수 없는 관계다. 한자를 현대화하려는 시도, 심지어 로마자로 적으려는 시도는 한 번도 온전히 성공한 적이 없다. 왜냐하면 한자는 단순한 글자가 아니라 중국의 역사, 예술, 문화를 대변하기 때문이다.

초기 한자는 신석기 시대의 항아리와 상 왕조의 청동기에서 발견된다. 그러나 현재의 한자와 유사한 체계로 발달한 것은 상 왕조의 점술용 뼈에 새겨진 글씨부터이다. 서예에서 쓰는 글은 주로 시나 불교, 도교 경전이었으며 글씨를 쓰는 사람은 붓으로 경전의 정수를 이상적으로 형상화했다. 붓글씨 연습은 내적 조화를 이루기 위한 전통적인 방법으로, 마음을 정화하고 올바른 자세를 유지하며 부드럽고 깊게 호흡하면서 글씨를 썼다. 서예 도구는 글씨를 쓰면서 정신의 상태를 창조하는 성스러운 도구였다.

상가로 존경받았다. 서예가 중 가장 유명한 사람은 도교 신자이자 서예의 거장인 왕희지(303-61년)이다. 당의 황제는 왕희지의 '난정서'를 너무 갖고 싶어한 나머지 이를 갖고 있는 승려를 속여서 손에 넣은 다음, 조심스럽게 복사본을 만들어 돌에 새긴 뒤 죽을 때는 원본을 무덤에 함께 묻어달라고 했다고 한다. 왕희지는 한자의 획을 여덟 가지 주요 획으로 단순화했다. 여덟 획은 '길 영(永)'자에 모두 나타난다. 영자팔법을 익히게 되면 어떤 글자라도 잘 쓸 수 있다. 영자팔법은 다음과 같다. 기운 점 측, 가로 획 늑, 세로 획 노, 갈고리 적, 위로 올라가는 가로 획 책, 삐침 약, 오른쪽에서 왼쪽으로 삐치게 쓰는 탁, 파임 책.

THE MASTER CALLIGRAPHERS
위대한 서예가

전통적으로 서예의 거장은 단순히 예술가로서가 아니라 위대한 사

당 왕조는 서예의 황금기였다. 오늘날 알려진 해서, 행서, 초서의 서체가 당대에 완성되었다.

붓과 먹

> ∧ 영자팔법
> 모든 한자는 여덟 가지 기본 획으로 쓸 수 있다. '길 영(永)'자는 이 여덟 가지 획을 모두 가지고 있다.

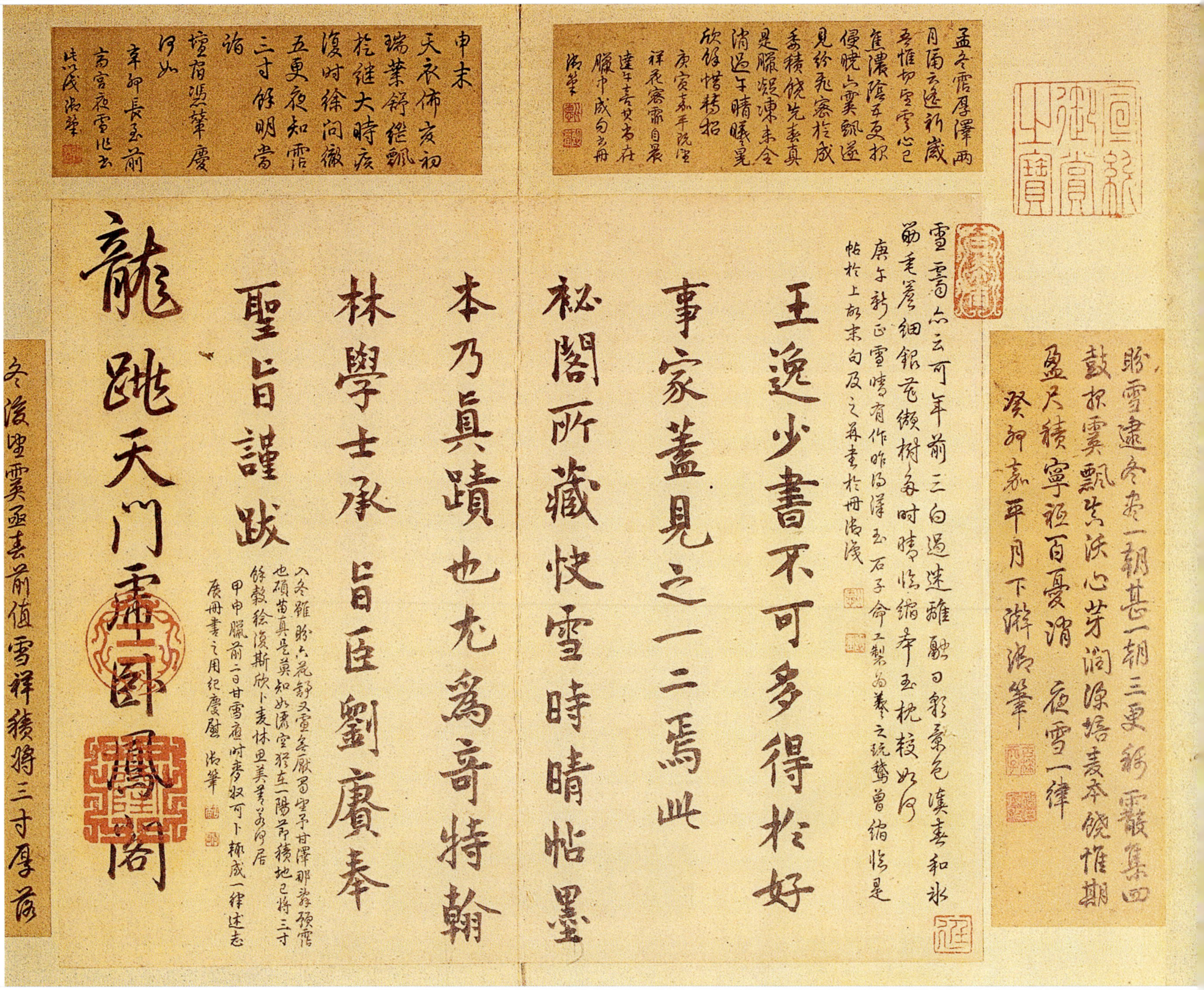

CULTURE THE SPIRIT OF CHINA

孟冬雲厚澤兩月屆雲逵新歲吾惟切望雪心已筐濃陰子更抖僾曉山寒飄遙見於兔寨於成香積饒先表真是朧凝凍曦未今消過午晴曦晃欣餘惜精招朧中成句云冊庚寅嘉平院淺祥花寨霽自展
御筆

申末天永佈亥初瑞葉舒繼飄於維大時辰復時徐問徹五更夜知雪三寸餘明當詣壇宵憑葦慶歸此辛卯長至前高宮夜雪比玉共戊御筆

雪書六玄可年前三白過速雜蹄毛蒼細銀毫頷每時晴臨縮奉玉枕較此月筋毛蒼新正雪晴有作咋甫澤子石子侖工製亦奉文玩曾縮臨是帖於上郡末句及之再書於冊御淺

宣統御覽之寶

昭雪遠冬夾一朝甚一朝三更總雪霰集四鼓打雲飄告沃心芽潤源培麥本饒惟期盈尺積寧頗百憂消夜雪一律癸卯嘉平月下澣御筆

王逸少書不可多得於好事家蓋見之一二焉此秘閣所藏快雪時晴帖墨本乃真蹟也尤為奇特翰林學士承旨臣劉廣奉聖旨謹跋

龍跳天門虎臥鳳閣

冬後雪雲霽亞雲前值雪祥積將三寸厚層

八冬雜昭六花舒又宣冬歲蜀雲字甘澤那蘇頗蒼也碩當真吳莫知此濟雲犴左一陽前積地已將三寸餘穀繪復斯欣卜麥林里美勇弟句居甲申臘前二日甘雪夜時麥奴可下栜成一律述志辰冊書之用紀慶屬御筆

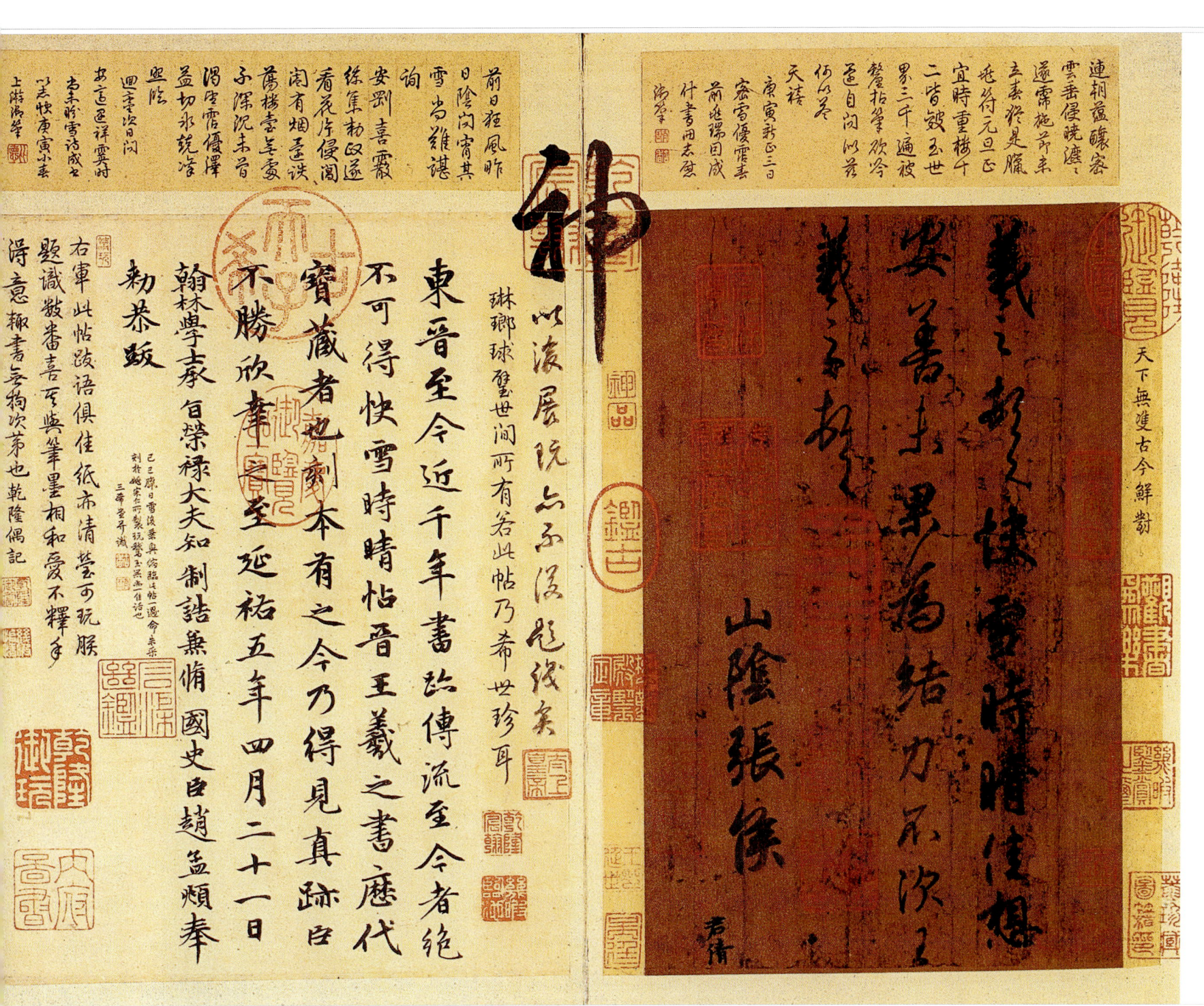

▲ 서성 왕희지의 작품
그의 글씨는 오늘날까지 중국 서예에 영향을 주었다.

绘 painting
画 회화

근본을 이루는 철학, 재료, 기법 면에서 서예와 회화는 서로 연결돼 있다. 벽화와 인물화는 중국 문화에서 오랫동안 존경받는 전통이었고 산수화는 가장 높게 평가받는 미술이었다. 화가의 내면 세계를 투영해 자연 세계를 형상화한다고 생각했기 때문이었다.

비단이나 종이 위에 붓, 먹과 물감으로 그려진 산수화는 세로로 긴 족자나 가로로 긴 두루마리에 그렸다. 중국 산수화는 세련됨과 아름다움의 세계를 향한 화가의 열망을 표현했다.

또한 산수화를 작게 그려 산수화첩을 만들거나 새, 꽃, 대나무를 부채 모양 종이에 그리는 것도 대중적으로 널리 유행하였다.

SONG LANDSCAPES
송의 산수화

송나라의 산수화는 중국미술의 절정이다. 산수화 안에 표현된 자연의 섭리는 유교적 이상국가의 질서를 은유적으로 나타낸 것이었다. 그 예로 도교 화가 범관(990년경–1020년)이 거대한 산을 그린 '계산행려도'를 들 수 있다. 2미터가 넘는 높이의 거대한 화폭 안에 나무가 있는

> **예술의 절정**
> 범관은 거대한 자연에 비해 관람자가 작게 느껴지도록 규모가 큰 그림을 그렸다.

> **예찬**
> 14세기의 화가 예찬은 시문을 함께 쓴 간결한 수묵화 전통을 꽃피웠다.

둥근 봉우리가 하늘을 가로막고 있으며 폭포가 급류를 이루며 떨어져 수직 구도를 강조한다. 수직 구도는 화폭 중간의 안개 혹은 구름 덩어리로 절단되었다. 산의 은둔자나 신선이 살 것 같은 신비로운 빈 공간은 근경의 저지대와 원경의 산을 연결한다. 산 밑에는 바위, 나무, 나그네, 작은 절이 보인다. 인간의 존재는 자연의 거대함 때문에 작아져 보인다.

BRUSH AND INK PAINTINGS
붓과 먹으로 그린 회화

범관의 작품 같은 풍성하고 섬세한 송대의 산수화와 원대의 산수화는 뚜렷한 대조를 이룬다. 원대의 산수화는 먹으로만 그린 성글고 마른 듯한 단색조이기 때문이다. 특히 예찬은 특이하면서도 나무랄 데 없는 산수화를 그렸다. 예찬은 화가의 성격을 나타내는 바위, 물, 나무나 대나무 등 기본적인 소재만으로 형태에 구애받지 않는 그림을 그렸다.

중국의 산수화는 풍경을 재현하는 것에서 그치지 않는다. 붓과 먹을 사용하는 방법을 통해 화가의 덕이나 자질을 표현하고 우주의 모습을 형상화하며 정치적 사건을 미묘하고 간접적으로 비판하기도 한다.

> 중국의 풍경화는 산과 물이라는 뜻으로 산수화라고 한다. 산과 물은 중국 산수화의 주된 소재이다.

TRADITIONAL SCROLLS
전통 족자와 두루마리

송 말기의 화가 장택단은 수도 카이펑에서의 삶을 가로로 긴 두루마리 종이 위에 매우 세밀하게 그렸다. 이 그림에는 성벽 안 강가의 삶이 다채롭게 그려졌다. 식당, 가게, 사무실, 배, 거리와 다리에 섞여 있는 수많은 사람들, 하급 관리, 배우, 광대, 병사, 뱃사공 등이 그림에 묘사되어 있다(258-59쪽). 이 작품에는 900년 전 도시의 북적북적한 삶과 사람들이 생생하게 표현되었다.

INSCRIPTIONS AND SEALS
낙관

전통적으로 중국 화가들은 그림만 그리지는 않는다. 그림의 소유자들도 마찬가지였다. 그림을 그린 날짜와 그리게 된 맥락을 간략하게 설명하여 적는 것이 관습이었다. 그림을 그리도록 영감을 준 시 또는 그림으로부터 영감을 받은 시 등을 덧붙이기도 한다. 그림의 소유자는 자신의 낙관을 찍고 서명을 하기도 했다. 따라서 그림과 글은 매우 가깝게 얽혀 있으며 예술작품에 새로운 의미를 덧씌운다.

CHINESE FIGURE PAINTING
인물화

산수화가 언제나 가장 높은 수준의 예술로 간주되지만 생생하고 아름다운 인물화나 동물 그림 역시 길고 훌륭한 역사를 갖고 있다. 서구의 사실주의와 원근법이 중국 회화에 영향을 준 것은 매우 늦다. 그러나 진시황릉의 실물 같은 테라코타 병사들(84-85쪽)과 북중국의 그리스 영향을 받은 불상 등을 보면 고대 중국 예술가들이 사실주의에 낯설지 않았고, 많든 적든 사실주의를 작품에 적용했다는 것을 알 수 있다. 중국 미술의 발전은 서양의 화가들이 매료됐던 양감, 그림자, 빛보다는 붓이 긋는 선을 통해 이루어졌다.

중국 화가들은 사실적인 그림은 거의 그리지 않았고 오래 전 무덤이나 사찰의 벽화, 기와 등에도 상당히 양식화된 그림이 나타난다. 대신 중국의 회화에는 맹렬한 필치, 쓱 채색한 엷은 물감으로 만들어낸 운동감이 가득하다.

> **화훼화**
> 18세기 화가 이선이 그린 버드나무와 복사꽃.

CULTURE THE SPIRIT OF CHINA

도시의 삶

> **장택단의 작품**
> 12세기 화가 장택단의 작품으로 길이는 528센티미터이며 베이징의 고궁박물원에 소장돼 있다.

> **도시의 삶**
> 두루마리에 그려진 중국의 그림은 오른쪽에서 왼쪽으로 보며 두루마리 끝에는 그림 소유자의 낙관이 찍혀 있다.

강기슭

> 강기슭
> 장택단의 그림은 송나라의 의복,
> 건축 등을 희미하게나마 보여주며 중국
> 사회의 다양한 계급의 여러 삶을 드러낸다.

CULTURE THE SPIRIT OF CHINA

> **팔대산인**
> 20세기의 회화는 청 초기의 화가이자 서예가인 팔대산인에 대한 헌사였다. 그는 수묵화의 대표적 인물이었다.

불교 미술은 실크로드를 통해 인도에서 수입되었고 중국 회화의 도상, 색채, 양식에 큰 영향을 주었다. 이러한 영향은 중국의 초상화법에도 미쳐서 이후 중국 초상화는 개별적인 요소의 재현보다는 일반적인 형식으로의 재현을 강조하게 되었다.

불교, 도교, 민속 예술 때문에 신, 악마, 수문장 등의 매우 양식화된 이미지가 풍성해졌지만, 그럼에도 불구하고 승려, 학자, 철학자 등의 초상화에서는 개별적인 특징이 강조된 화풍이 모습을 드러내기도 했다. 이런 경향은 새나 동물들을 놀라울 정도로 세밀하게 묘사한 그림들에서도 발견할 수 있다.

아낙들의 규방을 그린 그림이나 말을 타고 있거나 놀이를 하고 있는 등 다양한 활동을 하는 어린이와 하인의 모습을 그린 그림도 많다. 송대 이후로는 보통 사람들, 병사, 배우, 상인 등을 자세히 그린 그림들도 많다. 명대에는 목판 인쇄가 저렴해져서 소설이나 희곡의 주인공을 섬세하게 묘사한 판화들이 나타났다.

청대에는 선교사들의 영향으로 서양의 원근법을 사용한 초상화가 발전했는데 특히 만주족인 청나라 황제들의 초상화가 유명하다. 이 중 가장 강렬한 예는 건륭제를 그린 그림일 것이다. 종교 지도자의 옷이나 민속적인 옷을 입은 채 극적으로 과장된 포즈를 취하면서도 자아를 의식하는 모습으로 그려진 옹정제의 초상화 역시 그렇다. 청 말기에 매우 개인적이고 극적인 자화상을 그린 임백년은 초상화에서 중국과 서양 미학의 혼합을 보여준다. 그의 강렬한 필치는 작품 소재의 입체적 특징을 증대시킨다.

> **옹정제**
> 다양한 옷을 입은 옹정제 초상화는 서양의 영향을 받은 청나라의 대중적인 회화 양식을 잘 보여준다.

诗 poetry
歌 시가

고전이나 종교 경전을 제외하고 중국 문화에서 가장 높이 평가받는 문학 형식은 시다. 시는 시인의 내면과 도덕적 특성을 형상화할 뿐만 아니라 감정적, 철학적, 지적 표현을 위한 최고의 방법으로 여겨져 왔다. 시인들은 자신을 알아봐 주는, 생각이 비슷한 독자들을 위해 시를 썼으며, 당장의 인정만이 아니라 후대에도 그들의 열망과 자질이 제대로 인식되길 원했다.

중국 시의 고대 원류는 두 가지라고 할 수 있다. 하나는 현실적이며 사실적인 민요와 찬가들이 담긴 유교 경전 〈시경〉이고, 다른 하나는 환상적인 풍경과 영적 여행으로 가득한 〈초사〉이다. 〈초사〉는 샤머니즘적 시를 주로 썼던 시인 굴원(기원전 340년경–278년)의 작품을 모은 것으로 전해온다.

성조가 있고 동음이의어가 많은 중국어의 특성은 시에 깊은 영향을 미쳤다. 고전시의 몇몇 갈래들은 복잡한 운율과 음조를 강조하여 시 짓는 것을 어렵게 느껴지도록 했다. 시는 조용히 읽는 것이 아니라 소리 높여 읊도록 지어졌고, 어린아이들은 의미를 다 이해하지 못하더라도 많은 시를 암송해야 했다. 시는 중국인들의 삶에 있어 언제나 중요한 위치를 차지해왔으며, 교육받은 엘리트들에게는 특히 더 그러하였다. 그들은 술자리에서부터 친구를 보내는 송별회까지 모든 종류의 모임에서 즉석으로 시를 지을 수 있어야 했다. 또한 개인의 성품이 시에 나타난다고 여겼기 때문에 과거 시험의 과목으로 시 짓기가 채택되는 경우도 있었다. 대부분의 시인이 남성이었지만 명성을 얻은 여류 시인들도 있었다. 수 세기 동안 엄청난 양의 시들이 지어졌지만 대부분은 잊혀졌다. 그러나 몇몇 특출한 시인들의 작품은 세월의 부침을 거쳐 여전히 사랑을 받고 있다.

TAO YUANMING 도연명

육조 시대(220–618년)의 많은 시인들 가운데 도연명(365–427년)은 가장 사랑받는 시인 중 하나이다. 도연명의 시는 주제와 시상에 있어 매우 도교적이었지만 그는 또한 이상주의적인 유교학자였으며, 이제는 잃어버린 좀더 단순하고 좋았던 시절에 대한 향수를 지니고 있었다. 그는 자신의 시에서 농사짓고, 술 마시며, 자연과 하나가 되어 평화로운 삶을 살아가는 은둔자이자 농부인 한 인물을 통해 자신의 자화상을 그려냈다.

그의 시에서 술은 매우 중요했다. 술은 일상의 고단함으로부터 벗어나게 해줄 뿐만 아니라, 자연과 더 잘 소통할 수 있도록 도와주는 매개체이기도 했다. 그의 언어는 믿을 수 없을 정도로 단순했지만 주제는 철학적이었다. 그는 또한 후대에 많은 영향을 끼친 〈도화원기〉로 잘 알려져 있다. 이 작품에서 한 어부는 이제는 사라진 이상적이며 도교적인 사회를 발견하지만 그곳을 떠난 이후엔 영영 다시 찾을 수 없었다고 한다. 이 이야기와 이를 묘사한 시는 실낙원과 도가적 이상에 대한 은유로써 후대의 많은 소설과 시에 영향을 끼쳤다.

마을에 초가집 짓고 사니
시끄러운 수레 소리 없네

어찌 그럴 수 있나 물으면
마음이 멀면 땅도 외지다 하네

동쪽 울타리 국화를 따서
멀리 남산을 바라보네

산 기운에 저녁은 아름답고
새들이 날아서 돌아오네

이러한 가운데 참 뜻이 있어
분별하려 해도 말을 잊었네

음주 5, 도연명

∧ 안개 낀 산
히말라야 워룽 계곡의 평화롭고 고적한 풍경은 많은 도교 시에서 발견되는 이상향의 전형을 보여준다.

▲ 자연

대나무 숲은 당 왕조 때의 시에 자주 등장하는 소재이다. 대나무 숲은 도교의 자연 세계에 대한 동경, 자연과의 조화를 향한 추구를 의미한다.

THE GOLDEN AGE OF POETRY
시의 황금기

세계적이고 자신만만했던 당 왕조(619-906년)에 이르러 중국 시는 그 정점에 도달했다. 현종(712-56년 재위)의 길고 영예로운 통치기간 즉 당의 전성기에 위대한 시인들이 여러 작품을 썼다. 그러나 현종의 통치는 안녹산의 난으로 인해 비극적으로 끝났다. 중국 시의 황금기를 대표하는 세 명의 시인은 왕유, 이백, 두보이다. 그들의 시풍과 철학은 서로 매우 달랐지만 걸출한 재능이 있었다는 것과 시공을 뛰어넘는 언어로 그들의 감정을 표현했다는 공통점이 있다.

WANG WEI 왕유

왕유(701-61년)는 독실한 불교 신자이자 활동적인 유학자 관리였다. 그러면서도 그의 시에선 도가적 주제와 시상들이 자주 드러나곤 했다. 그리고 이 위대한 시인은 저명한 화가(불행히도 그의 회화 작품은 남아 있지 않다), 음악가, 학사이자 효자였다. 그는 주로 가족 소유의 영지에 살면서 시를 썼으며 나무, 개울, 산사, 달(깨달음의 상징), 산들바람에 흔들리는 대나무 등의 풍경을 그린 소품들을 많이 남겼다.

고요한 명상, 텅 빔, 무욕 같은 불교와 도교의 이미지가 그의 시에 스며들면서, 그의 시는 깊은 연못 같은 투명하고 고요한 단순함을 지니게 되었다. 또한 그의 시는 자연과의 합일을 통해 완전한 깨달음에 이를 수 있다고 말해준다. 이는 현명한 어부와 나무꾼으로 상징되고 있는데, 그들은 그가 방랑할 때 혹은 대나무 숲에서 조용히 현을 타고 있을 때 우연히 만났다고 전해진다.

빈산엔 사람 보이질 않고

단지 메아리만 울린다

저녁노을 깊은 숲에 들어와

푸른 이끼 위를 다시 비추네

— 녹채 숲에서, 왕유

홀로 깊은 대나무 숲에 앉아서

거문고 켜다가 길게 읊조린다

깊은 숲이라 사람은 몰라도

밝은 달이 와서 비추네

— 죽리관에서, 왕유

> **시인 이백**
> 복숭아나무가 있는 정원에서 친구를 맞이하는 '유배당한 신선' 이백을 묘사한 16세기 회화.

LI BAI 이백

이백(702-62년)은 환상적인 도가적 일탈과 태평한 성격 때문에 '하늘에서 유배당한 신선'으로 불려왔다. 1,100편에 달하는 그의 시는 지금도 여전히 사랑받고 있다.

중앙아시아 출신으로 추정되는 이백은 중국 시인 중 가장 대중적일 것이다. 그는 장대하고 몰아치는 듯한 시구, 매력적인 풍경 묘사로도 유명하지만 그보다는 쾌활한 자연스러움으로 더욱 잘 알려져 있다.

도교 수행자답게 이백은 산을 사랑하고 자연과 교감하기를 좋아했지만, 그와 마찬가지로 선술집이나 국제적인 도시였던 당나라의 궁정에 대해서도 편하게 생각했다. 그의 엉뚱한 행동에 대한 이야기도 많이 전해지는데, 아마도 그는 자신의 생활과 성격에 대한 터무니없는 이야기를 퍼트리는 걸 좋아했을 것이다.

유복한 가문의 출신이었던 그는 당 제국이 몰락할 위험에 처했을 때 끊임없이 여행했다. 그러나 그의 시는 그보다 조금 뒤에 태어났던 두보의 시처럼 불행이나 비통의 정서를 담기보다는 삶의 순수한 즐거움으로 가득했다.

전설에 따르면 그는 양쯔 강에서 배를 타던 도중 강물에 비친 달을 잡으려다가 물에 빠져 죽었다고 한다.

꽃 사이에 술 단지 하나 놓고
대작할 벗 없어 홀로 마시네
술잔 들고 밝은 달을 맞이하여
그림자 마주하니 세 사람이 되네
달이야 술을 못 마시니
그림자 괜히 내 몸 따라다녀
잠시 달이 그림자 동반하고
즐기기에는 모름지기 봄이 제격이라
내가 노래 부르면 달은 배회하고
내가 춤추면 그림자도 흔들리네
술에 깨어 함께 어울려 놀고
취한 후엔 각기 흩어지네
영원히 무정한 사귐 맺고 싶어
아득한 은하에서 만나기로 하네

달빛 아래 홀로 술 마시며, 이백

DU FU 두보

두보(712-70년)는 시성 혹은 시사로 알려져 있다. 유학에 깊이 뿌리를 둔 시인인 두보는 자신의 나라와 백성들을 진심으로 걱정하던 훌륭한 심성과 연민의 소유자였다.

두보는 매우 복합적이고 개인주의적인 시인이다. 그는 반란이나 당파투쟁 등 사람들의 삶에 영향을 미치던 사건과 역사적 재난을 배경으로 강렬하고 심도 있는 시를 썼다. 그의 시는 종종 그 자신이나 전쟁 때문에 헤어져 지내야 했던 가족에 대해 다루고 있다. 이백이 자신의 마음 내키는 대로 방랑 생활을 했던 데 비해, 두보는 시대적 상황 때문에 말년에 몇 번이나 집을 떠나 피난을 가야만 했다. 이백처럼 태평한 삶을 살지는 못했던 것이다. 당대의 위대한 두 시인의 시는 그들의 상이한 성격과 삶의 경험을 이렇게 반영하고 있다.

현대 독자들이 읽기에 두보의 시가 이백의 시보다 더 어려울지도 모른다. 이는 그의 시가 역사적 사건에 대한 여러 겹의 은유로 되어 있으며 종종 매우 엄격한 형식을 취하고 있기 때문이다. 그럼에도 그의 시는 매우 감동적이고 정치적이며 현실 참여적이다.

그의 시는 장대하면서도 동시에 친밀한 시선을 확보하기 위해 낮게 내리덮치기도 하고 혹은 높게 날아오르기도 하면서 우주와 자연의 현상을 인간 세계와 연결시켜준다. 자주 괴로워하고 때로는 자조적이기도 했던 이 시인의 개인적이며 인간적인 관심사들은 수세기 동안 우리에게 많은 것을 들려준다.

나라는 망했으나 산천은 그대로고

도성에 봄은 왔으나 초목만 무성하네

때를 느껴 꽃을 보고 눈물을 흘리고

이별이 한스러워 새소리에 놀라네

봉홧불이 연이어 석 달을 피어 올라

가족의 편지 만금보다 귀하네

흰머리 긁적여 더욱 적어지더니

아예 비녀도 꽂지 못할 정도구나

봄의 시름, 두보

공중엔 사나운 새 한 마리

강 가운데는 갈매기 한 쌍이 난다

표표히 쉽게 날아다니며

서로 쉽게도 오가는구나

풀엔 아직도 이슬이 많고

거미줄은 여전히 걷히지 않았구나

자연의 법칙이 사람 일과 가까우니

홀로 서있자니 온갖 일로 근심스럽다

홀로 서서, 두보

두보에 대한 헌정
이 산수화는 16세기 화가 왕시민이 두보의 시를 읽고 그린 열두 폭의 그림 중 일부이다.

BO JUYI 백거이

백거이(772-846년)가 살았던 때의 당나라는 이백이나 두보가 살던 때에 비해 조용한 편이었다. 그는 보통 사람들의 삶을 괴롭게 만드는 불평등에 대해 풍자적으로 비판함으로써 오늘날 매우 높게 평가받고 있다. 심사숙고하여 단순한 언어와 이미지를 골랐기 때문에 그의 시는 누구에게나 쉽게 다가갈 수 있었다. 보통 사람들이 도시의 성벽이나 여인숙 벽에 그의 시를 베껴 써서 시 읽는 즐거움을 누리려고 했다는 점을 그는 자랑스럽게 생각했다. 그의 가장 유명한 작품은 두 편의 서사시인데 하나는 당 현종과 양귀비의 불운한 연애사이며, 다른 하나는 고난을 겪는 거문고 타는 사람에 대한 것이다.

백거이는 자연과 하나가 되는 순수한 즐거움을 얻으려고 "산 속에서 미친 듯이 노래를 하는" 건망증이 심한 노인을 그의 작품에 자주 등장시켰다. 그의 작품 중 가장 감동적인 시는 그의 막내딸의 죽음을 묘사한 것이다. 이 시의 내용은 당시의 시 중 드물게 개인적이다.

> 남자는 황폐하고 아프지만
> 소녀는 예쁘고 명랑하구나
> 아들은 아니지만 있으니 좋고
> 종종 해주는 입맞춤엔 기분이 풀어지네
> 갑자기 딸이 떠나가는 날이 왔으니
> 아이의 영혼이 어디선가 떠돌고 있었다
> 말을 배우느라 혀 짧은 소리를 냈던 것을
> 딸이 죽을 때 떠올렸구나
> 혈육으로 연결돼 있다는 것은
> 고뇌와 슬픔으로 우리가 묶여 있다는 것
> 아이가 태어나기 전을 떠올려야만
> 내 고통이 사라지네
> 딸을 잊은 지 오랜 시간이 흘러
> 겨울과 봄이 세 번 바뀌었네
> 오늘 아침 오래된 슬픔이 찾아온 것은
> 딸아이의 유모를 길에서 만났기 때문
>
> 금종, 백거이

백거이
시인 백거이는 가난하지만 학구적인 가문에서 태어났다. 그는 단순한 시어로 유명하다.

CULTURE THE SPIRIT OF CHINA

古典文学

시가 언제나 중국 지배계급의 사적이고 공적인 삶의 한 영역으로 여겨진 반면, 전통적으로 소설은 덜 중요한 역할을 수행하였고 때로는 "사소한 이야기"라 불릴 정도로 낮게 취급되었다. 시는 작가가 누구인지 알려져 있지만 소설 작가는 누구인지 확실하지 않거나 작가 미상인 경우가 많았다. 존경은 덜 받았지만 중국의 소설은 늘 엄청난 대중적 인기를 누렸다. 특히 훌륭한 소설들은 당당히 문화적 전통의 하나가 되어 읽히고 또 읽히면서 오랜 시간에 걸쳐 극, 텔레비전 시리즈, 만화, 비디오게임 등 여러 형태로 재생산되었다.

the origins of fiction
소설의 기원

중국 소설의 기원은 쾌활하면서 심오한 장자의 우화까지 거슬러 올라갈 수 있지만, 그보다 더 분명히 후대에 영향을 미친 소설의 원류를 지적하라면 기원전 4세기의 〈좌전〉과 같은 왕가의 이야기들을 들 수 있다. 이 이야기들은 궁정의 음모와 권력을 향한 경쟁에 대한 생생한 이야기들을 담고 있다. 예를 들어 한나라의 궁정사가 사마천(145년경-85년)이 쓴 편년체의 기록에는 황제, 황후, 장군, 관료, 투쟁 중인 왕, 궁정의 광대, 살인 청부업자 등에 대한 놀라운 이야기들이 들어있다. 이처럼 〈사기〉는 단지 역사서로서만 남지 않고 사람들의 마음을 끄는 감동적인 이야기들로 인해 오랫동안 높게 평가되어 왔다. 역사적 인물을 등장시켰다는 점 외에도 〈사기〉의 서술체 형식과 직설화법의 사용 등은 정식 역사서뿐만 아니라 후대 소설의 전범으로도 여겨지게 했다.

RECORDS OF THE STRANGE 지괴
초자연적인 소재를 다룬 짧은 이야기인 새로운 소설 장르가 4세기경부터 발달하기 시작했다. 열성적인 불교나 도교 신자들은 지괴라고 하는 짧은 이야기를 통해 신앙적 메시지를 널리 퍼뜨리고 싶어 했다. 역사적 전기의 형식을 취하고 있는 지괴는 기괴한 사건이나 이상한 생명체에 대한 문화인류학적인 기록들, 또 성인이나 현자들이 행한 여러 기적 이야기를 모은 종교적 이야기로 구성되어 있다.

> 임씨는 그를 바라보았다. "인간이 우리 종족을 경멸하고 싫어하는 이유는 우리가 인간을 해친다고 생각하기 때문이겠죠. 절 경멸하지 않으신다면 아내로서 당신을 모시고 싶습니다."
>
> 임씨전, 심기제

TALES OF THE MARVELLOUS 전기
당 왕조(618-906년) 때부터 전기라고 부르는 더 세련된 이야기 형식이 나타났다. 전기는 문학적 교양을 드러내고자 열심히 했던 야심에 찬 젊은 학자들이 주로 썼다. 문체는 우아하고 서정적이었으며, 주로 아름답고 젊은 아가씨(혹은 정부)와 젊은 학자 사이의 불운한 연애담을

CLASSICAL LITERATURE
THE GREAT NOVELS OF CHINA   고전 문학 중국의 위대한 소설

다루었다. 이런 전기 속에서 젊은 학자들은 정부 관료와 남편이라는 존경받는 삶으로 정착하기에 앞서 잠시 불장난을 하는 것으로 그려진다. 이러한 전기 중 가장 유명한 이야기는 자유롭고 열정적이나 수수께끼 같았던 여인 앵앵과 진지한 학자 장생의 사랑 이야기인 〈앵앵전〉이다. 장생은 인습에 얽매이지 않는 앵앵의 성격이 자신의 경력과 도덕적 평판에 위협이 될 것이라고 생각해 앵앵을 버리기로 결심한다. 오늘날에도 각각 앵앵과 장생의 입장에 공감하는 사람들 사이에선 이 이야기를 두고 찬반논란이 여전히 뜨겁다.

MISS REN 임씨전

이 시기의 전기 작품 중 잘 알려진 하나의 예는 바로 〈임씨전〉이다. 아름다운 여우인 임씨는 매력 없는 인간 애인보다 더 충절을 지킬 줄 안다. 임씨는 그와 그의 친구가 성공하고 출세하도록 돕기 위해 마술을 사용한다. 임씨는 마술을 부릴 수는 있었지만 실용적인 재주는 없어서 옷을 꿰맬 줄도 몰랐다. 마지막에 임씨는 사냥개들에게 쫓기면서 죽음을 예견하지만 막을 수는 없었다. 임씨는 죽으면서 다시 여우로 변했고 그녀의 옷은 마치 매미의 허물처럼 바닥에 버려졌다.

이러한 이야기들은 서서히 중국문화라는 큰 그릇 안에 녹아들면서 극, 민중소설과 같은 다른 장르를 통해 전해지고 다시 전해졌으며, 시나 미술의 소재가 되기도 했다.

> **위대한 소설가**
> 조설근의 가문은 한때 부유하고 권력이 있었으나 왕위 계승 문제에 연루되면서 나중에 어려움을 겪었다. 서사체 소설인 〈석두기〉 혹은 〈홍루몽〉은 그의 이러한 삶에 기초한 것이라 여겨진다.

the six classic novels
六大奇书
6대 기서

명나라(1368-1644년) 때에 등장한 새로운 소설 장르는 고전 문체보다 좀더 민중적인 문체로 쓰여졌으며 장편의 서사구조를 갖췄다. 이 장르의 걸작들은 나관중(1330년경-1400년)이 편찬한 〈삼국지연의〉, 시내암과 나관중의 〈수호지〉, 작자 미상의 〈금병매〉, 오승은(1506년경-82년)의 〈서유기〉 등이다.

이 네 개의 작품에 청나라(1644-1911년) 때의 두 걸작을 더 추가하여 6대 기서라 부른다. 청대의 두 걸작은 오경재(1701-1754년)의 〈유림외사〉와 조설근(1715-1763년)의 〈홍루몽〉(또는 〈석두기〉로 알려진)이다. 중국 역사를 통틀어 무수한 소설이 출판되었으나 이 여섯 편이 중국 소설의 가장 훌륭한 작품이라고 평가받는다.

三國演義 romance of the three kingdoms 삼국지연의

〈삼국지연의〉는 역사적 사건과 실제 인물에 기초하여 220년 한나라의 몰락부터 위, 촉, 오 삼국으로의 분열과 내전으로 이어지는 혼란스러운 시대를 다루었다. 이 소설의 이야기는 시작하고 나서 300년 이상이 지난 뒤 끝이 나는데 이때 처음엔 수나라가 다음엔 당나라가 중국의 진정한 재통일을 이루었다.

> 예로부터 천하대세란 나눠진 지 오래되면 합해지고 합하면 반드시 나누어지기 마련이라고 한다.
> 〈삼국지연의〉 도입부, 나관중

> **패배의 예감**
> 조조가 큰 전투를 앞둔 밤에 배 위에 서있다. 그는 불길한 새인 까마귀의 울음소리를 들었고 전투에서 패배했다.

〈삼국지연의〉에서 위, 촉, 오나라는 중원을 제패하기 위해 서로 싸운다. 소설은 세 경쟁 가문과 그들의 후계자들에 대한 이야기지만 촉나라의 유비와 그의 의형제인 관우와 장비에 대해 많은 내용을 할애하고 있다. 유비는 한나라 왕족의 가난한 먼 친척이었다. 그는 은둔하고 있던 비범한 천재인 제갈량(제갈공명)을 자신의 전략가로 맞이해 그의 도움을 받아 성공한다. 유비가 죽은 뒤, 충직한 제갈량은 촉나라의 깃발 아래 중국을 재통일하려 했던 유비의 꿈을 실현하려고 노력하였다.

유비는 인정 많고 공정한 인물이지만 결점이 있는 지도자로 묘사된다. 그의 가장 큰 실수는 의형제들의 죽음에 복수하기 위해 출정한 것이었다. 그의 부하이자 의형제인 관우(길고 멋진 수염 때문에 관운장이라고도 불린다)와 장비는 훌륭한 장수라는 대중적인 이미지로 알려져 있다. 그러나 소설이 전개될수록 그들의 영웅적인 모습은 점차 사라져간다.

유비의 라이벌은 위나라의 왕 조조이다. 역사적으로 조조는 카리스마가 넘쳐서 따르는 이가 많았던 통치자이자 시인이었다. 영국의 리처드 3세처럼 그는 연극과 문학 속에서 배신과 비열함의 상징으로 자주 묘사되어 왔다. 소설에서 조조는 무자비하지만 매력적인 인물이다. 위험과 마주했을 때 웃을 수 있는 능력은 같은 상황에서 눈물을 흘리는 유비와 대조된다. 이러한 이중적인 성격은 이 위대한 소설에 권위를 더해준다.

> **악역**
> 조조에 대해 역사는 현명한 지도자로 기록하고 있다. 그러나 소설 속에서 그려지는 그의 성격은 남을 잘 속이며 교활하다.

그가 행한 교활한 책략 때문에 제갈량이 진짜 영웅인지에 대해서는 논란이 많다. 하지만 그의 책략은 오래도록 독자들의 상상력을 사로잡아 왔다. 예를 들면, 적의 화살을 훔쳐오거나, 마술과 같은 바람의 도움으로 배에 불을 놓거나, 마을을 텅 비게 하는 전술을 활용하여 적군을 매복에 빠지도록 유인하거나 하는 것 등이다. 제갈량은 다른 이를 설득하는 말솜씨와 뛰어난 능력을 갖고 있었지만 자만심 때문에 유비에 대한 그의 깊은 충성심까지 위태롭게 만들었다.

〈삼국지연의〉의 가장 탁월한 성과는 복합적인 이야기 구조일 것이다. 이 소설의 주요 이야기는 이를 보완하는 다른 많은 이야기들과 정교하게 엮어져 있으며 부차적으로 보이는 이 작은 이야기들 역시 그 자체로 훌륭한 소설이다.

〈삼국지연의〉의 문체는 단순하면서 활기찬 반(半) 고전적 문체이다. 총 120장으로 구성되어 있으며, 멋지게 묘사된 수백 명의 인물이 등장하는 이 소설은 중국과 동아시아 사회에서 오랫동안 가장 중요한 문화적 성취로 여겨져 왔다. 소설 속 주요 인물과 사건들은 여러 나라에서 만화책과 경영전략서 등 다양한 장르에 등장해왔다. 사실, 한국인들은 이 소설을 매우 깊숙이 받아들여서 종종 한국소설로 생각하는 경우도 있다고 한다.

> 유비, 관우, 장비가 비록 성은 다르나 의를 맺어 형제가 되고자 한다. 마음과 힘을 합해 곤란한 사람들을 도와 위로는 나라에 보답하고 아래로는 백성을 편안케 하고자 한다. 같은 날에 태어나지는 못했지만 같은 날에 죽고자 한다.
>
> 〈삼국지연의〉 중 도원결의

∧ 현대적 각색
전투 장면이 많다는 원작의 특징 때문에 〈삼국지연의〉는
영화나 텔레비전을 통해 여러 번 각색, 제작되었다.

CULTURE THE SPIRIT OF CHINA

< 무법자 무리
수호지의 주인공들. 108명의 영웅호걸들은 중국 문학에서 오랫동안 인기를 누렸다.

水滸傳 water margin
수호지

보수적인 유학자 관료들은 글이 독자에게 좋건 나쁘건 영향을 미친다고 굳게 믿었다. 그리고 〈수호지〉는 소설의 주제 때문에 여러 번 금지되었다. 마오쩌둥이 다른 소설에 비해 〈수호지〉를 더 좋아했다는 사실은 이 책을 금지했던 이들이 수호지의 혁명적인 잠재력을 두려워했음을 증명한다.

16세기경 지어졌다고 추측되는 이 대중적인 소설은 부패한 관리들 탓에 부당하게 '초목' 또는 '강호'의 세계로 들어설 수밖에 없었던 반역자들과 무법자들이 양산박을 근거지로 한 무리를 형성하게 되는 과정을 묘사하고 있다. 에피소드별로 10장으로 구성된 소설은 각 영웅호걸들이 어떻게 이 무리에 참여하게 되는지 말해준다. 이야기는 영웅들이 길을 가다 만나는 길가의 여관, 시골의 영지, 복잡한 시장 마을 등을 배경으로 전개된다.

가장 인기가 많은 등장인물 중 하나는 불교 승려로 가장한 노지심이다. 익살맞으면서 거친 싸움꾼인 그는 술을 많이 마시고 엄청난 양의 고기를 먹으며(불교 승려들은 고기를 먹지 않음에도 불구하고) 취해서 절을 엉망으로 만들기도 한다. 양산박 무리의 지도자는 송나라의 하급 관리였던 송강인데 그는 너그러우면서 개성이 있었다. 송강은 폭력적인 부하 이규와 늘 함께 다녔다. 별명이 '흑선풍'인 이규는 싸울 때 늘 이렇게 외쳤다. "한 놈을 죽여라. 그러면 모두를 죽이게 된다."

〈수호지〉에서 가장 많이 알려지고 인기 있는 에피소드는 호걸 무송의 이야기이다. 그는 술 취해 잠든 상태에서 맨손으로 호랑이를 죽이고 난 후, 왜소했던 자신의 형을 죽인 형수 반금련과 그녀의 공범에게 앙갚음을 한다. 무송과 다른 호걸들이 양산박에 가담한 뒤 그들은 우위를 차지하기 위해 다른 경쟁 집단과 싸운다.

〈수호지〉는 108명의 협객들이 결국 뿔뿔이 흩어지는 우울한 결말로 끝난다. 소설의 주인공 대부분이 죽거나 승려가 되기로 결심하는데 가짜 승려였던 노지심도 진심으로 깨닫고 진정한 승려가 된다.

중국 옛말에 나이든 사람들은 〈삼국지〉를 읽으면 안 된다고 한다. 왜냐하면 그들을 계략가나 음모가로 만들기 때문이다. 젊은이들은 〈수호지〉를 읽으면 안 되는데 그 이유는 그들을 반항하도록 선동하기 때문이다.

〈수호지〉의 영웅들은 결점이 있고 여성을 혐오하는데다가 완벽한 로빈 후드 스타일도 아니다. 그러나 그들의 영웅적인 면모는 매우 유명하며 소설, 영화, 만화책에 나오는 대중적인 무술가들의 본보기가 되었다. 홍콩 작가 진융이 쓰고 중국과 세계 곳곳에서 베스트셀러가 된 일련의 무협소설들은 바로 이 〈수호지〉의 양식을 충실히 계승한 것이다.

金瓶梅 golden lotus
금병매

노골적인 성애 묘사로 널리 알려진 〈금병매〉는 반금련과 서문경의 이야기로 시작한다. 소설의 초점은 서문경의 가족 이야기와 그의 연애 사건에 맞춰져 있다. 그는 부유하고 부패한 상인이었으며 부인이 여섯 명에 수많은 식솔과 하인을 두고 있었다. 이 소설은 사치품, 수상쩍은 거래, 성적인 속임수, 명대의 일상생활에 대한 묘사로 가득하다. 소설은 서문경과 악한 주인공들이 끔찍한 천벌을 받으면서 교훈적인 어조로 끝난다. 〈수호지〉의 등장인물이기도 한 무송은 잔인하고 이기적이며 탐욕스러운 반금련을 죽이면서 형의 죽음에 대한 복수를 한다.

여러 설에도 불구하고 〈금병매〉의 작자는 확실하지 않다. 믿기 어렵지만 가장 잘 알려진 설에 따르면, 한 시인이 자신의 아버지를 부당하게 죽인 관리에게 자신이 쓴 이 이야기 책을 건네주면서 독약을 묻혔다고 한다. 그 관리는 소설에 빠져들다 책장을 쉽게 넘기기 위해 손가락에 침을 묻혔고, 결국 독약에 중독되어 죽었다고 한다.

< 무술
〈수호지〉에 등장하는 쿵후를 비롯한 무술 장면은 무협소설의 호황을 가져오게 했으며, 현대에 와서는 영화와 텔레비전 프로그램에서도 자주 다루어졌다.

西游记 journey to the west
서유기

중국 소설 가운데 가장 널리 알려진 등장인물들이 나오는 이 재미있고 환상적인 소설은 7세기경의 당나라를 배경으로 하고 있다. 소설 《서유기》는 전설적인 불교 승려 현장법사가 중국에 불경을 가져오기 위해 인도로 순례를 다녀온 실화를 소재로 하고 있다. 《서유기》의 삼장법사(현장법사의 소설판 인물)는 경건하지만 무력하고 짜증도 잘 내는 성격인데 관음보살(247쪽 참조)이 그를 위해 찾아준 손오공, 저팔계, 사오정과 함께 순례 길을 떠난다. 장난꾸러기 원숭이 왕인 손오공은 서왕모의 불멸의 복숭아를 훔치려다가 하늘에서 쫓겨났다(238쪽 참조). 천상의 장군들이었던 저팔계와 사오정은 과거의 죄에서 스스로를 구원하기 위해 이 여정에 동참한다. 식욕이 왕성한 저팔계는 불사의 몸이었으나 신들의 연회에서 술 취해 주정을 부린 벌로 땅으로 추방되었다. 사오정 역시 서왕모의 유리잔을 깨뜨린 다음 강의 괴물로 변신한 벌로 유배를 당한 상태였다.

이들은 여정 내내 여러 괴물과 요괴들 때문에 늘 고난을 겪지만, 삼장법사를 잘 모시면 불사의 몸으로 돌아갈 수 있다고 믿는다. 삼장법사는 위험에 처할 때마다 이 조력자들의 도움을 받는데, 특히 여의봉을 휘둘러서 자신의 모습과 크기를 바꾸어 물고기, 새, 잠자리 등으로 둔갑할 수 있는 손오공의 도움을 가장 많이 받았다. 그들의 여행은 14년 동안 계속되었고 결국 이들은 극락으로 돌아가게 된다.

< 경극
《서유기》는 경극에서 가장 인기 있는 소재이다.
손오공 역할의 전통 복장을 입고 있는 경극 배우.

∧ 손오공의 장난
장난꾸러기 손오공이 여인들이 있는 정원에서 말썽을 피우는 장면.

CULTURE THE SPIRIT OF CHINA

> 옛날 옛적 화과산에 신비한 바위가 있었다. 바위는 수십만 년 동안 자연의 일부였다. 어느 날 바위가 열리더니 돌로 된 알이 나왔고, 그 알에서 돌 원숭이가 태어났다.
>
> 서유기, 오승은

BUDDHIST INFLUENCES
불교의 영향

서유기의 철학적 핵심은 불교 〈심경〉의 '공(空)이 형상이고 형상이 공이다'라는 가르침이다. 이는 모든 것이 환영(공)이며, 깨달음을 얻기 위해서는 사랑과 연민 같은 긍정적인 감정까지도 속세의 집착(형상)이므로 거부해야 한다는 불교의 믿음을 나타낸다. 손오공의 이름은 '공을 이해한다'는 뜻이며 그는 이 가르침을 삼장법사보다 더 잘 마음으로부터 진정으로 이해하게 된다. 소설의 결말에서 손오공과 삼장법사는 둘 다 부처가 된다.

POPULAR CULTURE
대중문화에 미친 영향

이 소설의 주인공과 에피소드들은 중국을 넘어 널리 알려졌으며, 특히 충동적이면서 활달한 손오공의 이야기는 매우 유명해서 우표에서부터 올림픽 로고에 이르기까지 생활 곳곳에서 그의 모습을 만날 수 있다.

〈서유기〉는 경극에서도 가장 인기 있는 소재로서 여러 번 각색되었으며, 현대에 들어서도 아시아와 전 세계에서 영화와 텔레비전, 연극, 컴퓨터게임 등의 소재로 쓰이고 있다.

> 손오공과 삼장법사는 불교 경전을 구하러 서역으로 가는 순례길을 떠나면서 모험을 시작했다.
>
> 서유기, 오승은

∧ 순례단
서유기의 주인공들인 손오공, 저팔계, 사오정, 삼장법사를 당나귀 가죽으로 만든 인형으로 재현했다.

儒林外史 the scholars
유림외사

오경재가 쓴 18세기경 청대의 소설인 〈유림외사〉는 총 55장으로 이루어져 있어 중국 고전 소설 중 가장 짧은 편에 속한다. 또한, 이 소설은 현대의 독자들에게 가장 덜 알려져 있다. 명나라(1368–1644년)를 배경으로 한 오경재의 이 걸작은 풍자적이며 사실주의적이어서, 초자연주의적인 소설을 썼던 포송령 류 작가들(275쪽 참조)과 대조적이다. 순수하면서 부드럽게 다듬어진 구어체로 씌어진 이 소설은 중국 동남부의 부유한 지역에 사는 유학자들의 삶을 다루고 있다.

오경재는 퇴락해가던 당시의 학자층과 부정의한 과거제도, 그리고 그 과거제도가 양산하는 사회적 불평등을 날카롭게 풍자한다. 상반되는 한 쌍의 인물들을 등장시키고 자신의 자전적인 요소들을 추가시킴으로써 소설의 저자는 혼란스러운 세상의 다양한 양태들을 사실주의적으로 그려내고 있다. 그는 세상이 혼란스러워지자 많은 유학자들이 정부의 관리라는 자신들에게 주어진 사회적 역할을 저버리고, 예술적이고 문화적인 개인의 삶 속으로 도피해 들어가는 것을 비판적으로 바라보며 풍자하고 있다.

< **산 속의 은자**
〈유림외사〉는 화가 왕면의 이야기로 시작한다. 왕면은 권력층이나 지배층의 일원으로 살기를 거부하고 은자의 삶을 선택한 유명한 화가이다.

石头记 the story of the stone
홍루몽

중국 고전 소설의 절정이라고 할 수 있는 〈홍루몽〉 또는 〈석두기〉는 6대 기서 중 가장 대중적인 소설이다.

오랜 시간에 걸쳐 저술, 각색된 이 방대한 소설은 작가 조설근이 미완성 상태로 남겨놓은 채 죽자 후에 40장이 추가되었다. 후에 추가된 장들이 성공인지 실패인지에 대한 논쟁은 아직도 격렬하다. 〈홍루몽〉은 신화, 우화, 실화, 다양한 기원들과 가르침의 혼합이다. 동시대를 배경으로 18세기에 저술된 이 소설은 별난 영웅인 가보옥과 그의 여사촌, 하녀 등의 삶에 초점을 맞추고 있다. 가보옥은 실세가이며 부유했던 가정의 아들로서 형식에 얽매이지 않는 인물이다. 보옥의 운명은 상징적이며 감정적으로 그의 두 여사촌과 깊이 관련되어 있다. 그녀들은 섬세하며 감성적인 임대옥과 좀 더 관습적이지만 매우 지적인 설보채이다. 보옥

> 정원 전체가 흐드러진 꽃잎과 나부끼는 색 깃발의 반짝이는 바다가 되었다.
>
> 홍루몽, 조설근

과 그의 사촌들은 금릉에 있는 목가적인 가씨 집안의 저택에서 산다. 그러나 그들의 순수한 즐거움은 저택 밖 어른들의 세계로부터 오는 부패한 침략 앞에서 위험에 처하게 된다. 사랑하던 임대옥의 죽음 이후 보옥은 불교 승려가 되기 위해 속세를 떠난다.

사물, 건축물, 문화적 취미, 의학 지식에 대한 섬세한 묘사와 인물 삽화를 통해 이 소설은 한 명망 가문의 쇠락해가는 모습을 잘 보여준다. 부분적으로 자전적인 성격을 띤 이 작품은 심리적이고 감정적인 관련성들을 탐구한 첫 번째 중국 소설이다. 또한 이 소설은 복합적이고 풍부한 소설적 재미로 인해 오늘날도 여전히 독자들을 사로잡고 있다.

〈홍루몽〉의 인기는 소설을 넘어서도 여전해서 극과 텔레비전 드라마 제작을 위해 따로 가씨 가문의 저택과 장식품들을 재현하는 가내수공업이 발전할 정도이다. 또한 서양에서의 셰익스피어 연구 붐만큼이나 〈홍루몽〉을 연구하는 개인 연구자나 전용 도서관도 많이 있다.

▲ 정원의 귀족 여인들
중국 소설에서는 매우 이례적으로 〈홍루몽〉에서는 여성 주인공이 이야기의 중심이다. 여성들은 종종 그들의 남자 상대들보다 더 능력 있게 묘사된다.

短篇小説 shorter chinese fiction
단편소설

17세기에는 구어체 단편 소설이 번창했다. 단편소설은 상인, 가게 주인, 하급관리, 하인 등 보통 사람들의 삶을 다루었다. 이 생생하고 재밌는 이야기들은 저자거리에서 이야기꾼들이 들려주던 것처럼 쓰여지곤 했다. 구전 투의 긴박함, 생생함과 더불어 교훈을 주는 결말은 필수적이었다. 이 장르는 1644년 청나라 정복 이후 쇠퇴했지만 오늘날 다시 흥미를 끌고 있다.

17세기의 포송령(1640-1715년)이라는 작가의 단편소설은 아직까지도 인기를 얻고 있다. 포송령의 〈요재지이〉는 고대의 〈지괴〉를 모델로 하여 초자연적인 소재를 다룬 짧은 이야기를 모은 단편집이다(266쪽 참조).

포송령은 기근이 들고 전쟁으로 황폐해진 산동 성에 살던 가난한 학자였다. 공자의 고향이기도 한 이곳은 저승의 지배자이자 심판자인 야마왕이 사는 태산 등 저승과 관련이 깊은 것으로 악명이 높다. 포송령은 길복에 탁자를 놓고 지나가는 사람들에게 차를 권하면서 이야기를 들었으며 그 이야기를 고상하게 혹은 익살맞게 글로 풀어냈다.

포송령의 소설에는 이상한 이야기들이 많았는데 그중 가장 많이 알려진 이야기는 아름다운 여자 유령 혹은 여우 여인의 표적이 된 불행한 책벌레(학자)들의 이야기일 것이다. 〈요재지이〉의 많은 이야기 속에서 신비하고 아름다운 존재들은 완전한 인간이 되기 위해 다시 태어나거나 변신을 감행하며, 운이 좋은 학자는 두 명의 부인과 함께 영원히 행복한 삶을 사는 것으로 끝이 난다. 포송령의 유령 이야기는 압축적이고 어려운 고전 언어로 되어 있음에도 불구하고 이례적으로 매우 인기가 많았으며, 초자연적인 내용을 다룬 영화나 다른 장르의 소재가 되고 있다.

> "이 세상에는 아름다운 여인들이 너무 많다"라고 그의 어머니는 투덜댔다. "왜 하필 유령 하고 여우를 고르는 거지?"
> 요재지이, 포송령

> **하늘을 나는 선녀**
> 포송령의 이야기에서는 신비한 여인이 중요한 역할을 한다. 이 선녀 그림은 둔황의 막고 동굴에서 발견됐다.

호수가의 연회
17세기에 시작된 구어체 단편소설은 일과 사업, 축제와 취미생활 등 중국인의 일상에 대한 활기찬 모습을 전해준다.

CULTURE THE SPIRIT OF CHINA

근사한 볼거리, 극적인 음악으로 가득한 중국 전통 극은 수많은 방법을 통해 중국인들의
삶과 연관되어져 왔으며 이들의 삶을 구성하는 중요한 요소였다. 절의 축제, 마을의
잔치, 읍내의 시장, 부유한 가문의 사설 극장, 궁정에서의 공연과 현대의 라디오,
텔레비전, 영화 등에서 중국 극은 대중들과 만난다. 중국의 연극은 역사가 길며
의식에 사용된 무용과 곡예, 그리고 길가의 공연 등에 그 기원을 둔다.

중국을 방문하는 이들에게 중국 전통 극의 장면들과 노래, 효과음들은 과거부터
현재까지 중국의 운치를 보여주는 놓쳐서는 안 될 볼거리이다.

the history of chinese opera
중국 극의 역사

음악, 춤, 곡예는 언제나 중국 극의 주요한 요소였으며, 가창은 특히 더 핵심적이다. 중국 극은 서양의 오페라와 달리 노래의 레퍼토리와 악기들이(북, 징, 얼후, 딱딱이 등으로) 한정되어 있다. 리듬은 조화에 중점을 두며 가창 자체를 중요시한다. 보통 노래는 혼자서 부르며 친근하고 시적인 선율을 강조한다.

청중들은 대가들의 공연을 감상하면서 크게 소리를 내며, 서양 오페라 공연에서 전형적으로 보여지는 정중한 침묵 같은 것은 존재하지 않는다. 따라서 공연은 시끄러우면서 쾌활하다. 배우들의 입장을 알리는 징 소리를 듣는 것만큼 흥분되는 것은 없다. 소도구와 무대장치도 최소한으로만 사용되며 동작은 매우 양식화되어 있다.

SYMBOLISM OF COLOUR
색채의 상징

중국 극의 의상과 머리 장식은 정교하면서도 화려하다. 그리고 복잡하게 분장한 얼굴은 등장인물의 성격을 나타낸다. 노란색과 흰색은 교활함을, 빨간색은 솔직함과 충직함을, 검은색은 용맹과 지혜를, 파란색과 초록색은 반란을 일으킨 영웅을, 금색과 은색은 신비롭고 초자연적인 힘을 의미한다. 그러므로 숙련된 청중이라면 배우의 노래나 춤을 접하지 않고 배우가 입장하는 것만 보고도 등장인물의 성격을 '읽을' 수 있다.

THE PERFORMERS
배우

배우들은 매우 어릴 때부터 훈련을 받으며 대부분 특정 역할의 전문가가 된다. 바로 젊은 학자, 용감한 장군, 정직한 관료, 아름답고 젊은 여인, 장난꾸러기 여자 하인, 광대 등의 역할들이다. 옛날엔 배우의 사회적 지위가 매우 낮고 여자는 배우가 될 수 없었기 때문에 남자가 여자 역할까지 해야 했다. 20세기 초반에 이런 관습에 변화가 일기 시작했지만 최근까지도 대부분의 공연에서 남자 배우들이 여자 역할을 맡았다.

> 당나라 때에 '배나무 정원'이라 불리던 전통 극 학교가 처음 설립되었다. 그 결과 그때 이후로 중국의 전통 극 배우들은 약간 시적으로 '배나무 정원의 문하생들'이라고 불리었다.

논란의 여지가 있긴 하지만 여자 역할을 맡은 남자 배우 중 가장 유명한 이는 메이란팡이었다. 명배우 부모 아래 태어난 그는 20세기 중반 유럽과 북미를 여행하면서 중국의 전통 극을 세계적으로 알리는 대성공을 거두었다. 50년간 이어진 그의 공연은 전설이 되었는데 특히 그는 〈모란정〉의 여주인공 두려낭의 역할로 유명하다.

TRADITIONAL OPERA
THE HEART OF CHINESE THEATRE 전통 극 중국 희곡의 핵심

< 메이란팡
여자 배역을 하던 유명한 배우 메이란팡(1894-1961년)이 〈장생전〉에서 양귀비 역할을 연기하고 있다.

DIVERSE STYLES
다양한 양식

지역별로 다양한 스타일의 극이 있지만 내용은 모두 비슷하다. 왜냐하면 대부분의 극의 내용이 중국의 신화, 전설, 역사라는 큰 저장고에서 나왔기 때문이다. 성별, 연령별, 지역별 등 모든 유형의 청중들을 사로잡아왔던 중국 극은 중국 전역과 세계에 흩어져 살고 있는 중국인들에게 그들의 풍부하고 다양한 문화유산을 자랑스러워하고 이해할 수 있는 기회를 준다.

명대와 청대 초반(16-18세기)의 가장 지배적인 연극은 곤곡이었다. 이 연극의 엘리트주의적인 양식은 베이징의 경극과 같은 그 이후의 극들에 많은 영향을 주었다. 곤곡 작품은 대부분 길었으며 로맨틱한 사랑 이야기를 주로 다루었다. 〈모란정〉(279쪽 참조), 〈백사〉, 〈도화선〉 등 중국의 가장 대중적인 희곡 작품들은 곤곡에서 발전되었거나 각색되었다.

경극은 1790년에 시작되었고 19세기 중반에는 청 왕조 궁정뿐만 아니라 사찰의 축제, 시장 등에서도 가장 선호하는 극 양식이 되었다. 경극 작품은 보통 매우 길며 사랑 이야기와 독창, 이중창, 합창 등이 결합돼 있다.

〈두아원〉(278쪽 참조) 같은 원 잡극은 원대(1279-1368년)의 형식이며 사회적 주제를 내용에 담았다. 보통 4막과 프롤로그로 구성되어 있고 각 막마다 가수 한 명이 등장한다. 원 잡극은 상대적으로 공연 시간이 짧으며 빠른 북과 징 연주가 특징이다.

샤오싱에서 시작된 월극은 '줄거리를 노래하는' 형식의 극이다. 월극은 대중적이며 오늘날은 주로 여성으로만 구성된 순회단에 의해 공연된다.

문화혁명(1966-76년) 동안 마오의 네 번째 부인이자 배우였던 장칭은 공산주의의 메시지를 퍼뜨리기 위해 극을 이용했다. 그녀는 경극의 공식 양식에서 따온 '여덟 가지 극 모델'을 다른 지역의 모든 극 형식에 적용시켰다.

∧ 전통 의상
화려한 의상과 가면은 경극 같은 중국 전통 극의 특징이다.

CULTURE SPIRIT OF CHINA

> 하늘과 땅이 모두 약한 자를 위협하고 강한 자를 두려워하며 시류에 거스르려 하지 않는다. 땅아, 너는 옳음과 잘못을 구별하지 못하고 하늘아, 너는 어리석은 자들과 현명한 자를 혼동하는구나.
>
> —두아원, 관한경

▲ 두아의 유령
두아는 원 잡극의 레퍼토리 중 가장 인기 많은 역할이라 많은 배우들이 연기하고 싶어 한다.

窦娥冤 the injustice done to dou e
두아원

13세기 원나라 때의 이야기인 〈두아원〉은 관한경의 희곡 중 가장 대중적인 작품일 것이다. 관한경은 오래도록 중국인의 사랑을 받는 작가이며 종종 '중국의 셰익스피어'라고 불리기도 한다. 그는 한대의 민속 우화인 '동하이의 효부에 기초하여 〈두아원〉을 썼으며 당시 중국 사회의 불공평을 강조했다. 그의 희곡에 기초한 극은 원 잡극의 레퍼토리 중 가장 인기가 많은 작품으로 남아 있다.

〈두아원〉은 일찍 과부가 된 처우저우의 젊은 여인 두아의 비극적인 이야기이다. 남편이 죽은 후 효심 깊은 며느리는 시어머니를 동네 불량배 장노아로부터 보호하기 위해 애쓰다가 본의 아니게 그의 관심을 끌게 되었다. 두아가 부인이 되기를 거부하자 장노아는 두아가 자신의 아버지를 살해했다는 거짓 고발을 한다 (사실은 장노아 자신이 아버지를 실수로 죽였다). 지방 관리는 장노아의 말을 믿었고 두아는 자신의 결백을 증명할 수가 없어서 사형 선고를 받는다.

사형장에서 두아는 세 가지 사건이 자신의 결백을 증명할 것이라고 예언한다. 자신이 죽을 때 피가 위로 높이 솟구쳐서 머리 위의 흰색 비단 깃발을 적실 것이고, 여름에 눈이 올 것이며, 처우저우는 3년 동안 극심한 가뭄에 시달릴 것이라고 말이다. 두아가 사형된 후 세 가지 사건이 두아가 예언한 대로 정확히 나타나 결백을 증명한다. 한여름에 눈이 내리는 장면은 중국 극에서 가장 극적이며 유명한 장면으로 알려져 있다.

3년이 지난 뒤 두아의 아버지는 오랜만에 처우저우로 돌아와 뜻하지 않게 두아의 유령을 만나 부탁을 받게 되고, 그에 따라 두아의 사건을 다시 조사하게 된다. 결국 두아의 결백이 증명되고 장노아와 그녀에게 잘못한 모든 부패한 관료들은 합당한 벌을 받는다.

> 나으리, 세 가지를 말하게 해주신다면 기쁘게 죽겠습니다. 깔개와 깃대에 걸려 있는 열두 척짜리 흰색 깃발이 깨끗했으면 합니다. 칼이 내 머리를 내려치면 피는 땅을 적시지 않고 위로 솟구쳐서 흰 깃발을 적실 것입니다. 나으리, 지금은 여름 중 가장 더운 때입니다. 불의가 일어난다면 눈 세 척이 내려 나의 죽은 몸을 덮을 것입니다. 그리고 이 고장은 삼년 내내 가뭄을 겪을 것입니다.
>
> —두아원, 관한경

牡丹亭 the peony pavilion
모란정

명대(1368-1644년)에 쓰인 탕현조의 낭만적인 이야기는 사랑을 이야기한 수많은 중국 극 중 최고로 꼽힌다. 정부 관리의 딸인 두려낭은 정원에서 잠이 들었다가 꿈에 유몽매를 만나 모란정에서 그의 연인이 된다. 떨어지는 꽃잎 때문에 잠에서 깬 두려낭은 사라진 연인을 찾았지만 소용없다. 자신의 행복한 꿈을 이룰 수 없게 되자 두려낭은 자신의 초상화를 그리고 그 위에 사랑의 시를 남긴 채 상심으로 죽고 만다. 이 초상화는 정원의 복숭아나무 밑 그녀의 무덤 옆에 묻힌다.

두려낭이 죽은 후 저승의 심판자는 그녀가 유몽매와 결혼할 운명이라며 풀어주고, 두려낭은 유령이 되어 정원으로 돌아온다. 한편, 실제의 유몽매는 과거를 치르러 가다가 두려낭의 사당에서 멈추게 된다. 그는 그녀의 초상화를 발견하고 자신의 꿈에 나온 여인임을 알아본다. 그가 그녀의 무덤을 다시 열자 두려낭의 영혼은 육체와 다시 합쳐진다.

두려낭의 요청으로 유몽매는 려낭의 아버지에게 딸이 살아 돌아왔다는 말을 전하러 간다. 그러나 유몽매는 무덤 도굴꾼으로 오해받고 사형 선고를 받는다. 마지막 순간 과거 시험의 결과가 발표되고 장원을 차지한 유몽매는 황제에게 사면 받는다. 황제는 사랑이 모든 것을 정복하게 놔두라고 두려낭의 아버지를 설득한다.

THE LEGACY OF THE TALE
이야기의 유산

전통적으로 〈모란정〉은 극 속의 성적인 암시들로 인해 수치스럽게 여겨질 수도 있었다. 그러나 대중들은 두 젊은 연인의 성적 관계를 묵인하였다. 왜냐하면 그들의 관계가 한번은 두려낭의 꿈에서, 또 한번은 두려낭이 귀신으로 나타났을 때 일어나기 때문이다.

명과 청대에는 비극적이지만 로맨틱한 려낭을 따라하는 것이 젊은 여인들 사이에서 유행이 되기도 했다. 그녀들은 극 속의 비극적인 여주인공처럼 꾸미거나 죽을 정도에 이르기까지 굶거나 했다.

> 두려낭의 사랑과 대적할 수 있는 사랑을 본 적 있는가? 연인의 꿈을 꾸며 그녀는 병들었다. 더 이상 아프지 못할 정도로 병들었다. 결국 두려낭은 세상에 남기는 유물로 자신의 초상화를 그리고 죽었다. 두려낭처럼 되기 위해서는 진실로 사랑이 무엇인지 알아야 한다.
>
> 모란정, 탕현조

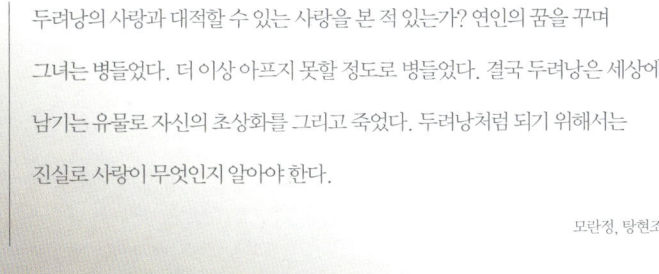

∧ 두려낭과 유몽매
곤곡의 걸작인 〈모란정〉을 현대적으로 개작한 공연에서 두 배우가 연기하고 있다.

ARCHITECTURE
建筑 BUILDING A NATION
건축 나라를 짓다

중국인들이 살고, 일하고, 기도하는 공간은 놀라울 정도로 아름답고 복잡하다. 지역의 환경에 맞게 최적으로 만들어진 거주지로부터 황제의 궁궐과 현대적 사무실 건물에 이르기까지 중국 건축가들은 언제나 진정한 장인이었다. 오래 전부터 중국 건축은 목조 건축이 지배적이었다. 비길 데 없이 유연하며 융통성이 있고 지진에 강한 목재 구조는 중국이 세계 건축에 미친 가장 큰 공헌이다. 기둥과 대들보와 서까래 등이 교차할 때 못을 쓰지 않고 나무에 홈을 파 서로 맞물리게 하는 중국 목조 건축의 특징은 수천 년의 역사를 자랑한다. 또 기단, 기둥, 까치발, 지붕으로 구성되는 4층위 건축양식은 오늘날 세계 어느 곳에서든 중국식 건축으로 통용된다. 고요하고 상징적인 중국 건축 언어는 궁궐의 구조나 사원의 구조 모두에 별다른 차이 없이 구현되어 있다. 궁궐에는 왕좌가, 사원에는 재단이 놓여짐에도 불구하고 말이다. 이 장에서는 공공건물과 사적 건물, 고대로부터 현대에 이르기까지 중국 전역에 흩어져 있는 열여섯 곳의 중요한 중국 건축물들을 살펴볼 것이다.

ARCHITECTURE BUILDING A NATION

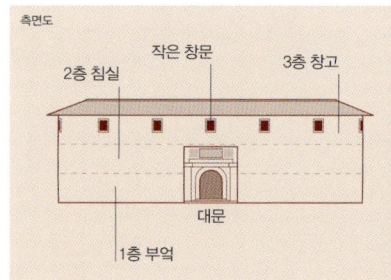

> **원형 건축**
> 벽의 가장 높은 부분에 작은 창문만 몇 개 있기 때문에 성우러우는 밖에서 보면 원형 요새처럼 보인다.

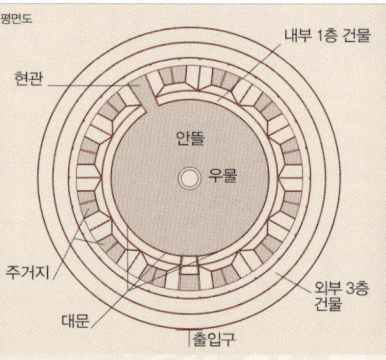

다층구조로 지어진 거대한 건축물인 투러우(토루)는 중국 건축에서 가장 예외적인 것에 속한다. 중국의 소수민족인 하카(객가)가 지은 이 투러우는 흙과 목재를 주로 사용한 거주용 건물이다.

투러우는 마치 거대한 요새처럼 중국 남서부 푸젠 성의 험한 산 속에 자리잡고 있으며, 이웃한 장시 성과 광둥 성에서도 변형된 모습으로 나타난다. 깊은 산 속엔 아직 발견되지 않은 투러우가 더 있을 것으로 추측된다.

투러우의 건축 양식은 20세기 중반까지 거의 알려지지 않았지만 오늘날은 잘 닦인 최신식 관광로를 통해 이곳까지 오려는 관광객들이 점차 늘어나고 있다.

푸젠 성에는 20세기 이전 지어진 하카 거주지들이 여전히 1000채 정도 남아 있고, 지어진 지 500년이 넘는 것들도 일부 남아 있다. 이러한 유형의 건축물들이 밀집해 있는 용딩, 난징 지역에선 20세기말경에도 규모가 큰 투러우가 건축되기도 하였다. 한편, 아주 오래된 투러우 중 상당수는 인근 마을의 험준한 지역에 부분적으로 훼손된 채 남아 있다.

투러우는 사각형, 장방형, 오각형, 팔각형, 마름모꼴 등 여러 다양한 모양으로 축조되었으나 그중 가장 놀라운 것은 원형 투러우이다.

핑허군 자오루 마을에 있는 성우러우는 전형적인 소규모 투러우이고 청나라 때에 지어졌다. 단층인 가장 안쪽의 건물과 3층인 가장 바깥쪽의 건물은 각각 열다섯 채의 방(마치 '아파트'처럼)으로 구성되어 있으며, 원형 건물 안쪽으로는 안뜰과 우물이 놓여 있다. 지금은 황폐해져 있으나 한때는 거대한 거주지였던 이 건축물의 1층엔 부엌과 식당이, 2층과 3층엔 침실과 창고 등이 있었다.

중국의 건축가들은 같은 길이일 때 둥근 벽이 사각형 벽보다 더 넓게 내부공간을 둘러쌀 수 있다는 것을 알았고, 그 때문에 가뜩이나 부족한 건축 자재들을 좀더 절약할 수 있었다. 더욱이 사각형 구조보다는 원형 구조일 때 그 내부공간을 좀더 균일한 파이 모양의 방들로 분할할 수 있다. 이는 평등주의를 지향하는 하카 사회에선 중요한 원칙이었다. 또한 건축 전문가들에 따르면, 원형 건물은 지진을 견디고 계절풍 태풍의 강한 바람을 피하기에 좀더 적합하다.

> **건물 이름**
> 모든 하카 거주지의 이름은 문학적 의미를 지닌 세 글자로 되어 있으며 대문 위에 새겨져 있다.

> **대문**
> 안뜰로 이어지는 성우러우의 대문 위 장식은 섬세하고 우아하게 꾸며진 석재 조각이다.

> **좁은 현관**
> 이곳은 음식을 준비하고 곡식의 낟알을 떨어내거나 옷에 수를 놓는 여인, 어린이, 노인들로 언제나 북적거린다.

> **기둥 장식**
> 건물 대부분이 단순하고 기능 위주인 반면 목재 지붕 밑의 섬세한 조각은 이 건물에 생기를 더해준다.

SHENGWU LOU
QING DYNASTY HAKKA DWELLING, FUJIAN
성우러우 청 왕조 때의 하카 거주지, 푸젠 성

> **지붕 위에서 바라본 모습**
지붕들은 여러 각도로 상호 교차되며, 회반죽으로 이어놓은 진흙 기와들이 얹혀져 있다.

∨ **여러 겹의 거주지**
안뜰을 원형으로 둘러싸고 있는 1층 건물이 그 뒤의 3층 건물 앞에 서있다.

< **지붕의 모서리**
지붕 끝에 있는 장식 기와는 웅장하고 부유했던 거주지로서 성우러우의 예전 모습을 보여준다.

∨ **조각된 돌 받침**
2층의 벽돌 기둥 위에 조각된 돌이 들보를 받치는 목재 아래 놓여 있다.

< **안뜰 중앙의 우물**
안뜰 중앙에 있는 깊은 우물은 투러우 안 일상생활의 중심지이다. 집의 부엌은 모두 1층에 있어서 안뜰에서 물을 길어가기가 편하다.

∧ > **출입구의 장식**
벽돌로 지어진 벽면으로부터 돌출되어 있는 화려한 장식의 석상에는 나무 기둥이 꽂혀 있는데 이는 식당 풍의 출입문을 지탱해주는 역할을 한다. 새해의 기원이 식당 문에 걸려 있다.

∧ 안뜰
각 집의 입구는 공동으로 사용하는 안뜰로 통해 있다.
안뜰은 사람들이 모이고 가축들이 돌아다니며
곡식을 모아 놓는 곳이기도 하다.

ARCHITECTURE BUILDING A NATION

> **새해 장식**
새해에는 건물의 각 출입문마다 행운을 기리는 문구를 적은 붉은 종이를 붙여 놓는다.

> **환기구**
조각된 얇은 널빤지 문을 통해 위층 방으로 공기와 빛이 들어온다.

∧ **벽돌 조각**
나무나 돌 조각 외에 불에 구운 벽돌에도 장식 문양을 조각한다.

∧ ▷ **나무 발코니**
2층과 3층 침실 외부의 목재 발코니에 섬세한 조각이 되어 있어서 우아한 분위기를 풍긴다.

< 지붕 받침
목재 부재들을 상호 교차시킨 처마의 이러한 돌출 부분은 높은 지붕을 떠받쳐준다.

∨ 식당
투러우 외부 원형 건물의 1층은 식사를 하고 휴식을 취하는 가족들의 사적 공간이다.

> 계단
계단 맨 위에서는 흙을 다져 만든 벽을 확실히 볼 수 있다. 이 벽 안쪽에는 건물의 목구조가 놓여 있다.

∧ 약식의 의례 도구
벽돌 위에 놓여 있는 도기들과 금속 접시들이 방 한 귀퉁이에 모아져 있다. 이들은 조상들에게 바칠 지폐를 태울 때 사용한다.

< 반침 침대
방 안의 방이라고 할 수 있는 반침 침대는 상서롭고 교훈적인 장식들로 꾸며지곤 한다.

∧ 빨래 말리기
조상의 사진 아래 걸어 놓은 빨래들. 조상을 기리는 장소는 많은 중국인들의 집에서 중요한 곳으로 여겨진다.

ARCHITECTURE BUILDING A NATION

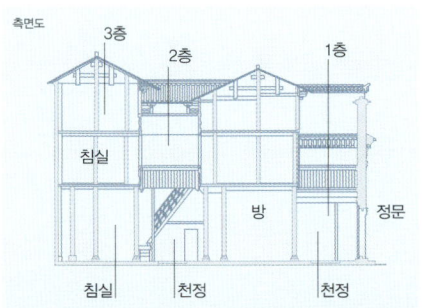

> **측면**
> 명나라 때의 건축 규제로 인해 후이저우 주거지의 외관은 겉치레가 거의 없다. 창문은 작고 주로 위층에만 있다.

> **창문**
> 공기나 빛은 위층의 창문으로는 거의 들어오지 않는다. 대신 천정으로 공기와 빛이 들어온다.

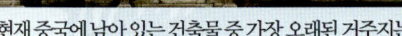

五房厅

현재 중국에 남아 있는 건축물 중 가장 오래된 거주지는 명나라(1368–1644년) 때 안후이 성과 장시 성의 후이저우 지방의 부유한 상인들이 건설한 것이다. 이 웅장한 주택들과 조상 대대로 내려온 건축물들은 최근까지 상대적으로 덜 알려졌었다. 밖에서 보면 회반죽을 칠하고 검은 기와를 얹은 매우 평범한, 심지어는 검소하게까지 보이는 집이지만, 그 내부는 무척이나 널찍하고 화려한 장식들로 채워져 있다. 높은 3층 건물이지만 대부분의 집들은 쪼그리고 앉은 듯한 상자 모양을 하고 있다. 가족들이 늘어남에 따라 본채의 바로 옆에 새로운 집을 증축함으로써 여러 채의 집들이 수평으로 넓게 연결되는 경우도 있다.

이 중 가장 수려한 것이 안후이 성 서셴 군 청칸 마을의 우팡팅(오방청)이다. 이 건축물은 원래 다섯 채의 주택으로 구성되어 있었으며, 다섯 형제가 살기 위해 명 후기(16세기)에 지어졌다고 한다. 다섯 채 중 하나는 복원 공사에도 불구하고 1970년대에 붕괴되었으나, 나머지 네 채는 최근에 복구가 완료되었다.

후이저우 지방 주거지의 최대의 특징은 '하늘우물'을 뜻하는 티안징 즉 천정(天井)이다. 이 작은 안뜰은 위가 뚫려 있어 하늘이 보이며, 낮은 바닥은 움푹하게 들어가 있어 비를 모으고, 여분의 빗물을 밖으로 내보내는 역할을 한다. 또한 외부의 빛과 공기를 견고한 건물 안으로 끌어들인다.

집 앞의 첫 번째 천정은 집 입구에 좁은 통로를 만든다. 이 천정을 지나면 개방형 큰 방, 중간 천정, 공식적인 접견을 위한 큰 방 등으로 이어진다. 이러한 공간들의 각 측면에는 하인이나 손님들이 사용했던 한 쌍의 침실이 있다. 집의 가장 뒤에는 천정이 딸린 부엌과 나이 든 여인들이 대부분의 시간을 보내는 침실이 있다. 가파른 계단을 따라 올라가면 나머지 가족들이 사는 공간인 침실, 큰 방, 창고 등이 있는데 이곳은 환기가 잘 되고 습기가 적다. 위층 중 서늘하고 건조한 방 하나는 곡식을 보관하기 위해 사용했다.

주택의 내부는 조각 장식, 벽돌, 석판, 난간, 지붕, 까치발, 기둥, 문 등으로 이루어져 있고 시구, 회화, 붓글씨 등이 담긴 족자나 두루마리, 액자들로 가득하다. 위층 회랑에는 격자로 장식된 문들이 줄지어 있는데 이는 방으로 공기와 빛이 들어오게 해준다. 밖으로 난 창이 있는 방은 거의 없다.

> **첫 번째 주택의 입구**
> 포장된 좁은 골목길을 따라가면 우팡팅의 다섯 집의 입구가 나온다.

> **돌판 문**
> 첫 번째 집 입구의 두짝문은 무거운 쇠틀에 사각형 돌판을 대서 만들었다. 커다란 금속 못이 돌판을 고정시킨다.

> **화강암 주춧돌**
> 두 번째 집 입구의 화려한 화강암 주춧돌은 이 집을 얼마나 섬세한 조각들로 장식했는지 보여준다.

WU FANG TING
A MING DYNASTY RESIDENCE IN CHENGKAN, ANHUI
우팡팅 명 왕조 때의 거주지, 청칸, 안후이 성

˅ **두 번째 집의 대문**
육중한 두짝문 위에 화려하게 장식된 벽돌과 돌로 만든 차양이 얹혀져 있다.

˃ **세 번째 집의 입구**
세 번째 집의 소박한 입구. 문보다 훨씬 높게 설치된 차양은 악천후를 거의 막아주지 못한다. 그 뒤에 보이는 문이 네 번째 집의 입구이다.

˅ **돌출된 박공**
박공벽의 가장 끝 부분이 화려하게 장식되었다.

˄ **기와와 처마**
진흙을 구워 만든 오목하고 볼록한 기와를 번갈아가며 놓아 지붕을 덮었다. 와당이라고 하는 처마 기와는 지붕의 맨 끝에 놓여 실용적, 장식적 기능을 한다. 처마 기와에는 만(卍)자와 호랑이 얼굴이 새겨져 있다.

ARCHITECTURE BUILDING A NATION

> **사라져 가는 벽지**
> 20세기의 것으로 추정되는 화려한 꽃무늬 벽지가 부분적으로 남아 있다. 첫 번째 집의 2층 침실에서 볼 수 있다.

∨ **움푹 들어간 바닥**
천정이 2층까지 통하도록 뚫려 있어서 그 좁은 통로를 통해 풍성한 빛이 바닥으로 들어오고 있다. 움푹 들어간 바닥은 빗물이 빠지기에 적합하다.

> **하늘을 올려다 본 광경**
> 직사각형으로 열린 천정으로 빛과 빗물이 들어오며 집의 열기와 연기가 밖으로 빠져나간다.

∧ **환풍구**
구멍이 뚫린 돌을 통해 나무 마루 밑으로 공기가 들어와 마루를 건조하게 유지시켜 준다.

∧ **노출된 들보**
나무 기둥과 들보는 감춰져 있는 경우가 거의 없어서 내부 벽장식의 중요한 요소가 되고 있다.

< 세 번째 집의 천정
다섯 집 모두 정문으로 들어가자마자 천정이 있으며
이는 안으로 들어가는 작은 입구가 된다.

∨ 네 번째 집의 대문
네 번째 집은 다른 집보다 나지막하기 때문에 대문도
다른 집보다 낮으며 장식도 가장 단순하다.

∨ 부엌 뜰
세 번째 집의 가장 뒤쪽에 있는 이 낮고 개방된 공간은
부엌 옆에 있어서 요리 중 발생하는 연기가 그 열린
공간을 통해 밖으로 나갈 수 있다.

< 화려한 복도
3층 복도의 나무로 장식된
격자문. 명나라 때의 우아하면서
단순한 장식의 전형이다.

∧ 다섯 번째 집
굳게 잠겨 있는 이 문은 다섯 번째
집으로 통하는 대문이었다.
이 집은 복원 공사에도 불구하고
붕괴되었으며, 현재는 잡초만
무성히 자라고 있다.

ARCHITECTURE BUILDING A NATION

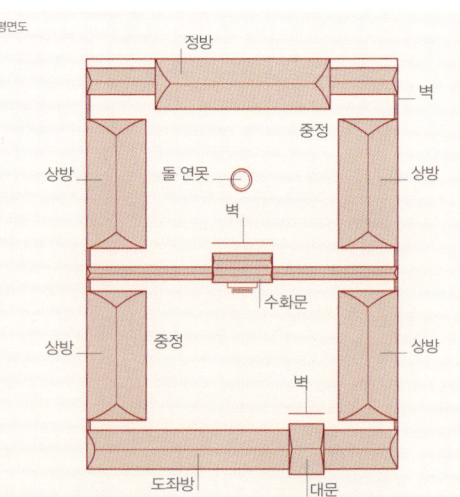

평면도

정방
벽
중정
상방 — 돌 연못 — 상방
벽
수화문
상방 — 중정 — 상방
벽
도좌방 — 대문

> **출입문**
> 붉은색 대문은 곧장 후통, 즉 골목길을 마주본다. 높은 회색 벽이 안뜰을 감싸고 있다.

∨ **주소 팻말**
1949년 이후 사합원에는 원 주인의 가족이 아닌 사람들이 들어와 살았다. 이러한 운명을 피해갈 수 있었던 이 집은 베이다제 제3후통 39번에 위치해 있으며 청옌추와 그 후손들이 살았다.

중국 주택 양식에 있어서 막히지 않고 하늘로 뚫린 안뜰 **四合院** 의 열린 공간은 없어서는 안 될 매우 중요한 요소이다. 사합원이라 불리는 이 안뜰 주택의 고전적인 형태는 수도 베이징을 중심으로 한 중국 북부에서 잘 발견된다. 이러한 형태의 주택들은 사각형의 낮은 건물들로 이루어져 있으며, 이들이 둘레를 이뤄 거의 사각형에 가까운 안뜰을 형성한다. 주택의 입구와 후미, 혹은 양 측면을 따라 서있는 건물들은 또 다른 작은 안뜰을 형성하기도 한다.

베이징이 현대적으로 변모하기 이전에는 이러한 사각형 안뜰이 있는 주택들이 후통이라고 부르는 좁은 골목길을 따라 서로 가까이 붙어 있어서 흡사 장기판처럼 보이기도 했었다. 그렇지만 최근 수십여 년 동안 붕괴되고 파괴되어 이제 베이징에 남은 사합원은 1,000채도 안 된다. 몇몇 주택들은 정치인, 작가, 화가 등 저명한 사람들이 살았다는 이유로 보존되어서 박물관으로 개조되거나 관광객용 호텔로 사용되고 있다. 원래 집 주인의 후손들이 여전히 거주하는 사합원은 몇 채 남아 있지 않다.

이 장에서 소개하고 있는 사합원은 한때 만주인 경극 배우 청옌추(1904-58년)가 살았던 곳이다. 그는 평범한 안뜰 두 개가 있는 이 집에서 1937년부터 사망할 때까지 거주했다. 그 이후 세 아들에 의해 관리되어 온 이 주택은 원래의 모습을 그대로 간직하고 있다. 390평방미터에 이르는 이 집은 고전적인 특징이 그대로 남아 있다.

베이징 사합원의 주요 요소는 담과 균형 그리고 서열이다. 높은 회색 담이 주택을 감싸고 있고, 건물 배치는 좌우 대칭이며, 중심에서 벗어나 만들어진 출입문 하나가 밖으로부터 내부를 차단해준다. 그리고 건물을 가로지르는 명패한 축으로 열리거나 닫힌 공간의 서열이 세워진다. 집안에 있는 모든 건축물들은 안뜰을 향하고 있어서 이 열린 공간은 집 전체를 통합하는 구심이 되며, 또한 집 내부의 '방들' 중 하나로 여겨질 수도 있다. 사합원의 본채는 남향 혹은 동남향으로 지어지는데, 이는 겨울 내내 최대한의 햇빛이 안뜰로 들어오도록 하기 위해서이다.

중국의 주요 건축 양식 중 하나인 사합원의 보존은 베이징의 역사적 특징을 지키고 후대에 남기려 애쓰는 사람들에게 큰 도전으로 남아 있다.

∧ **수화문**
안뜰로 향하는 꽃 장식이 된 붉은 문에 새해의 길운을 기원하는 종이가 장식돼 있다.

> **문설주 장식**
저부조로 조각된 장방형 돌 한 쌍은 우묵하게 들어간 문의 바깥 부분을 장식한다.

COURTYARD HOUSE
CLASSIC WALLED DWELLING, BEIJING
사합원 벽으로 둘러쳐진 전통 주택, 베이징

∨ **놋쇠 문 손잡이**
붉은색 두짝문에 문을 잡아당기는 놋쇠 고리가 달려 있다. 문을 잠그기 위해 이 두 고리를 연결하기도 한다.

<∨ **안쪽에서 본 대문**
대문 바로 앞에 벽이 있어서 밖에서는 안뜰을 볼 수가 없다. 사악한 귀신은 모퉁이를 돌 수 없기 때문에 벽을 세워서 귀신이 집으로 들어오는 것을 막았다고 한다. 지붕 위에는 박공장식이 달려 있다.

∨ **내부 안뜰**
집 내부의 안뜰은 사각형 단층 건물로 둘러싸여 있다. 북쪽의 건물이 정방이며 측면에는 이보다 작은 건물들이 (큰 사진은 동쪽에서 찍은 것이다). 남쪽에는 수화문이 있다. 사합원의 안뜰은 전체 주거지 면적의 반 정도를 차지한다.

∧ **문 장식**
조각된 나무 장식물들이 문 위의 상인방으로부터 돌출되어 나와 있다. 여기엔 상징성이 있는 그림이나 글씨가 새겨져 있다.

ARCHITECTURE BUILDING A NATION

∨ 상방
정방 양엽의 상방은 다른 방들에 비해 규모가 작은 편이다. 전통적으로 상방에는 가족들 중 어리거나 덜 중요한 사람들이 살았다.

< 나무틀
집 전체는 나무와 벽돌로 축조되었고 나무틀은 우아하게 조각되었다.

> 사적인 공간
각 건물의 외벽엔 작은 창이 높이 뚫려 있어서 분주한 외부의 길로부터 내부를 차단해준다.

> 조각된 돌 수반
중앙의 안뜰은 단순하고 개방되어 있으며, 매우 잘 정돈돼 있다. 이런 종류의 조각된 돌 수반은 원래 사찰이나 궁전의 정원에 있었을 것이다.

∨ 측면 통로
저장과 수납 공간이 부족하기 때문에 외부로 통하는 통로와 모퉁이에 오래된 건축 자료와 안 쓰는 집기 등을 쌓아 놓았다.

> 현관의 창고
처마가 드리워져 있어 실외에 보관하는 물건들을 악천후로부터 보호할 수 있다.

> **식당**
> 이 사합원에서는 지금도 여전히 현대 가족의 분주한 일상이 벌어진다. 현대식 가구와 유리창 등이 식당을 특징짓고 있다.

∨ **격자 장식 문**
부엌에서 본 격자문. 반쯤 가려진 안뜰을 통해 반대편 건물이 보인다.

△ **햇볕이 드는 집안**
안뜰에 접한 모든 건물들에는 큰 창문이 나 있어서 이 열린 공간으로부터 일 년 내내 햇빛이 들어온다.

∧ **서재**
사합원의 정방은 대부분 세 부분으로 나뉜다. 정방의 중앙에 있는 공용 구역, 정방의 양 끝에 있는 서재와 같은 용도의 작은 방들이 그것이다.

> **응접실**
> 족자에는 장수를 의미하는 글씨가 적혀 있어서 응접실과 조화를 이룬다. 의자는 정원을 향해 놓았다.

ARCHITECTURE BUILDING A NATION

주소 팻말
바깥 계단 꼭대기에 이 집의 주소가 붙어 있다.
린시 핑안 마안 마을 26번.

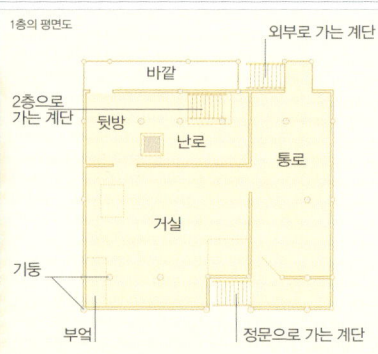

중국의 55개 소수민족 중에서 둥족의 건축물만큼 특색 있는 것은 없다. 250만 명 정도의 둥족은 광시, 구이저우, 후난 성의 경계 지역에서 살아가고 있다. 마을의 문, 고루, 극장, '비와 바람의 다리' 등이 모두 둥족 마을의 건축물이지만, 기다란 나무 각주와 말뚝으로 지탱되고 있는 그들의 주택은 정교하면서도 특별한 목공 기술을 보여주고 있어 특히 주목할 만하다.

광시 자치구 북부 산장의 마안 마을은 굽이치는 언덕들에 둘러싸여 있으며, 린시 강의 만곡부에 자리잡고 있다. 린시 강은 이 작은 마을로부터 곧장 펼쳐져 있는 논과 양어장을 둘러싸고 있다. 이곳은 훌륭한 경관과 인상적인 건축물들 때문에 중국에서 가장 아름다운 마을 중 하나로 손꼽힌다. 이 마을엔 두 세대 이상이 함께 사는 가정이 거의 없지만 주택은 꽤 넓다.

둥족의 목재 집은 평평하지 않은 지형에 놀라울 정도로 적합하다. 전형적인 주택 형태는 3층이며 측면은 크게 세 부분으로 나뉜다. 건물을 지탱해주는 긴 목재 기둥, 즉 '각주'는 주택 내부의 공간 배치와는 상관없이 건물 전체의 골격을 형성한다.

집의 주요 부분은 땅에서 2미터 정도 솟아 있고, 그 밑은 가축을 기르거나 물건을 보관하는 장소로 활용된다. 땅 위의 1층은 2, 3개의 큰 방으로 나뉜다.

대개의 집에서 첫 번째 방은 응접실 겸 부엌이며 가전제품, 책상, 탁자, 의자, 소파, 가스레인지, 냉장고 등이 있다. 여인들이 천을 짜거나 수를 놓는 일도 널찍하고 밝은 이 방에서 이뤄진다. 또한 다른 가족의 도움을 받아가며 집안의 잡다한 수많은 일들을 처리하는 곳도 바로 이곳이다. 바로 옆방의 바닥에는 개방형 화로가 설치되어 있는 것이 일반적이다. 집의 맨 위층은 침실과 창고로 작게 나누어져 있다.

열리는 창문이 그리 많지 않기 때문에 각주 주택의 벽면은 그리 촘촘히 짓지 않는다. 이렇게 되면 목재들 사이로 공기가 통하기 때문에 습기를 조절하고, 외부의 열기가 스며드는 것을 차단하며, 요리 등을 통해 발생하는 열기와 연기 등을 밖으로 배출할 수 있게 된다.

여름용 부엌
나무 기둥 옆 처마 밑에 자리 잡은 여름용 실외 부엌.

다용도실
주택 아래의 바닥 공간에 세탁기가 있다.
옷은 볏단을 말리듯 처마 밑에서 말린다.

STILT HOUSE
DONG MINORITY DWELLING, GUANGXI
각주 주택 둥족의 주거지, 광시 자치구

∨ **집의 정면**
채색하지 않은 오래된 목재들로 이루어진 이 주택의 외벽은 오랜 시간 비와 바람을 겪으면서 어두운 색을 띠게 되었다.

> **세상을 바라보는 시선**
위층의 창문을 통해 이 소녀는 집의 나머지 부분과 마을 광장을 오가는 사람들을 또렷이 볼 수 있다.

∧ **곡식 건조**
막 추수한 볏단은 낟알을 떨어내고 탈곡할 때까지 처마 밑에 걸어 둔다.

< **튀어나온 수납장**
목재 구조로 되어 있는 집의 특성 상 언제라도 건물 외벽에 간단히 수납장을 덧붙일 수 있다.

< **가축우리**
돼지, 오리, 닭 등의 가축들은 창고로 사용하는 장소인 집 아래 지층에서 산다.

> **목조 건축**
목재들은 가는 나무 쐐기로 고정되어 있으며, 서로 연결되어 있어서 각주 주택의 구조를 형성한다.

∧ **계단**
가파른 나무 계단을 통해 위층으로 올라갈 수 있으며, 이 계단은 첫 번째 층의 대문으로 연결된다.

ARCHITECTURE BUILDING A NATION

∨ 현관
가파른 계단 끝에 있는 대문을 열고 들어서면 바로 직사각형의 현관이 나타난다. 집안으로 들어가기 전에 그곳에서 신발과 모자를 벗는다.

∨ 화로
1층의 맨 끝 방에는 화로가 있고 일 년 내내 물을 끓인다. 화로는 가족의 단합과 결속을 상징한다.

∧ 여흥의 중심지
화려하게 장식된 거실의 한쪽 구석에 전자제품들이 일렬로 놓여져 있다. 오늘날 이러한 전자제품들은 많은 동족 가정에 있어 가족생활의 한 부분으로 여겨지고 있다.

> **부엌**
따로 떨어져 있는 부엌에는 화로 외에도 대개 전기밥솥과 가스레인지가 있다.

∨ **약초 바구니**
둥족 여인이 짠 대나무 바구니는 약초, 과일, 야채를 담는 데 쓰인다.

> **곡식 탈곡**
집 뒤뜰에서 말린 볏짚을 페달을 밟는 기계로 탈곡한다.

∧ **담소**
노인들이 마을 광장 앞에 있는 고루에 모여 담소를 나누고 있다. 고루는 마을 사람들이 만나고 축하를 나누는 중요한 장소이다.

∧ **목재 베틀**
창문을 통해 많은 빛이 쏟아져 들어오고 있는 거실에서 한 여인이 전통적인 베틀로 천을 짜고 있다.

< **신년 포스터**
몇 년 전이었던 닭의 해를 기리는 화려한 포스터가 아직도 거실 벽에 장식으로 걸려 있다.

ARCHITECTURE BUILDING A NATION

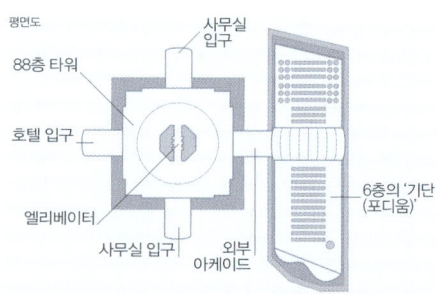

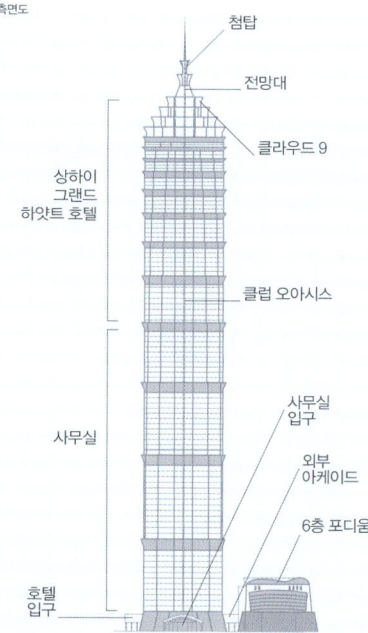

탑 형식의 구조
타워는 16개 부분으로 나뉘졌으며, 율동감이 느껴지도록 층층이 물러서 쌓아 올린 이 단형의 패턴은 전통적인 중국 목탑의 형태를 재현한 것이다.

조각 같은 첨탑
88층 전망대 위에 있는 꽃 모양 첨탑은 밤이 되면 밝게 빛난다.

완공이 지연되고 있는 **101층짜리 상하이 국제금융센터**

金茂大廈

가 2008년에 완성될 때까지는 푸둥 구역에 위치한 88층짜리 진마오 타워가 중국에서 가장 높은 건물로 남아 있을 것이다. 지난 20년 동안 이 두 상징적인 건축물들은 수많은 고층건물들과 함께 상하이의 스카이라인을 바꾸어 왔다. 1990년대 초만 해도 농장, 허름한 마을, 오래된 부두, 창고 등 단순한 풍경뿐이던 곳에 오늘날 은행, 호텔, 상점들, 극장, 체육관, 사무실, 녹지, 현대적 교통 시설 등이 들어서 미래지향적인 풍경을 연출하고 있다. 이는 빠르게 성장하고 있는 중국의 번영을 상징한다.

스키드모어, 오윙스 앤 메릴 시카고 지부의 주도 하에 중국인과 미국인으로 구성된 팀이 진마오 타워를 설계했다. 높이 420.5미터의 이 건물은 1998년에 완공되어 중국의 초고층 건축에 대한 열풍을 불러일으켰다. 이 건물의 홍보물들에서는 늘씬하게 뻗은 건물의 디자인이 '전통적인 중국 양식'을 일부분 반영한 것이며, 또한 21세기로 진입하는 상하이를 상징화한 것이라고 주장했었다. 진마오 타워의 어원적 의미인 '황금빛 번영의 건물'은 궁전, 정원, 호화로운 저택 등의 이름을 지을 때 '번영'의 뜻을 담은

글자를 넣곤 하던 중국의 전통을 연상케 한다.

매끄럽고 현대적인 여타의 마천루들이 금속과 유리로 그 표면을 감싸고 있는 것이 일반적이라면, 층층이 쌓아올려진 진마오 타워는 중국 전역에 세워졌던 고대 목탑의 형태를 재현하고 있다. 진마오 타워는 위로 올라갈수록 점점 가늘어지는 건물의 옆모습과 팔각형의 견고한 중심부를 보여주며, 위아래의 단층들이 서로 겹쳐지는 일련의 반복을 통해 16층으로 솟구쳐 올라가다가 정상에서는 매우 인상적인 조형적 형태로 마무리된다.

건물의 설계는 숫자 8에 관련된 의미들을 구체화한 것이다. 중국어로 숫자 8과 '부를 얻는다'는 단어의 발음이 비슷하기 때문에, 중국에서는 8을 상서로운 숫자로 여긴다. 이에 따라 전체 층수를 88층으로 정하고, 높이와 폭의 비율도 8:1로 설계하였다. 한편, 건물의 위치와 형태 역시 풍수 전문가의 조언에 따라 주변과 조화를 이룰 수 있는 자리로 정해졌다. 풍수에 따라 진마오 타워는 부를 가져오고 불운을 쫓아버릴 수 있도록 설계되었다. 또한 진마오 타워는 중국의 가장 국제적인 이 도시에서 현대적 고층 건물에 대한 갈망을 만족시켜주었다.

계단 같은 외벽
이 마천루의 외벽은 각진 유리, 스테인리스 스틸, 알루미늄으로 만들어졌다.

JIN MAO TOWER
88-STOREY HOTEL AND OFFICE BUILDING, SHANGHAI
진마오 타워 88층의 호텔 겸 사무실 건물, 상하이

> **상하이 그랜드 하얏트 호텔**
> 객실 555개의 5성급 호텔은 53층부터 87층까지에 위치해 있으며, 차양이 처진 지층의 입구를 통해 출입할 수 있다.

∨ **외부 아치**
호텔 아래층은 사무실이다. 사무실용 입구는 두 개이며 그중 하나가 바로 이 둥근 모양의 유리 아케이드이다. 이를 통해 저 멀리 타워의 모습이 비치고 있다.

< **상하이 그랜드 하얏트 입구**
열쇠 모양의 입구는 호텔의 지층 로비로 연결된다. 상하이 그랜드 하얏트는 세계에서 가장 고층에 객실이 있는 호텔이다.

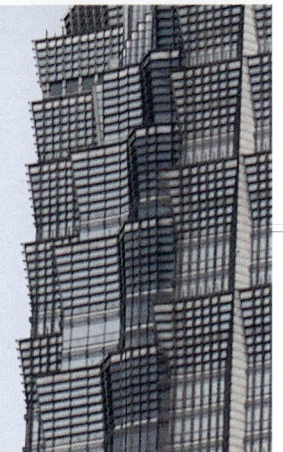

< **단층의 비례**
타워의 각종 수치들은 행운의 숫자인 8과 관련이 깊다. 위로 올라갈수록 가늘어지는 이 건물은 16개의 계단형 단층으로 이뤄져 있으며, 각 단층들은 바로 아래의 단층보다 정확히 1/8만큼씩 줄어든다.

> **건축용 파이프**
단순하지만 우아한 격자 모양의 관통형 구조 지지물들은 위 사진의 출입용 유리 아케이드를 지탱해주고 있다.

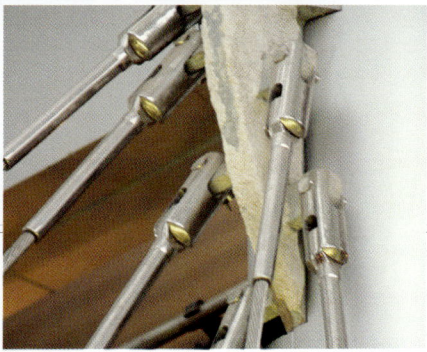

∧ **내진 구조**
태풍과 지진에 버틸 수 있도록 진보적인 구조공학 시스템을 진마오 타워에 적용했다.

ARCHITECTURE BUILDING A NATION

∨ 포디움 에스컬레이터
포디움의 에스컬레이터는 외벽에 바짝 붙어 있다.
진마오 타워 옆에 지어진 6층짜리 건물 포디움은
오락과 레저 시설로 활용된다.

∧ 드러난 구조물
포디움 내부는 구조물을 감추려는 시도를 전혀 하지 않았다.
이는 현대적이고 금속성이 강하며 기능적인 이 건물의 내적
특징들을 그대로 보여주고 있다.

◁ 포디움 내부

스테인리스 강철과 유리 등으로 온통 빛나는 포디움에는 하얏트의 회의실, 연회장, 진마오의 콘서트홀, 상점, 레스토랑, 나이트클럽 등이 입주해 있다.

▷ 반투명 바닥

포디움 쇼핑몰 중간에 매달려 있는 이 통행로는 바닥이 유리로 되어 있어 이를 통해 빛이 통과해 들어온다.

△ 나선형 계단

6층짜리 포디움은 에스컬레이터 외에도 빛나는 나선형 계단으로 연결돼 있다. 이 계단은 내부의 수직 기둥을 감싸고 있다.

△ 사무실용 엘리베이터

중앙 로비에 있는 엘리베이터를 통해 3층부터 50층 사이에 입주해 있는 사무실로 이동할 수 있다.

303

ARCHITECTURE BUILDING A NATION

∧ **그랜드 하얏트 아트리움**
53층에서 87층까지 115미터를 올라가는 그랜드 하얏트의
나선형 아트리움은 복도와 계단으로 이어져 있다.
세계적으로 가장 높은 아트리움 중 하나이다.

ARCHITECTURE BUILDING A NATION

> 위에서 본 아트리움
가장 높은 층에서 내려다 본 지름 27미터의 원통형 아트리움은 나선형 복도와 28개의 연결 계단들로 이어져 있으며 매우 가팔라서 아찔함을 느끼게 된다.

v 파티오 라운지
33층짜리 아트리움의 가장 아래층에는 우아한 분위기가 묻어나며 피아노가 놓여 있는 파티오 라운지가 있다.

∧ 그랜드 하얏트 호텔 로비
따뜻한 아르데코 양식으로 장식되어 있는 이 호텔의 최상층 로비에서는 도시의 전경을 한눈에 바라볼 수 있다.

∨ 엘리베이터 로비
일렬로 늘어서 있는 엘리베이터의 바닥과 천정 디자인에는 검은색과 흰색 타일의 대조적인 패턴을 사용하였다.

< 매력적인 엘리베이터
호텔의 모든 세부 장식이 부유한 느낌을 자아낸다. 이 엘리베이터도 반짝이는 금을 입혀서 풍성한 느낌을 강조했다.

∨ 클라우드 9
호텔의 많은 바 중 클라우드 9은 87층에 있다. 그랜드 하얏트에서 가장 높은 곳에 있는 이 바에서는 도시를 360도로 모두 조망할 수 있다.

∧ 그랜드룸
바닥부터 천정까지 이어진 창문을 통해 상하이의 아름다운 스카이라인을 볼 수 있다.

> 스카이풀
57층의 수영장 스카이풀은 세계에서 가장 높은 곳에 있으며, 클럽 오아시스 헬스장과 스파의 일부이다.

ARCHITECTURE BUILDING A NATION

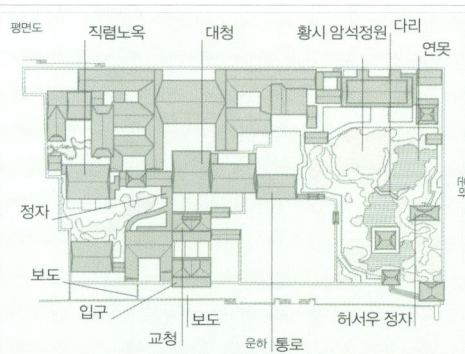

▼ 샤오신 다리가 있는 길
이 정원은 삼면이 운하로 둘러싸여 있으며, 운하 옆의 조용한 길 위에 세워진 검소한 문을 통해 안으로 드나들 수 있다.

▶ 지붕 덮인 길
대청을 따라 나있는 좁은 복도를 지나가면 동쪽 정원으로 들어갈 수 있으며, 또한 지붕 덮인 공간을 만나게 된다.

▶ 격자문
커다란 격자문이 좁은 안뜰을 향해 열려 있다. 문에는 경첩이 달려 있어서 쉽게 여닫을 수 있으며, 그에 따라 필요한 경우 내부 공간과 외부 공간을 연결할 수 있다.

▼ 안뜰
계획적으로 배치된 서쪽 정원 내의 이 구역에는 안뜰과 우물이 있다. 건물들과 회칠한 벽들이 이곳을 다른 공간과 분리시켜 놓고 있다.

크건 작건, 공공이건 아니건, 중국의 정원은 계획된 풍경을 보여준다. 그리고 이러한 풍경은 시와 회화가 공유하고 있는 미학처럼 단순하고 우아한 풍경을 옮겨 놓은 것이다.

藕园

그중 가장 이름 높은 정원들은 양쯔 강 하류의 비옥한 장난 지역의 쑤저우, 항저우, 양저우에 있는 개인 소유의 정원이다. 이들은 담장으로 둘러쳐져 있고 거의 완벽하게 모든 시설들이 갖추어져 있으며, 의도적인 균형과 얼핏 무질서해 보이는 요소들이 혼재해 있다. 그림에 제목이 있는 것처럼 각 정원에도 이름이 붙여져 있고, 정원의 각 부분들에도 문학적 은유로부터 빌려온 별칭들이 있다.

공간 배치는 관례에 따라 이뤄지지만, 사적인 공간과 주인의 취향은 공간 나름의 개별적인 특징들을 더 배가시킨다. 정원이 특정한 장면을 연출하기 위해 물과 바위 등을 배치한 인공물일지라도, 어디까지나 정원은 '자연스러워야' 한다. 바위는 하나만 놓을 때도 있으나 대부분은 암석 정원처럼 여러 개를 쌓는다. 건물과 복도, 정자는 최대한의 효과를 위해 전략적으로 배치한다. 격자 창문, 만월문, 다른 기하학적 모양의 문들은 나무나 벽돌로 만들어지며, 방문자들을 닫힌 공간에서 열린 공간으로 그리고 다시 그 반대로 이끈다. 문학적인 명명은 정원의 필수적인 요소이다. 사실, 풍경과 시는 각자의 완성을 위해 서로를 필요로 한다.

쑤저우의 샤오신 다리 근처 어우위엔(우원)은 이러한 고전 정원의 모든 요소들을 형상화했다. 처음 설계된 것은 17세기 후반이며 지금의 모습은 19세기의 것이다.

높은 벽 뒤에 집한 채가 정원을 두 부분으로 가른다. 서쪽 정원은 두 개의 안뜰로 다시 세분된다. 동쪽 정원의 입구 바로 안쪽에는 작은 안뜰이 있고, 이는 다시 열린 공간으로 이어진다. 이 열린 공간은 몇 개의 장식 창문이 달린 흰색 벽과 안으로 들어오라며 유혹하는 만월문으로 둘러져 있다. 지붕이 덮인 회랑들은 정원을 따라 굽이치며, 비바람으로부터 방문자들을 보호해주고, 정원 안의 숨겨진 공간들과 건물들로 그들을 인도해준다. 정원과 출입구로 가는 길 뒤에는 쑤저우의 운하가 흐른다.

이 정원은 상대적으로 소규모이지만, 이곳을 찾는 방문자들에게는 자신의 감각을 즐기고 예술적 풍성함을 느낄 수 있게 해줄 일종의 성소이자 학자들의 오아시스이다.

COUPLE'S GARDEN RETREAT
QING DYNASTY PRIVATE GARDEN, JIANGSU
어우위엔 청 왕조 때의 개인 정원, 장쑤 성

> **허서우 정자**
> 격자문을 통해 쏟아져 들어온 빛이 벽에 걸린
> 붓글씨와 긴 탁자 위의 백자를 비추고 있다.

∧ **문 장식**
시적인 이름이 붙여진 문들은 안뜰과 안뜰을
서로 연결하면서, 방문자들이 그 다음 장소로 곧장
나아가도록 유혹한다.

< **지붕이 처진 복도**
한 쪽에는 격자문, 또 한 쪽에는 격자 난간이 있는
좁은 복도는 서쪽 정원으로 가는 안락한 길이다.

∧ **교청**
벽에 걸린 붓글씨와 그림, 육중한 가구가 있는 이 방은
손님을 맞이하는 공식적인 접견실의 역할을 한다.

ARCHITECTURE BUILDING A NATION

∨ 안뜰
교청 밖에는 조약돌이 깔린 안뜰이 있다.
안뜰은 작은 나무와 관목, 큰 바위 등으로 꾸며져 있다.

< 지그재그 모양의 다리
작은 돌판이 지그재그로 깔려 있는 다리는 물을
건너는 통로를 길게 확장하며, 다리를 건너가는 동안
방문자들은 시시각각 달라지는 풍경을 보게 된다.

> 돌 길
'깊은 계곡'이라는 단어가 새겨진 커다란
바위 뭉치들은 그 뒤의 열린 공간과 대조를
이루어 낯선 느낌을 자아내고 있다.

∧ 격자 만월문
목재 격자문으로 장식된 둥근 모양의 입구는 작은 서재로
발길을 이끈다. 서재에는 책상과 대리석으로 상감한 화려한
나무 의자가 놓여져 있다.

∧ 기울어진 의자
물가에서 많이 사용하는 기울어진 나무 등받이는 정원의
좁은 복도에 편안하게 앉을 공간을 제공한다.

∨ 구불구불한 회랑
지붕이 처진 구불구불한 회랑은 조약돌이 깔린 개방된 길 옆으로 나란히 이어진다. 방문자들은 날씨에 따라 정원을 둘러보기에 적당한 길을 선택할 수 있다.

∨ 창문의 장식
자연에서 영감을 얻은 기하학적 패턴과 디자인이 창문에 새겨져 있다. 이것은 벽 안팎의 공간을 연결시켜 주고, 빛이 변화함에 따라 견고함과 텅 비어 있음, 어둠과 밝음 사이의 대조를 제공해준다.

∧ 만월문
다른 공간으로 연결되는 둥근 문은 바위와 식물의 자연스러운 조화를 형상화한다.

> 돌 첨탑
죽순처럼 생긴 바늘 모양의 돌기둥은 부드럽게 흔들리는 대나무 숲을 보완해주고 있다.

> 격자 창문
갈라진 얼음의 무늬를 연상케 하는 나무 격자 창문은 그 뒤로 보이는 자연과 조화를 이룬다.

∧ 조화로운 구성
지그재그 모양의 다리는 정원의 물, 땅, 건물, 식물, 바위 등의 요소를 하나로 연결한다.

ARCHITECTURE BUILDING A NATION

> **지네 같은 모습**
> 강으로부터 위로 솟아오른 듯한 모습이 꿈틀대는 지네와 닮았다. 이 지방 사람들은 베이젠 다리를 '지네 다리'라고 부른다.

> **목재 아치–들보**
> 서로 연결된 목재들을 밑에서 보면 독특한 아치–들보 구조가 보인다. 사실, 이 무지개다리는 양쪽 끝에 있는 완만한 계단을 잘 이은 것이다.

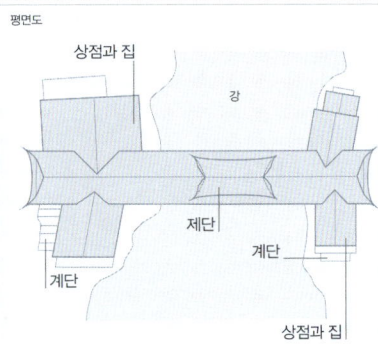

北澗橋

베이젠 다리(북간교)는 지붕이 덮인 무지개다리의 대표적인 예이다. 이런 유형의 다리는 비단 두루마리에 그려진 12세기의 회화에서만 그 모습을 발견할 수 있었다. 최근까지만 해도 무지개다리는 수백 년 전에 모두 사라졌다고 알려져왔다.

그러나 지난 이십여 년 동안 중국 전역에서 이러한 유형의 다리 100여 개가 발견되었다. 대부분은 저장 성 남부와 푸젠 성 북부의 산악지역에서 발견되었는데, 이 지역은 가파른 협곡을 건너거나 폭이 좁은 강을 지나야 한다. 이러한 모양의 다리는 진정으로 독창적이어서 세계 어느 곳에서도 발견할 수 없다. 이 다리들이 발견됨에 따라 중국 공학과 목공기술의 독창성과 유연성이 확실히 증명되었다.

베이젠 다리는 저장 성 타이순 군의 강하나를 가로지른다. 길이 50미터, 너비 5미터인 이 다리는 1674년에 처음 축조되었고, 1987년에 다시 지어졌다. 2005년의 대홍수 때 급류가 흘러와 심각한 손상을 입기도 하였지만, 다리는 살아남았다.

그 밑에 있는 구조를 가리는 '치마' 때문에 베이젠 다리는 멀리서 보면 그저 하나의 아치처럼 보인다. 이는 사실, 맞물려 얽혀 있는 나무 조각들이 자아낸 환영적인 모습이라고 할 수 있다. 그러나 나무 조각들의 구조는 너무나 정교해서 하늘에 떠 있는 무지개 모양을 훌륭히 형상화하고 있다. '아치' 형태는 다리의 양쪽 끝에 있는 교대에 목재를 기울여놓음으로써 완성되었다. 다리 양 끝의 이 기울어진 목재들 사이를 다른 목재들로 이어주어 수평을 이루게 하고 등나무 밧줄로 이를 묶는다. 그 위에 지붕을 얹고 나면 다리의 모든 요소들이 하나로 모아져 단단하고 안정된 하나의 구조를 이루게 된다. 목재 기둥, 들보, 기와는 하중을 더해주어서 홍수와 태풍에 견디도록 해주었다.

지붕이 있는 긴 회랑의 내부 목구조는 못을 사용하지 않고 기둥과 들보를 장부촉 이음으로 이어 만들었다. 튀어나온 들보는 아래의 목재를 보호하는 처마 역할을 한다.

다리의 양쪽 끝에 있는 목재 건축물은 지층 부분은 상점으로, 그 위는 주택으로 사용되고 있다. 다리의 중앙에는 그 지역에서 숭배되는 신들의 그림이 있는 작고 섬세하게 꾸며진 방이 있다. 강이 흐르는 한 이 다리는 마을 사람들이 만나서 환담을 나누는 만남의 장소 역할을 계속할 것이다.

∧ **현판**
다리의 현판에는 '고건문물' 즉 오래된 건축문화 유물이라고 써 있다. 베이젠 다리는 지은 지 300년이 넘었다.

> **지붕이 덮인 통로**
88개의 기둥과 수많은 들보로 이루어진 다리의 통로 구조는 중국의 주택, 사찰 건축과 비슷한 점이 많다.

> **화려한 기둥 받침**
기둥 받침엔 영생의 버섯이라고 하는 영지버섯이 조각되어 있다. 영지버섯은 행운의 상징이다.

BEIJIAN BRIDGE
COVERED RAINBOW BRIDGE, ZHEJIANG
베이젠 다리 지붕 덮인 무지개다리, 저장 성

> **주작**
보통 용과 짝을 이루는 상서로운 동물인 주작은 남쪽과 태양을 상징한다.

< **구불구불한 용**
성스러운 동물 가운데서 용은 동쪽과 비를 상징한다. 또한 다산을 의미하기도 한다.

> **다리 복도**
오늘날은 거의 비어 있지만 오목한 벽감 세 군데에는 의식에 사용되었던 신들의 그림이 있었다.

∧ **신상**
도자기로 만든 신상과 봉헌한 꽃은 이곳 제단 위에 어떤 의례용 물품들이 놓여져 왔는지를 암시해주고 있다.

< **사찰 같은 정문**
위로 솟아오른 지붕 선 때문에 다리로 다가가면 마치 사찰의 입구처럼 느껴진다.

< **기념비**
서쪽 입구에 있는 기념비에는 다리의 최초 건축과 이후의 재건축에 대한 기록이 되어 있다.

ARCHITECTURE BUILDING A NATION

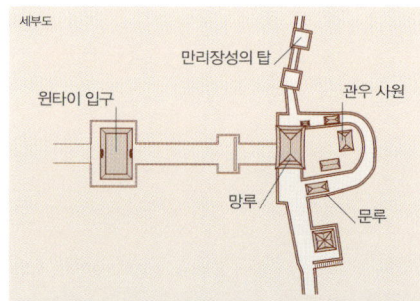
세부도

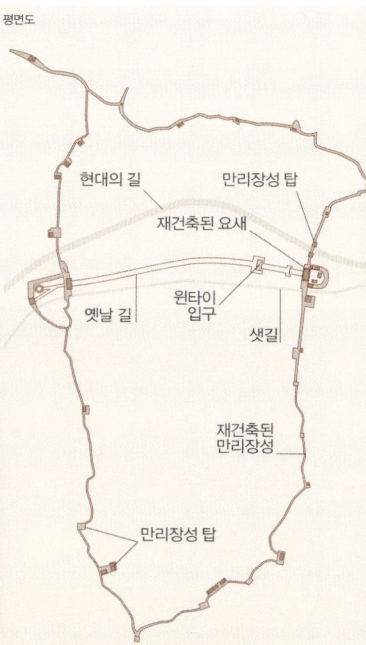
평면도

< 재건축된 요새
복원된 요새에는 탑 위에 문이 여러 개 있고 U자형 망루가 있다.

∨ 원타이
흰색 대리석 아치 길 위에는 원래 탑처럼 생긴 구조물이 있었으나 15세기의 지진으로 붕괴되었다.

중국 건축의 가장 뛰어난 위업은 수천 킬로미터에 달하는 장성이며, 이는 중국 북쪽 국경의 끝에서 끝까지를 이어주고 있다. 현존하는 장성 중 가장 일찍 축조된 부분은 기원전 7세기의 것이라고 한다. 그 이후 전국 시대의 많은 나라들이 국경을 지키기 위해 성벽을 쌓았으며 이전 시대의 성벽과 연결하여 건축했다.

居庸关

중국의 첫 번째 황제인 진시황은 기원전 221년에 중국을 통일한 후 정복한 영토의 북쪽 경계선을 따라 성벽을 연결하고 강화하라고 명령했다. 그의 목적은 북쪽 국경을 따라 하나로 연결된 성벽을 건축하는 것이었다. 그러나 중국이 만리장성을 짓기 위해 노력할 수 있게 되기까지는 1500여년의 시간이 더 필요했다.

명 왕조(1368-1644년)의 목표는 북쪽 국경에 6300킬로미터에 달하는 성벽을 쌓는 것이었다. 성벽은 아홉 지역으로 나뉘었고 각 지역에는 요새, 망루, 전략상의 길이 있었다. 오늘날은 열두 길 정도가 잘 보존돼 있다. 이중 가장 유명한 길은 동쪽 끝의 산하이관, 중국 서부의 자위관, 베이징에서 60킬로미터 북쪽의 쥐융관(거용관)이다. 쥐융관의 흰색 대리석 아치 길은 원타이(운대)라고 하며 명나라 직전, 몽골의 지배 이후부터 존재했다.

원래 몽골인들은 자신들의 고향인 북부 초원 지역과 중국 사이를 가로막는 성벽에 반대하였다. 1213년 칭기즈 칸의 군대는 18킬로미터에 달하는 계곡 속에 위치한 쥐융관을 통과해 갈 수 없었고, 군대를 재정비한 후 다른 방면으로 공격을 시도할 수밖에 없었다. 그러나 마지막 몽골 황제의 통치 기간에는 지금은 파괴된 티베트 양식의 탑이 세워지기도 하였다(1343년에서 1345년 사이). 같은 시기에 높이 9.5미터의 원타이가 세워졌으며 15세기 초반까지 탑 세 개가 남아 있었다.

이 아치 길에는 탄트라 불교의 내용과 불교 경전의 문구가 부조로 조각돼 있는데 몽골 제국 시대에 가장 널리 쓰인 언어 여섯 가지로 비문에 새겨져 있다. 그중 하나는 지금은 사라진 서하 왕국의 언어인 탕구트어이다. 서하 왕국은 1028년부터 몽골이 정복할 때까지 북아시아를 다스렸다. 나머지 다섯 언어는 중국어, 티베트어, 산스크리트어, 몽골어, 위구르어 등이다.

∧ 번개 속의 비밀의 부처
아치의 외벽에는 탄트라 불교에서 중요한 인물로 여겨지는 비밀의 부처 5인을 상징하는 조각이 새겨져 있다.

> 수호신
아치의 조각에는 동서남북을 상징하는 사천왕이 새겨져 있다.

JUYONGGUAN
YUAN DYNASTY PASS, GREAT WALL, BEIJING
쥐융관 원 왕조의 길, 만리장성, 베이징

> **부조**
> 윈타이 아치 위에는 사람과 괴물에 둘러싸인 새의 왕이 새겨져 있다.

> **탄트라 조각**
> 아치의 통로에는 탄트라 불교의 신들이 저부조로 묘사돼 있다.

> **망루의 사원**
> 쥐용관의 U자로 튀어나온 망루 부분엔 전쟁의 신인 관우의 작은 사원이 있다.

> **여러 언어로 새긴 불경**
> 윈타이의 통로에는 불경의 경전 내용들이 몽골 제국의 여섯 가지 언어 즉 중국어, 티베트어, 산스크리트어, 몽골어, 위구르어, 탕구트어로 새겨져 있다.

> **문루**
> 복원된 다층 문루는 '하늘 아래 최초의 거대한 문'이라고 하며 회색 벽에 작은 문이 있다.

> **아치 통로**
> 문루의 기와와 아름다운 조화를 이루는 아치 아래를 지나면 망루로 나갈 수 있다.

315

아치 통로
아치로 덮인 계단과 통로들을 통해 쥐융관의 각 층, 각 방으로 이동할 수 있다.

벽돌과 목재
벽돌로 쌓은 흉벽 위에 세워진 쥐융관 문루는 목조건축이며 감시와 방어 임무를 수행 중인 군대에 편의를 제공했다.

봉화탑 내부
군대는 봉화탑 내부를 숙소로 이용했다. 벽돌로 쌓은 두터운 벽은 침략자들과 악천후로부터 그들을 보호해주었다.

총안
벽에는 총안이 뚫려 있어서 병사들은 주변의 상황을 안전하게 살필 수 있었다.

작은 창고
쥐융관에는 군대를 위한 병영과 군수품 창고가 있다. 무기와 식량을 보관하는 용도의 창고는 쥐융관 전역에 두루 나타난다.

가파른 계단
총안이 뚫려 있는 흉벽들을 잇는 가파른 계단은 봉화루로 이어진다.

봉화루
봉화루는 시계를 확보하기 위해 대개 언덕 꼭대기에 지어졌다. 봉화루는 연기를 피워 신호를 보내는 데 사용했다.

> **만리장성**
벽 하단의 폭은 7.5미터이고 갈수록 좁아져 윗부분의 폭은 4.5미터이다. 재료는 흙, 돌, 벽돌이었다.

∨ **위로 굽이치는 벽**
만리장성의 벽은 위로 굽이쳐 올라간다. 봉화루를 지나면 쥐용관에서 전략적으로 중요한 좁은 계곡을 통과한다.

< **험준한 지형**
울퉁불퉁하고 바위 많은 지형에 맞도록 오르락내리락 건축된 만리장성은 침입자에 대비하여 중국을 지키는 최전선이었다.

∧ **안전 난간**
오늘날의 쇠 난간은 방문자들이 가파른 성벽을 쉽게 오르내리도록 도와준다.

ARCHITECTURE BUILDING A NATION

> **수호신 뱀**
> 나가는 계단, 문, 사원의 건축물을 보호해준다고 한다. 거대한 금불상을 지키는 나가.

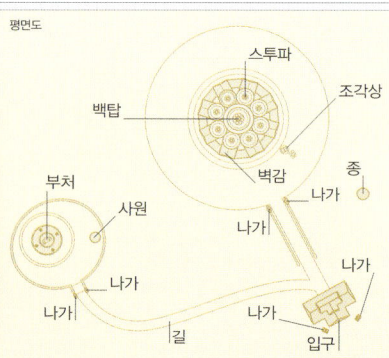

> **벽화**
> 사원 입구 근처의 주황색 벽에 그려진 벽화는 부처와 불교에 대해 묘사하고 있다.

> **나가 상**
> 나가는 신화에 등장하는 뱀의 왕으로 부처가 명상 중일 때 지켜주었다고 한다.

원난 성 남부 시솽반나 자치구의 징훙은 중국과 미얀마 국경 지대인 메콩 강변에 위치한다. 이 아열대 지역이 다이족 사원의 고향이다. 다이족은 소승불교를 믿는 버마계 중국인들이다.

曼飞龙塔

다이족 사원들은 마을의 중앙 혹은 마을 밖의 고지대에 건축되었다. 다이족 사원의 중심 건물은 부처가 모셔진 법당이며, 거의 모든 사원에는 탑이 세워져 있다. 입구, 부처의 가르침을 기록한 경전을 보관하는 서고, 승려의 주거지도 역시 전형적인 사원 건물에 속한다.

이 사원은 만페이룽 마을의 남쪽 분지에 있으며, 사원의 이름은 이 사원의 가장 큰 특징인 백탑을 따서 지어졌다. 사실 백탑은 탑 하나가 아니라 지상에서 3미터 높이의 원형 기단에 9개의 백탑(혹은 스투파)이 모여 있는 것을 말한다. 전체적인 형태는 동남아시아 불교 양식과 전형적인 다이족 건축이 혼합되었다.

스투파 아홉 개는 견고한 호리병박 모양이며 장식적인 석공조각에 뾰족한 고리 모양이 솟아 있다. 중앙의 가장 큰 3층탑은 높이가 16.29미터에 달한다. 나머지 작은 단층 탑 여덟 개는 큰 탑을 팔각형으로 둘러싸고 있다. 작은 탑의 높이는 각각 9미터이며 기단의 지붕이 덮인 벽감에는 부처상이 있다. 벽감은 빨간색, 노란색, 초록색으로 채색되었고 목조각으로 장식되었다. 아홉 탑의 정점에는 종이 달린 청동 첨탑이 있다. 모든 첨탑은 연꽃 문양처럼 기하학적, 상징적 형태를 취하고 있다. 주 기단 아래에는 다이족이 유일하게 숭배하는 부처 석가모니의 이미지가 있다. 이 지역 전설에 따르면 주변 바위에 난 흔적은 석가모니의 발자국이라고 한다.

이 지역 사람들은 하얗게 빛나는 만페이룽 탑(만비용탑)을 '죽순 탑'이라고 불렀다. 오래전부터 이 탑의 모양이 대나무 순이 올라오는 것과 닮았다고 생각했기 때문이다.

백탑이 처음 축조된 것은 1203년이다. 인도 승려가 이 지역 부족장의 후원을 받아 만들었다고 한다. 현재의 구조는 19세기의 것이다. 근처의 다명룽에는 백탑의 자매라고 할 수 있는 1204년에 건축된 높이 18미터의 검은 탑이 있어 대조를 이룬다.

THE WHITE PAGODA
DAI BUDDHIST MONASTERY, MANFEILONG, YUNNAN
만페이룽 백탑 다이족 불교 사원, 만페이룽, 윈난 성

◁ **가까이 본 나가**
뱀보다는 용과 더 닮은 나가도 있다. 사원의 양쪽 계단, 지붕, 외벽 등에 나가 상이 놓여 있다.

▷ **금종**
불교 수행에 있어 종소리는 중요한 위치를 차지한다. 종 위에 놓여 있는 나무를 이용해서 이 큰 종을 타종한다.

◁ **가까이 본 사당**
사당 꼭대기에 손가락처럼 생긴 조각물이 솟아 있다. 이들은 잎 모양이나 나선형 모양을 띠고 있다.

△ **부처 입상과 제단**
조각된 석재 제단 뒤에는 부처상이 손을 들어 방문자를 축복하는 자세를 취하고 있다. 부처 머리 위의 우산은 불교의 우월함과 권위를 상징한다.

△ **탑**
사원 입구에서 본 탑. 만페이룽 탑을 형성하는 여러 탑들은 강한 인상을 심어준다.

ARCHITECTURE BUILDING A NATION

THE WHITE PAGODA

∧ 백탑
나가의 머리 쪽에서 본 탑. 작은 스투파 여덟 개가 높은 첨탑을 둘러싸고 있다. 여러 벽감 안에는 부처상이 있으며 이는 만페이룽 탑에서 가장 신성한 구조물이다.

< 흰색 탑의 첨탑

모든 첨탑은 연꽃 문양(가장 오른쪽 사진)처럼 기하학적, 상징적 형태를 취하고 있다.

> 첨탑 장식

각 첨탑 꼭대기에는 풍향계, 종, 바람이 불면 휘파람소리가 나는 '하늘의 피리' 등이 달려 있다.

< ∧ 벽감의 장식

채색한 목재 박공널에 신화 속 형상들이 저부조 또는 환조로 장식되어 있다.

< 벽감 안의 부처
기단의 작은 탑에 있는 채화된 벽감에 금칠한 부처상이 있다.
신심 깊은 신자들이 꽃을 봉헌했다.

∧ 채색한 입상
가장 작은 스투파의 기단에 있는 벽감 모양을 본떠서 만든
구조물 옆에 수호상이 서있다. 여인의 형태를 띠고 있는
이 수호상은 밝게 채색되어 있다.

ARCHITECTURE BUILDING A NATION

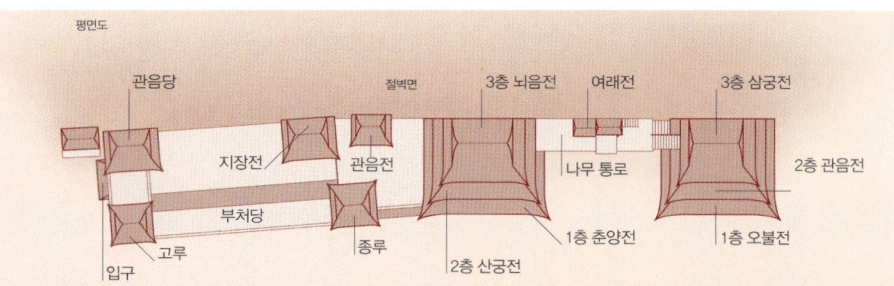

층층 지붕
금색 박공구조 지붕이 사원의 가장 높은 곳에 있는 두 층을 덮고 있어 글자 그대로 산에 '매달려' 있는 것처럼 보인다.

바위 면에 지어진 건물
가파른 절벽면을 파고 들어간 법당들을 목재로 된 외부 구조물들과 지붕이 보호해준다. 각각의 법당들은 좁은 나무 통로로 서로 연결되어 있다.

허공에 매달려 있는 사원이라는 뜻인 쉬안쿵시(현공사)는 경이로운 중국 건축물로 널리 알려져 있다. 이 절은 산시 성 북부 다퉁시 인근에 있는 형 산의 험준한 절벽 중간에 매달려 있다. 6세기 초반 처음으로 건축된 이 사원은 현재 40동 이상의 건물들이 남아 있고, 모든 건물들은 통행로와 복도를 통해 서로 연결되어 있으며, 절벽면을 따라 북쪽에서 남쪽으로 뻗어나가 있다. 이 많은 법당들은 절벽에 나있는 구멍과 자연 동굴들을 이용하였으며, 그 외관은 화려한 목재들로 덮여 있다. 수평의 들보와 수직의 기둥으로 지탱되고 있는 사원은 절벽 위에 위태롭게 매달려 있다.

주요 건물 두 채는 지붕의 추녀마루가 박공구조로 된 3층 구조물이다. 바위를 깎아 만든 법당의 입구는 모든 층에 있다.

사원의 구조상 모든 건물은 가능한 좁게 지어졌다. 그럼에도 불구하고 그 안에는 청동, 철, 점토, 돌로 만들어진 도교, 불교, 유교에서 떠받드는 신들의 조각상이 80개 이상이 있다. 중국의 3대 신앙인 불교, 도교, 유교가 혼합된 장소인 쉬안쿵시에서는 예불도 이 모든 요소들이 혼재되어 진행된다.

나무로 만든 통로를 지나가다보면 이 사원의 안정성이 발아래의 광경만큼이나 인상적으로 다가온다. 사원은 바람과 폭풍우에도 살아남았고, 지진으로 절벽이 손상되었을 때도 건물들은 한 번도 붕괴되지 않았다. 북위(386-535년) 시대에 처음 만들어진 이 사원의 건물들은 긴 세월 동안, 특히 금(1115-1234년), 원(1279-1368년), 명(1368-1644년) 왕조 때에 수리되었다.

연대가 적혀 있지 않은 비문에 따르면, 많은 건축가들이 주저했으나 유독 장이라는 장인만이 사원을 짓기로 결심했다고 한다. 그는 사원 건축에 대한 책임을 지고 산기슭으로 목재를 운반하는 방법을 체계화하였고, 그곳에서 목재를 자르고 다듬었다. 일꾼들은 개인 연장과 그들 자신을 밧줄에 매단 채 절벽 모양을 따라 구불구불 나아가면서 현재의 사원이 있는 곳까지 올라갔다. 이는 이렇게 외지고 험난한 장소에 사원을 짓기 위해 오랫동안 직면해야만 했을 여러 도전들의 시작만을 묘사한 것에 불과하다.

기둥
다양한 길이의 가는 나무 기둥들이 절벽 안으로 파고 들어가 자리를 잡고 있어 통로와 법당들을 지탱해준다.

XUANKONG SI
SUSPENDED IN THE AIR MONASTERY
쉬안쿵시 허공에 매달린 사원, 산시 성

悬空寺

∨ 채색한 치원
지붕의 용마루엔 치원이 장식되어 있다. 신화의 용인 치원은 불이 난 곳에 비를 내려준다고 한다.

› 처마 장식
돌출한 두 겹의 처마는 중국 다층 건물들에서 전형적으로 나타나는 특징이다.

∧ 망루와 통로
좁은 나무 통로는 절벽면을 감싸며 왼쪽의 2층 고루와 오른쪽의 법당을 연결해준다.

› 지탱하는 까치발
기둥이 들보를 만나 생기는 연결 부분을 나무 까치발이 지탱해주고 있다.

∧ 보호를 기원하는 지붕의 기와
보호를 의미하는 사자와 봉황의 얼굴이 새겨진 금색과 파란색의 기와들이 지붕의 끝을 장식하고 있다.

ARCHITECTURE BUILDING A NATION

∨ 가까이 본 단청
정교한 장식의 손길이 미치지 않은 곳이 없을 정도로 이 사원 안의 들보, 문틀, 기둥, 까치발 등은 모두 아름답게 채색되어 있다.

> 장식 처마 기와
채색된 들보 위에 얹은 진흙으로 구운 와당(원형, 삼각 기와)은 오목한 부분으로 물이 떨어지도록 돕는다.

< 금빛 통로
절벽 옆의 이 통로는 다른 기도실로 통하는 문 역할도 하고 있다.

∧ 내부에서 본 지붕 구조
쌓아올린 들보는 지붕을 지탱한다. 올라가면서 우묵해져서 지붕이 위로 뾰족한 모양이 된다.

∧ 제단
삼궁전 내부의 섬세하게 조각된 목재 틀 안에는 금부처와 두 보살상이 자리 잡고 있다.

< 현인의 상
이 사원의 3층에 있는 뇌음전 안에는 현자의 거대한 채색 조각상이 제단의 중심을 이루고 있다.

> 신상이 있는 벽감
산궁전 밑 1층의 춘양전에는 작은 신상을 모아 놓은 벽감이 모여 있다.

∧ 괴물 상
괴물 같은 얼굴을 한 동물상이 삼궁전의 기둥 위에 놓여 있다.

< 부처상
오목한 벽감 안에 놓인 부처상. 이 벽감은 사원의 벽을 따라 절벽면에 파고 들어가 만들었다.

ARCHITECTURE BUILDING A NATION

> **지붕 장식**
가파른 지붕의 이음새에는 채색한 도자기 장식과 회반죽을 틀에 넣어 만든 작은 입상 등이 놓여 있다.

∨ **지붕 위 장식**
틴하우의 이야기를 묘사하고 있는 화려한 채색 도자기 인형들이 모자이크 타일로 만든 태양 모양의 구체 장식을 둘러싸고 있다.

天后庙

틴하우(천후)는 중국 동남부의 여러 신들 중 가장 중요한 신이다. 홍콩에만 틴하우에게 봉헌된 신전이 60곳이 넘는다. 틴하우는 또한 동정심 많은 어머니 같은 마조 여신으로도 널리 알려져 있다. 예전부터 어부의 수호신이자 보호자인 틴하우는 배와 어부들이 많은 중국 해안가의 사원들에서 숭배되었다.

이 틴하우 사원은 홍콩섬 북쪽 해안 코즈웨이만의 인구밀도가 높은 지역 중 하나에 위치해 있다. 사실 18세기에 부유한 가문이 이 사원을 처음 지었을 당시에는 사원이 항구 옆에 있었다. 시간이 지나 개간을 하게 되면서 해안의 땅이 개발되었다. 결과적으로 바다 바로 앞에 있던 이 사원은 도시의 마천루 속에 파묻히게 되었다.

사원 앞의 광장은 코즈웨이만 사람들이 만나는 장소이자 사회생활의 활기찬 중심지이다. 낮에는 특히 은퇴한 사람들이 다과를 즐기고 장기를 두며 중국 극을 듣거나 점쟁이와 상담하는 장소이다.

틴하우 사원의 크기는 그리 크지 않지만 내부의 장식은 매우 화려하다. 장식 대부분은 처마에 매달려 있거나 지붕 위 혹은 절 안의 어두운 곳에 숨겨져 있다. 전 세계 도자기의 60퍼센트 가까이를 제작하는 광둥 성의 시완 공방에서 만든 도자기 신상은 특히 더 아름답다. 안뜰을 가로질러 법당 안쪽으로 들어가면 붉은 옷을 입은 틴하우 상을 어둠게나마 볼 수 있으며, 처마에 밝게 그려진 화려한 그림들이 시선을 끈다.

사원의 외관은 나무, 기둥, 튀어나온 들보로 구성돼 있고 출입구는 모두 마름질된 돌로 포장되어 있다. 눈에 보이는 모든 구조물은 조각되거나 채색되었다.

다른 중국 건물에도 나타나는 오복을 기원하는 행운의 그림이나 문양들 역시 이 건물 곳곳에서 찾을 수 있다. 중국인들의 오복이란 장수, 부, 강령, 유호덕(덕을 좋아하여 즐겨 행하는 것), 고종명(명대로 살다가 편히 죽는 것)을 말한다.

∧ **까치발**
석재 기둥과 들보가 만나는 곳에 조각된 까치발이 놓여 있어 안정감을 높여준다.

∧ **박쥐 문양**
'박쥐'도 중국어로 '부'와 발음이 같기 때문에 박쥐 역시 부의 상징으로 자주 사용하곤 한다.

TIN HAU TEMPLE
SHRINE TO THE HEAVENLY EMPRESS, HONG KONG
틴하우 사원 천후의 신전, 홍콩

< 처마의 기와
원형과 삼각형 기와를 번갈아가며 놓아 빗물이 땅으로 흘러내려가도록 했다.

> 입구 장식
몇 개의 작은 사자상들이 입구 위에 놓여 있다. 그 뒤로 틴하우가 보호하는 어부의 그림이 그려져 있다.

∨ 인형
여신 틴하우의 전설을 묘사하고 있는 조그만 채색 인형들이 처마 끝에 걸려 있다.

∧ 행운의 등
대나무 틀에 종이를 붙여 만든 등은 홍콩의 많은 사원을 장식하고 있다.

∧ 사원 현관
아침엔 조용한 현관 밖 안뜰이 시간이 지나면서 기도하는 사람들로 북적거린다.

> 봉헌하는 곳
작은 향로가 놓여진 제단 모양의 조그만 벽감들은 개인적으로 기도하는 사람들을 위해 마련되었다.

< 향로
철 향로에 손잡이와 다리에 새겨진 문양들은 사람들을 보호한다는 뜻을 지니고 있으며, 빨간색과 금색은 행운의 색으로 알려져 있다.

∧ 사자 조각상
사람들을 보호하는 상징인 사자 석상이 사원 곳곳에 놓여 있다.

ARCHITECTURE BUILDING A NATION

∨ 문의 수호신
사원의 문에는 무관 복장을 한 수호신이 밝은 색채로 그려져 있다.

∨ 틴하우를 위한 제단
틴하우의 모습을 도자기로 구운 인형이 사원의 붉게 수놓은 나무판 앞에 놓여 있다.

∨ 중심 법당
붉은 색의 상서로운 분위기로 가득한 이 방에는 탁자, 봉헌한 초를 두는 상자, 향 타래, 청동 그릇, 상징적인 자수 등이 있다.

∧ 점치는 막대기
절 안의 대나무 통 안에 대나무 막대기들이 들어 있다. 대나무 통을 흔든 다음 막대를 하나 집어서 운을 점친다.

< 수호자
준엄하고 민첩해 보이는 괴물 모양의 나무 조각은 수많은 수호자 중 하나이다. 이들은 사원의 신들을 안전하게 지키는 역할을 한다.

< 틴하우상
성스러운 장소인 제단 위에 틴하우상을
놓고 불을 밝혀 놓았다.

< 향 타래
거대한 향 타래는 며칠에 걸쳐 천천히 탄다. 향은 물질에
대한 집착을 태워버린다는 의미를 갖고 있다.

∨ 등
용의 입으로부터 돌출된 상서로운 동전들과 얇은 천 위에
채색되어진 섬세한 여인 문양들로 장식된 이 등은 빛의
근원 등을 상징한다.

< 청동 향로 받침
향 다발이 청동 향로에 꽂혀 있다. 향은 틴하우에
대한 봉헌으로 타오르고 재는 밑의 그릇에 모인다.

> 관우
'삼국지'의 주인공이기도 한 관우는 붉은 얼굴로
묘사되며 불교와 도교 신자들에게 숭배받는다.

331

ARCHITECTURE BUILDING A NATION

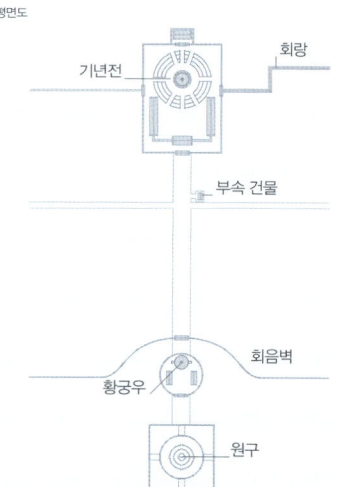

평면도

6.5킬로미터에 달하는 말발굽 모양의 벽이 천단의 여러 건물들을 둘러싸고 있다. 이곳에서 황제는 가장 중요한 의식인 천제를 매년 두 번, 즉 동지와 정월대보름에 각각 거행하였다. 의식이 거행되던 세 채의 '큰 방'은 두 개의 이상적인 형태를 본떠서 만들어졌다. 하늘을 상징하는 원형과 땅을 상징하는 사각형이 그것이다.

기원전 천 년 경부터 고대 중국 수도의 남부 지역에서 천제가 거행되었다고 기록되어 있다. 이 천단은 원래 베이징 성벽 남쪽에 명 황제 영락제(1402-24년 재위)가 지은 것인데, 1553년에 도시가 확장되면서 천단은 새로운 성벽의 북쪽에 위치하게 되었다.

황제가 천단에 들어갈 때는 남쪽이 아니라 서쪽의 문으로 들어갔다. 황제를 위한 대부분의 공간배치에서 남쪽을 활용하는 것이 일반적임을 생각할 때 매우 이례적인 것이다.

천단의 서쪽에는 의식용 도구를 보관했고 동물을 제물로 바쳤다. 또한 의식이 거행되는 동안 황제는 이곳에서 단식을 했으며, 자신의 마음을 흐트러뜨릴 수도 있는 일들을 자제하였다. 즉, 의식 며칠 전부터 고기를 먹지 않고 여자들을 멀리했다.

동짓날 황제는 세 방 중 첫 번째 방인 원구에 가서 한 해 동안 일어났던 것들을 하늘에 고했다. 정월대보름이 떠있는 동안에 거행되는 두 번째 의식 때에는 세 번째 방인 기년전에 들어가 제천 의식을 올렸다.

원구는 세 개의 둥근 흰색 대리석 단으로 구성되어 있다. 각 단에 깔린 포석의 숫자는 황제의 상징인 9의 배수로 되어 있다. 황제가 중앙의 돌단에 무릎을 꿇고 이야기하면 아무리 작게 얘기해도 목소리가 울려서 크게 들렸다. 이러한 음향 효과는 두 번째 방 황궁우에도 나타난다. '메아리 벽'으로도 불리는 황궁우의 외벽 어디서든 180도 반대편의 속삭이는 소리까지 들을 수 있다.

세 번째 방은 한 해가 번영하기를 기원하는 방이다. 내부의 28개 기둥 중 가장 큰 네 개는 4계절을 나타내고 나머지 24개는 음력의 12달과 12시를 상징한다.

▲ 원구
흰색 대리석으로 지어진 3층 기단의 각 단에는 난간이 있고, 계단을 따라 올라가면 의식용 '큰 방'에 도달한다.

▷ 난간의 기둥
각 단 난간의 기둥은 각각 9의 배수인 72, 108, 180개이다.

▽ 용머리 모양 물받이
건축물 내부의 물을 멀리 내보내기 위한 물받이가 용머리 모양을 한 채 돌출돼 있다.

▷ 기둥의 머리
원구를 둘러싸고 있는 대리석 기둥의 높게 솟아오른 부분에는 용무늬가 섬세하게 조각, 장식되었다.

TEMPLE OF HEAVEN
MING DYNASTY TEMPLE COMPLEX, BEIJING
천단 명 왕조의 사원, 베이징

∨ **가장 높은 단에서 본 북쪽 광경**
원구의 네 개의 대리석 계단은 동서남북을 향해 있다. 이 사진은 황궁우를 향하고 있는 북쪽 계단 위에서 본 모습이다.

< **도금한 액자 현판**
황궁우라는 세 글자가 입구 위 현판에 화려하게 써 있다.

> **황궁우**
단층의 대리석 기단 위에 서있으며 둥근 격자문으로 외벽을 친 황궁우는 파란색 기와가 덮인 고깔 모양의 지붕을 하고 있으며, 그 지붕의 꼭대기는 금빛 둥근 장식으로 마무리되었다.

∧ **부속 건물의 채색된 천정**
다양한 신들을 상징하는 명판들과 의식용 장비들은 기년전 인근의 화려한 부속 건물들에 보관되어진다.

∧ **가장 높은 단의 포석길**
가장 높은 단의 중앙에 있는 돌단 주위로 포석들이 원을 그리며 배열해 있다. 포석의 숫자는 9로부터 시작하여 81까지 9의 배수로만 제한된다.

> **황궁우의 내부**
화려하게 장식된 내부는 기둥 8개로 지지된다. 제국의 의식에 사용되던 명판들이 벽에 일렬로 서있다.

ARCHITECTURE BUILDING A NATION

∨ 기년전
3층으로 된 기년전은 둥근 3단 평판의 중앙에 서있다.

< 기년전 현판
중국 주요 건물의 이름은 주로 세 글자로 되어 있다. '치니안디안'이라고 읽는다.

> 돌 난간
조각상으로 장식된 둥근 난간이 기년전과 황궁우를 모두 둘러싸고 있다.

∧ 격자 창
격자로 장식된 창문은 푸른색 벽돌과 채색한 들보 사이에 있으며, 이를 통해 기년전으로 공기와 빛이 전해진다.

> 조각된 대리석 경사로
황제는 기년전에 갈 때 구름과 용이 조각되어 있는, 바로 하늘을 상징하는 이 길을 걸어 올라갔다.

334 TEMPLE OF HEAVEN

▽ 기년전 천장
높이 18미터에 이르는 기둥이 온갖 색과 그림들로 장식된 채 화려한 기년전 천장을 지탱하고 있다.

▷ 옻칠한 기둥
썩거나 벌레가 먹지 않도록 여러 겹으로 옻칠을 한 나무 기둥 위에는 붉은색과 금색으로 문양을 장식하였다.

▲ 다채색으로 장식된 층층 지붕
기년전의 3층으로 올려진 둥근 지붕은 원색으로 채색이 되어 있다. 세 겹의 처마 구조는 중국에서는 이곳이 유일하다.

◁▲ 기년전의 제단
기년전 내부엔 귀한 제단들이 있다. 그중 하나엔 선대 왕들의 명판이 올려져 있고, 또 다른 하나엔 제천 의식에 쓰이는 의례도구들이 놓여져 있다.

335

ARCHITECTURE BUILDING A NATION

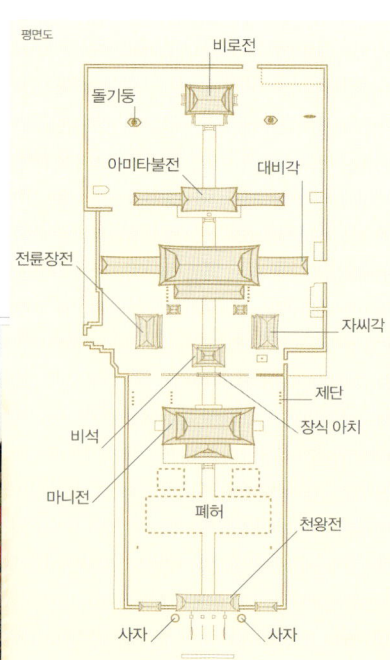

평면도

> **채색 타일을 활용한 벽 장식**
> 초록색 타일 다섯 개로 이뤄진 이 꽃문양 조각은 천왕전 옆의 벽에 장식되어 있다.

∨ **아치 문**
사원의 입구에 놓인 천왕전의 정면은 부조된 돌 아치와 문으로 장식되어 있다.

허베이 성 정딩에 위치한 룽싱시(융흥사)는 송나라 (960-1279년) 때 지어진 불교 사원 중 현존하는 하나이다. 사원은 586년에 설립되었으며, 10세기와 11세기에 지어진 건물 네 채는 송대의 아름다움을 간직한 채 아직까지 남아 있다. 정딩의 도로에 바로 면해 있는 룽싱시의 입구는 천년 전과 똑같이 대리석 문이다. 문에서 5미터를 들어가면 불교의 여섯 창시자를 기리는 법당이 있었는데 지금은 파괴되었다.

그곳에서 조금만 더 가면 중국 초기 건축 중 유일하게 십자형 평면으로 지어진 마니전을 만나게 된다. 마니전은 6 대 6의 기둥 구조로 지어졌으며, 중앙에는 주랑 현관이 돌출되어 나와 있다.

송대에는 마니전 앞에 의식용 기단이 있었는데 기단이 붕괴된 후 마니전 양 끝에 한 쌍의 누각이 지어졌다. 그중 하나는 미륵보살에게 봉헌된 자씨각이고, 맞은편에 있는 다른 하나는 부처의 가르침을 적은 경전을 보관하는 통이 있는 전륜장전이다.

두 건물은 겉에서 보기엔 똑같이 생겼지만 목구조는 전륜장전이 자씨각보다 더 복잡하다. 전륜장전의 경전을 보관하는 통 자체도 목공예의 걸작이다. 이 건물의 지붕은 까치발에 의해 지탱되고 있는데, 이는 송대의 궁궐처럼 고위층을 위한 중국 건축에서만 사용되었던 양식이다. 경전은 부처의 말씀을 적은 것이므로 격이 높은 건물에 보관해야만 했던 것이다.

룽싱시에서 만날 수 있는 마지막 송대 건물은 대비각이다. 이 웅장한 건물은 송 황제 태조(960-75년 재위)가 971년에 건축을 명하여 지어졌다. 이 건물 뒤에 있었던 설교당은 무너졌다. 황제가 후원했다는 사실과 대비각 안에 서있는 높이 22미터의 거대한 관음보살 청동불상에 힘입어 대비각은 제 웅장함을 드높이고 있다.

이 사원에 있는 모든 송대 건축물의 조각과 실내 장식들은 오랜 시간에 걸쳐 추가되거나 복원되었다. 명나라 때 마니전의 내벽에 수미산과 신선들을 묘사한 훌륭한 부조가 추가되었다. 최근 10년 동안에는 사원의 모든 부분에 걸쳐 광범위한 복원 작업이 이루어졌다.

∧ **파수꾼 사자**
장식된 공 위에 발을 얹어놓은 숫사자는 반대편의 암사자와 함께 사원의 입구를 지킨다.

> **마니전**
송대의 가장 우아한 건축물이라고 하는 마니전은 석가모니에게 봉헌되었다.

LONGXING SI 寺

SONG DYNASTY BUDDHIST MONASTERY, HEBEI
룽싱시 송 왕조의 불교 사원, 허베이 성

336

< 천왕전
현판의 세 글자가 이 사원에서 첫 번째로 만나게 되는 건물의 이름을 말해준다.

V > 사천왕
하늘의 파수꾼인 사천왕은 부처와 부처의 영토를 보호한다. 그들은 둘씩 짝을 지어 천왕전의 양 측면에 세워져 있다.

∧ 지붕 위의 동물과 종
마니전의 처마를 따라 상상의 동물 넷이 줄지어 있다. 처마 밑에 종이 달려 있다.

< 석가모니의 삶
마니전 내부의 흙으로 빚어 아름답게 채색한 조각들은 석가모니의 삶을 묘사하고 있다.

> 장식 문
마니전에서 북쪽을 바라보면 문짝이 없는 장식 문인 패방이 있다. 그 뒤로 다른 건물의 지붕이 보인다.

ARCHITECTURE BUILDING A NATION

˅ 층층이 장식된 문
이 화려한 문의 지붕은 커다란 까치발로 지탱되고 있으며, 채색된 타일과 작은 입상들로 장식되어 있다. 양 측면의 기울어진 나무 기둥이 이 문을 안전하게 지켜주고 있다.

< 제단의 정면
제단은 한때 승려들이 강연을 하던 곳이었다. 지금은 두 얼굴을 가진 약사불을 모시고 있다.

> 기도가 적힌 깃발
만트라, 기도문 등이 적힌 깃발이 걸려 있다. 바람이 기도를 하늘로 전해준다고 한다.

˄ 제단의 측면
3겹으로 쌓아올린 제단의 처마는 펼쳐진 아치에 의해 보완되고 있다. 아치가 확장된 만큼이 바로 제단의 최대 면적이다.

< 연화좌의 부처
두 얼굴에 팔 네 개인 약사불은 제단 안에 놓여져 있으며, 제단의 앞뒤를 모두 바라보고 있다.

˄ 비문
거북 석상 위에 올려진 각각의 비문엔 룽싱 사원의 초기 역사가 기록되어 있다.

< 전륜장
두 사람이 쉽게 돌릴 수 있는 나무로 만든 서고 안에는 경전을 모셔둔다. 중앙의 굴대는 바닥에 철로 보강돼 있다.

> 대비각
대비각 앞에는 의식을 위한 넓은 공간이 있다.

> 전륜장전
북송 시대(960–1127년)에 지어진 사각형의 2층 건물인 전륜장전은 곡선 들보, 섬세한 두공, 사선의 버팀목 등의 특징적인 구조를 띠고 있다.

∧ 자씨각
전륜장전 맞은편의 자씨각에는 미륵보살상이 모셔져 있다.

> 자씨각과 비석
다층 건물인 자씨각과 비석에 다가가려면 계단을 네 단 올라가야 한다.

< 미륵보살
한 덩어리의 나무로 조각된 높이 7.4미터의 자애로운 미륵보살상.

ARCHITECTURE BUILDING A NATION

∨ 대비각
거대한 3층짜리 건물인 대비각에는 다섯 층의 처마가 있고 내부엔 관음보살상이 모셔져 있다.

∨ 무인상
대비각의 처마 위에 올려진 초록색 자기로 만든 무관 인형

> 법당을 잇는 다리
곡선 들보로 지어진 다리는 대비각의 두 법당을 이어준다.

< 관음보살
옷에 감싸인 긴 다리와 여러 개의 팔이 특징인 관음상은 대비각의 서까래에 닿을 정도로 크다.

> 관음의 뒷모습
거대한 불상 밑에서 붉은 서까래를 올려다보면 관음상의 크기가 더욱 인상적으로 다가온다.

∧ 관음의 시종
대비각을 차지한 관음상의 거대한 크기 때문에 무척 왜소해 보이는 사람 크기의 이 조상은 부처의 발치에서 시중드는 역할을 한다.

< 들보에 걸린 천
대비각 높은 곳의 들보에 긴 빨간색 천이 관음상 주변에 걸려 있다.

∨ 청동 관음보살상
높이 22미터의 관음상은 팔이 42개이며 해, 달, 칼, 지팡이와 여러 악기들을 들고 있다.

∧ 관음 회랑
나무 계단을 올라 위층 회랑으로 올라가면 관람자는 높은 위치에서 관음상을 가까이 볼 수 있다.

< 탑
사원의 북서쪽에 위치한 팔각형 돌탑은 위로 갈수록 점점 가늘어진다.

∨ 비로전
원래는 정딩의 충인사 본당이었던 이 명대의 건축물은 1959년 룽싱 사원으로 옮겨졌다. 이 건물엔 지혜와 가르침을 상징하는 비로자나불이 모셔져 있다.

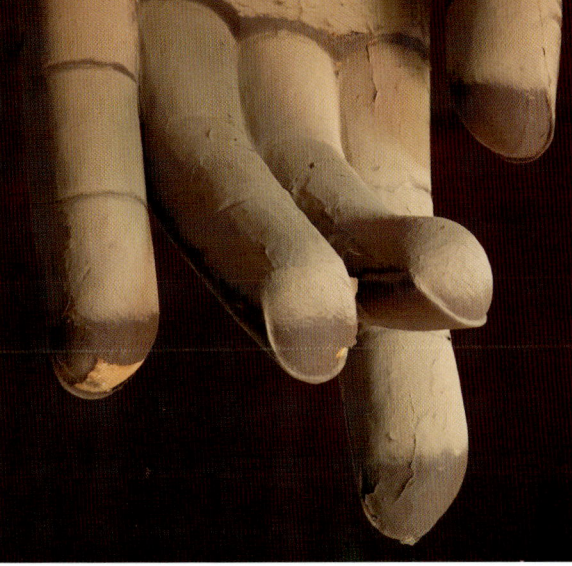

> 수인
관음의 손 하나는 지물을 들고 있지 않고 수인이라는 상징적인 제스처를 취하고 있다.

ARCHITECTURE BUILDING A NATION

평면도

> **첨탑**
> 정문 양 옆에 대칭을 이루며 서있는 두 첨탑. 첨탑 꼭대기엔 돔이 얹어져 있고 그 위로 초승달 모양의 장식물이 놓여 있다.

> **모스크로 들어가는 정문**
> 모스크 앞엔 큰 광장이 있다. 우아한 정면은 황색 벽돌로 지어졌으며, 석고로 포인트를 주었다.

중국에는 대략 34,000여개의 이슬람 모스크가 있다. 그중 10,000여개 이상은 후이족의 예배 공간이다. 이슬람을 믿는 한족인 후이족은 중국의 소수민족 정책에 의해 중국 전역으로 흩어지게 되었다. 그 외 모스크는 중국의 중앙아시아 혹은 중국의 투르크라 불리는 신장-위구르 자치구에 있다. 이 모스크 중 백여 개가 카슈가르 시에 있다.

키르기스스탄, 우즈베키스탄, 타지키스탄, 아프가니스탄, 파키스탄과의 국경에 가깝기 때문에 카슈가르의 인구 대부분은 위구르족이다. 이곳의 모스크와 신자들은 서아시아와 그곳의 무슬림들과 긴밀한 관계를 형성하고 있다.

신장의 메마른 풍경을 연상케 하는 황색 벽돌로 지어진 이드카(청진사)는 신장과 카슈가르에서 가장 큰 모스크이다. 이 사원은 또한 중국 내 이슬람 건축의 좋은 예중 하나이다.

아랍어와 페르시아어의 혼합어인 이드카는 '축제날 기도하는 곳'이라는 의미이다. 사원이 있는 이 자리에서 명대(1368-1644) 때부터 무슬림들의 예배가 이루어졌지만, 사원의 건축물들이 지어진 것은 1798년이며 그 후 1838년에 증축되었다.

모스크의 중앙 안뜰로 들어가려면 8미터 높이의 거대한 정문을 통과해야 하며, 이 정문은 문양 옆에 있는 18미터 높이의 두 첨탑과 연결되어 있다. 정문과 두 첨탑을 연결해주는 것은 모스크를 둘러싸고 있는 낮은 외벽이다.

두 첨탑은 높이는 같지만 모양은 다르다. 두툼한 첨탑이 꾸밈이 없는 짧은 벽에 연결되어 있는 반면, 가는 첨탑은 두 개의 뾰족한 아치가 벽감으로 장식된 벽면의 모퉁이 끝에 연결되어 있다.

정문 안쪽 정원 형식의 큰 안뜰은 나무가 심어진 세 개의 길을 따라 크게 네 부분으로 나누어진다. 즉, 손을 씻는 구역, 설교장, 이맘과 학생들이 사는 주거 구역, 38개 구역으로 나누어진 거대한 마스지드(예배실) 등이다. 마스지드는 외실과 내실로 구분되며 미흐랍(기도용 벽감)은 메카가 있는 서쪽을 향해 있다.

이드카의 안뜰은 수천 명의 신자를 수용할 수 있다. 게다가 정문 앞의 광장은 카슈가르의 무슬림과 노점상들이 모이는 곳이다. 외벽을 따라 나있는 상점들은 모스크 유지를 돕기 위해 기꺼이 돈을 헌납한다.

> **가까이에서 본 첨탑**
> 첨탑은 벽돌, 기와, 석조의 부조로 화려하게 장식되었다.

ID KAH MOSQUE
PLACE OF ISLAMIC WORSHIP, XINJIANG
이드카 모스크 이슬람 사원, 신장-위구르 자치구

< 장식판
정문 위의 나무판엔 아랍어와 기하학적 무늬가 그려져 있다.

∨ 벽돌 조각
정문의 아치 주변은 창문처럼 생긴 벽감 15개가 둘러싸고 있다. 그 위에 장식 벽돌이 얹혀져 있다.

< ∧ 두짝문
모스크의 정문은 많은 신자가 드나들 수 있도록 충분히 넓다. 문엔 묵직한 손잡이와 쇠못이 박힌 쇠판이 붙어 있다.

< 꽃 장식
정문을 둘러싸고 있는 채색 돌과 무채색 돌 모두 위에 꽃무늬가 화려하게 조각되어 있다.

ARCHITECTURE BUILDING A NATION

˅ 기도실로 가는 입구
위로 솟아 있는 마스지드는 안뜰에서 서쪽 방향으로 뻗어 있다. 마스지드로 들어가려면 짧은 계단을 지나야 한다.

˂ 그림자가 드리운 길
안뜰에는 연못과 가로수가 있는 길이 있다. 이 길은 정문에서 기도실까지 이어진다.

˅ 외기도실
단일 건물로는 가장 넓은 거대한 마스지드에는 줄지어 있는 기둥, 기도용 벽감이 있으며 잠겨진 내기도실도 있다.

˄ 풍화된 문
신장 서남부의 건조한 날씨로 인해 문의 도료와 나무가 풍화되었다. 이 문을 통해 정원에서 마스지드로 갈 수 있다.

˃ 기둥의 기단
팔각형 목재 기둥 140개가 외기도실의 평평한 지붕을 지탱한다. 초록색으로 칠해진 기둥 밑둥에는 장식이 새겨져 있다.

∨ ▷ **미흐랍의 외벽 장식**
기도용 벽감인 미흐랍의 외벽이 다채롭게 반복되는 기하학적 문양과 꽃무늬 패턴으로 장식되어 있다.

∨ **가까이에서 본 문**
거의 완전하게 서아시아 양식을 따르는 이드카 모스크에서 묵직한 나무문의 손잡이와 돌기장식은 중국적 양식과 특징을 따르는 얼마 되지 않는 예이다.

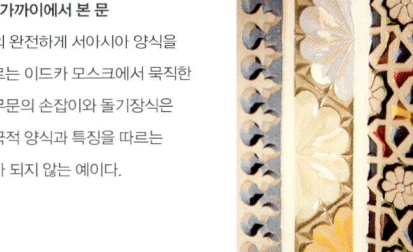

△ **초록 문**
이 초록색 두짝문이 외기도실과 내기도실을 분리해주고 있다.

▷ **기도실의 천정**
미흐랍의 상대적으로 장식이 덜 된 흰색 천정에는 화려하게 장식된 나무판이 덧붙여져 있다.

△ **내기도실**
이맘의 설교단인 민바르는 내기도실의 미흐랍 뒤에 있다.

345

ARCHITECTURE BUILDING A NATION

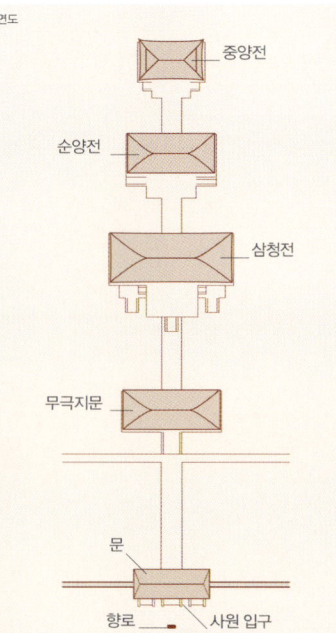
평면도

장식적 까치발
무극지문의 처마 밑에는 장식 까치발이 있다. 까치발 중 일부는 장식의 기능만 있다.

향로에서 바라본 풍경
사원은 나무와 쭉 뻗은 포장로로 꾸며진 공원의 분위기를 자아내고 있다.

비석 기둥
무극지문 뒤편의 내부 기둥은 돌마루 위에 솟아 있으며, 비석은 거북 모양으로 조각된 받침 위에 놓여 있다.

외벽의 벽돌
세 개의 톱니모양 삼각형 위로 육면체 무늬가 새겨져 있어 사원 외벽에 질감을 더한다.

산시 성의 남쪽 끝에 있는 도교 사원 융러궁(영락궁)

永乐宫

은 독특하다. 이곳에는 원 왕조(1279-1368년) 시대에 지어진 건물 네 채가 있는데, 이보다 더 많은 도교 건축물을 갖고 있는 사원은 거의 없다. 이 건물들은 9-14세기경 중국 건축의 정점을 보여준다.

인근에 산멘시아 댐을 건설하면서 융러궁을 철거할 수는 없었기 때문에 1959년에서 1963년까지 융러궁을 하나하나 다 떼어내서 원래 위치보다 동남쪽으로, 즉 용지 군에서 현재의 루이청으로 옮겼다.

사원으로 들어가는 정문은 보통집처럼 매우 단순하다. 원나라 때 지어진 네 채의 건물들은 정문에서부터 남과 북 일직선 위에 서있다. 첫 번째 건물은 1924년에 지은 무극지문이다. 이 건물 뒤엔 원 건축의 최고봉인 삼청전이 있다. 1247-1362년에 건축되고 1324-25년에 채색되어진 삼청전의 좁다란 제단은 잠함 세 개로 된 천장으로만 덮여 있다. 제단과 앞뒤의 문을 제외하고 28×15미터에 이르는 건물 내부는 텅 비어 있다. 이로 인해 벽을 덮고 있는 도교 신들의 벽화를 최대한 잘 볼 수 있는 공간이 확보된다.

삼청전에 모셔져 있는 신들은 금 왕조(1115-1234년) 때 산시 성에서 발흥한 도교 유파 중 하나인 취안전의 신들이다. 그러나 전설에 따르면 당나라(618-907년) 때로 기원이 더 거슬러 올라가기도 한다.

도교의 여덟 신선 중 하나인 이동빈의 일생이 두 번째 작은 건물 순양전의 벽에 걸린 52장면으로 서술되고 있다. 이 벽화는 1358년에 그려졌다.

사원 내에 있는 마지막 원대 건축물은 중양전이다. 그 내부에 걸린 벽화는 금나라의 도교 유파 취안전을 창립했던 왕저의 전설적인 삶을 다루고 있다. 두 번째와 세 번째 건물들은 삼청전처럼 크진 않지만, 이 사원 내의 모든 건물에는 도교 의식에 사용했을 거대한 기단이 있다.

융러궁은 산시 성 내에 있는 백여 채의 14세기 이전 사원 건물 중 하나이다. 건축학적으로 보면, 500평방미터의 벽화가 파노라마로 펼쳐지는 융러궁의 구조는 중국에서 그 유례를 찾아보기 어려울 정도로 장관을 이룬다.

YONGLE GONG
DAOIST MONASTERY OF ETERNAL JOY, SHANXI
융러궁 도교 사원, 산시 성

< **지붕 장식**
이 초록색 용은 무극지문의 지붕에 있는 용 두 마리 중 하나이다.

> **현판의 글자**
무극지문이라는 현판이 입구 위에 걸려 있다.

∧ **단순한 목재 까치발**
무극지문의 문간은 주변 문들의 웅대함에 비해 단순한 구조이다.

< **무극지문**
다섯 구역으로 나뉘지는 무극지문에는 추녀마루를 달았다. 채색 기와는 우아한 아치를 그리며 끝이 하늘을 향한다.

∨ **연결된 통로**
네 개의 건물이 얼마나 정확하게 정렬되었는지는 무극지문에서 삼청전을 보면 명확히 알 수 있다.

∧ **입구의 사자상**
무극지문의 뒤편 통로에는 사자 조각상 한 쌍이 있다. 사자상은 몸을 꼬며 웅크리고 앉은 자세로 돌 위에 놓여 있다.

ARCHITECTURE BUILDING A NATION

∨ 외부 까치발
삼청전의 바깥 모퉁이의 기둥엔 나무로 만든 까치발이
처마를 지탱해주고 있다.

∨ 원통형 돌 조각
삼청전의 기능적인 요소들은 풍성하게 꾸며져 있다.
원통형 돌은 나무 기둥의 끝에 놓여 지붕 들보를 받친다.

∨ 우묵한 천정
화려하게 채색된 꿈틀거리는 용이 있는 부분이
삼청전 천장의 둥근 세 잠함 중 하나이다.

∧ 파수꾼 사자상
돌로 만든 파수꾼 사자상은 사원 곳곳에서 발견된다.
자세가 다양하지만 거의 항상 짝을 이룬다.
이 사자는 구불거리는 갈기가 있는 숫사자이다.

∧ 삼청전
석재 기단에 지어진 이 건물은 정면으로 일곱 칸,
측면으로 네 칸 짜리의 큰 건물이다.
격자문은 건물에 빛과 공기가 통하도록 해준다.

348 | YONGLE GONG

∨ 천정의 까치발
매우 장식적이고 화려한 까치발은
기둥 사이에서 천정을 받치는 역할을 한다.

< 팔각형 잠함
순양전 천장의 채색된 잠함은 왕저의 삶을 묘사한
아름다운 벽화로 둘러싸여 있다.

< 순양전
이 건물은 도교의 신선 중 하나인
이동빈에게 봉헌되었다.
중앙전처럼 이 건물도 정면 다섯 칸,
측면 네 칸 짜리 크기의 건물이다.

∨ 일곱 현인
도교의 일곱 현인을 묘사한 작은 인형들이
중앙전에 진열되어 있다.

< 제단 위의 신상
이것은 삼청전의 중앙 제단 위에 놓는
도교 신선상 세 개 중 하나이다.
삼청전에도 도교 만신전의 벽화가 그려져 있다.

< 이동빈
순양전에 있는 이동빈의 조각상은 그의
수도 과정을 묘사한 그림들로 둘러싸여 있다.

∧ 중앙전
일곱 현인의 방이라고도 불리는 이 건물은
취안전 도교의 설립자인 왕저에게 봉헌되었다.

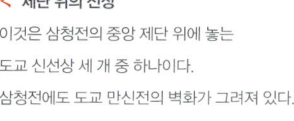

349

ARCHITECTURE BUILDING A NATION

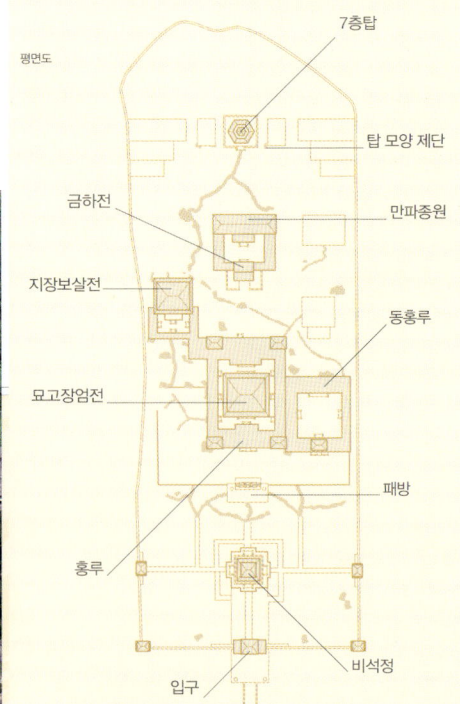

평면도 / 7층탑 / 탑 모양 제단 / 금하전 / 만파종원 / 지장보살전 / 묘고장엄전 / 동홍루 / 패방 / 홍루 / 입구 / 비석정

> **외부의 입구**
> 소박한 입구를 보면 이 뒤에 펼쳐져 있는 엄청난 건물들을 상상할 수가 없다.

∨ **수호 사자**
암수 사자 한 쌍이 사원의 입구를 지킨다. 숫사자는 발을 공 위에 올려놓고 있다.

일찍이 '열하'로 알려졌던 청더 시는 베이징에서 북동쪽으로 250킬로미터 떨어진 아름다운 풍광 한가운데에 자리 잡고 있다.

1703년에 청나라(1644-1911년)의 네 번째 황제였던(청 황실 계보는 후금을 세웠던 누르하치부터 첫 번째 황제로 세고 있다) 강희제(1660-1722년 재위)는 휴양할 궁전과 정원, 사원을 짓기 시작했다. 그리고 바로 이곳에 피서산장이 자리 잡게 되었다. 청더의 피서산장은 강희제의 손자 건륭제(1736-1795년 재위) 때인 1792년에 완공되었다.

피서산장에서 청나라의 만주족 황제들은 자신들의 통치를 받고 있는 민족들의 통합을 상징적으로 보여주고자 하였다. 사원 여덟 채를 각각 다른 민족의 건축 양식을 본떠서 지었던 것이다.

그중 처음으로 축조된(1713년) 푸렌 사원은 청 왕조에 대한 몽골 귀족의 충정을 보여준다는 의미에서 몽골의 불교 사원 양식을 따랐다. 푸유 사원은 중국과 티베트 건축 양식으로, 안위안 사원은 신장 서쪽 이리의 사원을 따랐다. 푸러 사원은 한족과 라마불교 양식으로, 푸투어쭝청 사원은 티베트 라사의 포탈라 궁을 본떴다. 가장 마지막에 지어진 수미푸서우 사원은 건륭제의 70번째 생일을 기념하여 1760년에 완공되었으며 제6대 판첸라마(달라이 라마 바로 아래 계급의 라마)가 쓰기 위해 건축되었다. 판첸라마는 특별한 행사가 있으면 청더에 왔지만, 평소에는 티베트의 시가체에 있는 타시룸포 사원에서 지냈다.

수미푸서우 사원(수미복수묘)의 중심 구조는 정문에서 시작하는 긴 축을 따르고 있다. 정문 뒤에는 채색한 기와와 코끼리 상들로 장식된 비성정과 문 세 개짜리 아치문인 패방이 이어진다.

그 다음에는 네 모퉁이에 탑이 있고 기단이 높은 3층 건물 홍루가 서있다. 판첸라마가 황제에게 교리를 가르쳤던 묘고장엄전은 홍루 안에 감춰져 있다. 생선 비늘 모양의 마룻대와 함께 이 건물의 지붕 처마는 도금된 기와로 이루어졌다. 황제는 동쪽의 홍루에 앉아서 그의 가르침을 들었다고 한다.

수미푸서우의 마지막 건축물은 7층짜리 탑인데 이는 가장 전형적인 중국적 양식을 따르고 있다. 비탈진 땅에 건물을 짓는 것은 티베트 건축의 특징이다.

< **비석정**
외부의 입구에서 본 비석정. 비석정엔 사원 건축을 기리는 비석이 있다.

> **놋쇠 향로**
화려한 놋쇠 향로가 비석정의 입구를 장악하고 있다. 엄격한 예식 절차에 따라 향로에 향을 피운다.

XUMIFUSHOU MIAO
TRADITIONAL TIBETAN TEMPLE, HEBEI
수미푸서우 먀오 전통 티베트 사원, 청더, 허베이 성

须弥福寿庙

< 채색 타일
의식용 아치의 상단에 붙인 초록색과 금색 타일이 하단의 선홍색과 선명하게 대비된다.

▽ 화려하게 장식된 패방
세 개의 장엄한 의식용 아치문을 통해 홍루와 사원 건물로 들어갈 수 있다.

< 지붕 꼭대기의 용
상서로운 동물인 용은 역사적으로 황제의 권력을 상징했으며 청 왕조의 국기에도 사용되었다.

< 수호 코끼리
코끼리는 정신적 강인함의 상징이다. 또한 불교의 기원이 남아시아라는 것을 상기시켜 주기도 한다. 코끼리 석상 두 개가 입구를 지키고 있다.

▷ 돌 조각
아치 위의 돌에 아름다운 꽃무늬가 부조로 새겨져 있다.

ARCHITECTURE BUILDING A NATION

∧ 홍루
패방을 지나면 바로 장대한 광경이 펼쳐진다.
3층짜리 홍루가 돌 기단에 높게 세워져 있다.

ARCHITECTURE BUILDING A NATION

> 묘고장엄전
홍루를 지나 묘고장엄전에 들어오면 석가모니와 티베트 불교 유파인 겔룩파 창시자의 그림을 볼 수 있다.

∧ 홍루의 탑
붉은 기둥과 다양한 색의 들보로 인해 홍루의 네 모퉁이에 있는 탑들은 안 그래도 화려한 홍루에 강렬한 인상을 더해 준다.

∨ > 입구
홍루의 입구는 자기로 만든 기둥과 돌, 타일로 만든 들보로 둘러싸여 있다. 각 기둥에는 마름모꼴 꽃무늬 타일이 장식되어 있다.

∧ 홍루
홍루 내부의 엄청난 규모는 높은 벽 뒤에 감춰져 있다. 여기서는 묘고장엄전의 금색 지붕만 보일 뿐이다.

> 홍루 내부
홍루 뒤에 감춰져 있어서 묘고장엄전 주변의 길들은 조용히 명상하기에 좋은 장소이다.

< 발톱이 다섯 개인 용
묘고장엄전 지붕 위에는 도금된 용이 있다.
용 한 마리의 무게는 1,000킬로그램 이상이다.

∨ 탑과 법당
하늘에서 내려다보면, 팔각형의 기단과 법당은
이 탑을 만다라 모양으로 보이게 한다고 전해진다.
만다라는 우주를 상징한다.

<∧ 불상
채색되고 조각된 벽감 안쪽에는 불상들이
놓여 있다. 이러한 벽감들이 탑 기단에 있는
구조물의 안쪽 주변을 따라 늘어서 있다.

< 탑
채색 타일을 붙인 팔각형 탑이 붉은
기둥의 전당 위로 높게 솟아 있다.

∧ 탑 모양의 제단
부조로 조각된 부처, 기도 깃발, 불교의
만트라를 써넣은 돌더미들이 작은 돌
제단을 장식하고 있다.

INDEX 색인

12궁도 250-51
1911년 혁명 117
5·4운동 117, 122
5개년 계획 120, 122

ㄱ
가오창 42-3
각주 주택 296-9
간척 65, 116
강가 산 14-15
강기 51
강희제 110, 350
개황 91
거란 요 왕조 98
건륭제 110, 111
　피서산장 350
　회화 260
건축 280-355
　룽싱 사원 336-41
　만페이룽 백탑 318-23
　베이젠 다리 312-13
　사합원 292-5
　상하이 128-9
　수미푸서우 먀오 350-55
　쉬안쿵시 324-7
　어우위엔 308-11
　우팡팅 288-91
　이드카 모스크 342-5
　조각루 296-9
　진마오 타워 300-307
　천단 332-5
　틴하우 사원 328-31
　하카 거주지 282-7
결혼 139
결혼법 120
경극 111, 226, 277
경제, 중국의 미래 128
경제특구 124
고개지 90
고계 71
고적 72
고조선 87
고조황제 86
고종 94, 100

공리 125
공산당 79
　내전 118
　대장정 118
　마오쩌둥 치하의 중국 120-23
　옌안 118
　창설 116, 117
　훙군 118
공자 31, 49, 82, 242, 248
　논어 31, 49, 242-3
　요, 순, 우 237
　절 248
공행 111, 112
과거 98, 104, 105, 252
과자산업 182-3
곽수경 101
관광 125, 126
관음보살 246, 247, 271, 331, 336
관중 83
관한경 278
광둥 111
광저우 111, 112
괘 235, 250
교육 179, 252
　초등학교 174-81
구마라집 246
구이더 33
구이린 언덕 68-9
국두 125
국민당 116, 117, 118
굴원 239, 261
귀뚜라미 202-7
귀안 시장 202-5
극 111, 226-31, 276-9
글쓰기(서예) 140-45, 252, 253-5
금강경 97
금병매 267, 270
금 왕조 98, 100, 101, 108
기 240, 241, 251
기독교
　네스토리우스교 94-5
　선교사 102
　예수회 108, 110
　톈진학살 113

기업가 128, 216-19
기호 250-51

ㄴ
나관중 267
나침반 99
낙기란 111
낙산대불 46-7
낙안불락 52-3, 58-9
낙관 91, 141, 257
난징 113, 119
난징조약 112
난창 118
납란성덕 44
내전 118
네스토리우스교 94-5
노새 수레 136
노자 82, 244
놀이 222, 223, 224-5
농업
　정전제 83
　균전제 91
　모쒀족 162-9
　송대의 발전 99
　신농 237
　쟁기 89
　차 146-53
　한 왕조 86
　황토 계곡의 농부 132-9
누르하치 108
뉴욕 차이나타운 114-15
닉슨, 리처드 120

ㄷ
다리, 베이젠 312-13
다이 부인 86
다이족 사원 318-23
단성식 97
달라이 라마 19, 111
당 왕조 79, 94-7
　대운하 92
　문학 266-7
　서예 253
　시 96, 262-5
대나무 62-3, 262
대승불교 246
대약진운동 120, 122
대운하 74-5, 92-3, 103, 106

대장정 118, 122
대중사상 248-9
더글러스, R.K. 107
덩샤오핑 79, 120
　금융의 중심, 상하이 170
　문화혁명 121, 124
　어업개혁 220
　타이완 129
도 234, 240, 242, 244-5
도가 244-5
　도교 248-9
　문학 266
　서예 253
　시 262, 263
　연금술 90
　원칙 82
　융러궁 346-9
　축제 210
도구
　귀뚜라미 관리용 206-7
　농업 137
　서예 붓 142-3, 144-5
　장인 158
도덕경 82, 244
도무제 90
도시
　베이징 106-7
　상하이 76-7
　이민 137
　젊은층 128
　홍콩 64-5
도연명 261
도예
　당 왕조 95, 96
　명 왕조 108, 109
　병마용 84-5, 257
　상감자기 98
　시완 328
　신석기 80-81
　원 왕조 102, 103
　자사호 152
　청 왕조 113
　한 왕조 88-9
동굴주택 132-5, 138-9
동인도회사 109, 111
동전 83, 84
동치제 113
두목 33

대장정 118, 122
대중사상 248-9
더글러스, R.K. 107
덩샤오핑 79, 120

두보 96, 262, 264, 265
두순학 17
두아위안 277, 278
둔황석굴 99
둥족 건축 296-9
딩링 118

ㄹ
란인둥 202-5
러시아 113
러일전쟁 116
루오밍웨이 148-9, 151
룽싱 사원 336-41
뤄양 90
뤄핑 54-5
류사오치 121
류진 108
리다자오 117
리우무 140-43
리치, 마테오 108
리칭허 216-19

ㅁ
마니 95
마니교 95
마안 마을, 산장 296-9
마약, 아편 111, 112
마오족 111
마오쩌둥 122-3
　공산당 창설 117
　대장정 118
　문화혁명 121
　사망 79, 120, 124
　수호지 270
　옌안 118
　제단 169
　훙군 118
마작 223, 224
마천루 300-307
마카오 105, 109
만리장성 44-5
　건축 84, 105
　쥐융관 314-17
만불사 251
만주 119
만주국 119
만주인 108, 110
만페이룽 계곡 318

매카트니경 93
맹자 82, 243, 247
메이란팡 276, 277
메이리 설산 20-21
메이저우 섬 72-3
명 왕조 104-9
　건축 288-91
　극 277
　문학 267
명황 262
모란정 276, 277, 279
모스크, 이드카 342-5
모쒀족 162-9
목계 100
목판화 260
몬테코르비노 102
몽골 102-3
　강희제의 출정 110
　만리장성 314
　실크로드 87
　원 왕조의 쇠퇴 103
　칭기즈 칸 101
　카이펑 포위 101
　쿠빌라이 칸 103
　티베트 침략 111
무기, 주 왕조 83
무덤
　명 왕조 104
　병마용 84-5, 257
　상 왕조 81
　한 왕조 86, 88
무사 125
무슬림 (→) 이슬람
무역
　광저우 체계 111
　대운하 92
　명 왕조 109
　송 왕조 100
　실크로드 87
　아편 112
　차 111, 112
무제 86, 87
무종 97
무지개다리 312-13
무쩌다춰 162-9
묵자 82
문제(수 왕조) 91
문제(진 왕조) 86

문징명 105
문학 266-75
　5·4운동 117
　소설 266-75
　시 261-5
문화 232-79
문화혁명 120, 121, 122, 124, 125, 277
미국의 중국인 노동자 114
민간전승 248-9

ㅂ
바얀 102
반고 234
반소 88
반초 87, 89
반파 80
발타 선사 91
배 92
배우들 276
배척 53
백거이 62, 265
백조호수 52-3
백탑 318-23
범관 100, 256-7
법률 91, 103
베이젠 다리 312-13
베이징 106-7
　사합원 292-5
　천단 332-5
베이징영화학교 125
베이징올림픽 126-7
베이징청년화가협회 124
베트남 113
변발 110
병마용 84-5, 257
보석 216-17
복희 235
봉건제도 82
부처 20, 246
붓과 먹으로 그린 회화 257
북위 왕조 91
불교 246-7
　낙산대불 46-7
　도교 248-9
　룽싱 사원 336-41
　문학 266, 272
　사원 16-19, 184-91
　사원의 해체 97

서예 253
순례 20-21
쉬안쿵시 324-7
시 262
역사 90
예술 260
축제 208-15
티베트 94
불꽃놀이 99
붉은 수수밭 125
비단 80, 87, 108, 109
비림 97
비밀경찰 104
비성 99
빨래 148

ㅅ
사령운 35, 67
사마천 82, 88, 266
사막 26-7, 129
사서오경 97
사스 129
사원
　룽싱 사원 336-41
　백탑 318-23
　불교 사원의 해체 97
　사캬 사원 16-17
　소림사 91
　송잔린 사원 18-19
　수미푸서우 먀오 350-55
　쉬안쿵시 324-7
　아쵹 사원 184-91
　융러궁 346-9
　천단 332-5
　축제 208-15
　틴하우 사원 328-31
사전 89
사캬 사원 16-17
사합원 32-3, 292-5
사회, 중국의 미래 128
산동 117
산야제한 124
산업화 220
삼국 90
삼국지연의 90, 249, 267, 268-9, 270
삼번 110
삼절 252
삼합회 117

삼협댐 124
상 왕조 80, 81
　글씨 253
　전투 83
　점 239
　주나라에 패배 82
상감 98
상징주의 250
　색채 276
　서예 253
　언어 250
상하이 76-7, 117, 170-73
　건축 128-9
　아편전쟁 112
　직기 108
　진마오 타워 300-307
　태평천국의 난 113
새 34-5, 204
색채, 상징주의 276
샌프란시스코, 차이나타운 14
샤먼 239
샤오싱 극 277
샤오첸 174-81
상그리라 28-9
서경 97
서성(왕희지) 90, 140, 253, 254-5
서예(서도) 140-45, 252, 253-5
서왕모 238, 271
서유기 238, 267, 271-2
서태후(자희태후) 113, 116
서혜선종 역병 102
석가모니 318, 336
석두기(홍루몽) 235, 267, 274
선교사 102, 108, 113
선불교 247
성우러우 282-7
세계 2차대전 114
세메도, 알바로 108
셀라이, 아바바크리 154-9
소동파 100
소림사 91
소설 266-75
소수민족 158
소승불교 318
소정방 94
손자 83
손챈감포 왕 91, 94
송 왕조 79, 98-101

사원 336-41
풍경화 256-7
송옥 13
송잔린 사원 18-19
수 왕조 91, 92, 94
수미푸서우 먀오 350-55
수송 99
수 양제 92
수점 250
수호지 251, 267, 270
순, 황제 237
순자 82
숲 60-63
쉬안쿵시 324-7
스키드모어, 오윙스 앤 메릴 300-307
스탈린 120
스투파 20-21, 318
스페인 109
스포츠, 올림픽경기 126-7
시 261-5, 266
　당 왕조 96, 262-5
　시와 그림 257
　여성 시인 111
시경 97
시계 99
시내암 267
시아웨이친 170-73
시완 328
시장 202-5
신과 여신 248-9
　요, 순, 우 237
　점 239
　창조신화 234-5
　틴하우 328
신년 214
신농 237
신사계층 105
신석기문화 80-81, 253
신장 113, 342
신청년 잡지 117
신치지 6
신화 234-8
실크로드 43, 95, 246, 260
심경 272
쌀
　논 48-9
　들판 68-9
　신석기 문화 80

쑤저우 216-19
　어우위엔 308-11
　졸정원 105
쑨원 116-17

ㅇ

아구다 100
아바오지 98
아바하이 108
아족 사원 184-91
아편 111, 112
아편전쟁 112, 114
아화 146-8
아흐마드 103
안녹산의 난 94, 96, 262
안뜰주택(사합원) 32-3
　베이징 292-5
안수 28
안양 81
애로우전쟁 113
야오웬유안 120
양 왕조 94
양국충 96
양귀비 96
양쯔강 10-11
어부 220-23
어장 72-3
어우위엔 308-11
언어 252
　동음이의어 250, 261
　상징과 기호 250
　시 261
　최초의 사전 89
에센 104
여(주 왕조) 82
여성
　결혼법 120
　공산화 이후 120
　송 왕조 101
　시인 111
　전족 101
여와 235
여진 98, 100, 101, 108
역경 97, 235, 250
역법 82, 250, 251
역병 102
역사 78-129
역서 251

연경 246
연금술 86
연인 125
열녀문 112
영국
　아편전쟁 112, 113
　중국과의 교역 111
영락제
　대운하 92
　천단 332
　해양 원정대 104
　환관 108
영화 125, 231
예, 궁수 238
예수회 108, 110, 260
예술
　서예 140-45, 252, 253-5
　회화 96, 256-60
예찬 257
옌안 118
오경재 267, 273
오고타이 101
오도자 96
오락 231
오르첸족 61
오삼계 110
오스트레일리아, 중국 이주노동자 114, 115
오승은 41, 267, 272
오염 126, 129, 220
오행 241
옥 80
옥수수 갈기 136
온정균 43
올림픽 126-7
옹정제 110, 111, 260
왕망 86, 88
왕면 140
왕소군 88
왕시민 265
왕양명 105
왕웨이 127
왕유 58, 96, 262
왕저 104, 346
왕진 89
왕홍원 120
왕희지 90, 140, 253, 254-5
요 237
요 왕조 98

요, 순, 우 237
용 237, 239, 240
용산 문화 80-81
우 237
우림위안 36-7
우시 74-5
우장신 208-13
우주계획 129
우타이산 97
우팡팅 288-91
운 250-51
운하 74-5, 84, 92-3, 98
원 왕조 102-3
　건축 346
　극 102, 277
　회화 257
원결 14
원숭이 238, 267, 271-2
월극 226-31, 277
위구르 154-61
　건축 342
위룽산 50-51
위안스카이 116, 117
위원 113
위충현 108
유교 242-3
　도교 244
　불교 246-7
　사서오경 97
　시 264
　예술 252
　일본 105, 118, 119
　임백년 260
　임씨전 267
　임칙서 112

ㅈ

자금성 106-7
자사호 152
자야 39
자희태후(서태후) 113, 116
잘루 마을 146-51
장건 장군 87
장기 222, 224-5
장례식 251
장린 226-31
장시소비에트공화국 118
장안 86, 87, 94, 96

결혼 139
극 111, 226-31, 276-9
　악기 154-61
　주 왕조 83
의술 108
　침술 198
　한의학 192-201
의화단운동 116
이동빈 346
이드카 모스크 342-5
이백 55, 96, 262, 263, 264
이븐 바투타 102
이선 257
이슬람 159
　이드카 모스크 342-5
　첫 번째 이슬람교 사절 94
　침략 95
이자성 108
이주 114-15
이주노동자 114-15, 128, 137
이홍장 113
인구
　20세기의 성장 131
　도시 이주 137
　송 왕조 치하 99
　이민 114-15
　청 왕조 치하 111, 112
　한 자녀 가정 124
인물화 257-60
인민해방군 118, 120
인쇄 89, 97, 99
일본 105, 118, 119
임백년 260
임씨전 267
임칙서 112

장역지 형제 94
장이머우 125
장인 110
　보석 216-17
　악기 154-9
장자 244-5, 266
장자제 36-7
장제스 117, 118, 119
장지핑 220-23
장쩌민 124
장춘치오 120
장취 132
장칭 120, 121, 277
장칭 4인방 120
장택단 98, 257, 258-9
장한린 132-9
장형 89
재너두 103
전검의 108
전기 266-7
전족 101
전차 82
점 144, 239, 251
점성술 250-51
정딩 336
정성공 110
정요 96
정원 105
　어우위엔 308-11
정치, 중국의 미래 129
정토불교 246
정화 104
조광윤 98
조로아스터교 95
조류바이러스 129
조맹부 102
조선 116
조설근 267, 273
조익 25
족자 252, 256, 257, 258-9
종교 242-51
　기독교 선교사 102, 108, 113
　네스토리우스교 94-5
　마니교 95
　예수회 108, 110, 260
종디안 28-9
종이, 발명 89
주 왕조(1122 BC–256 BC)

80, 82-3, 237, 239
주 왕조(690–705) 94
주역 97, 235, 250
주자이거우 30-31
주자학 101
주희 101
중가르 110, 111, 350
중가르 분지 56-7
중국의 미래 128-9
중화인민공화국 122
중국 전통의학 192-201, 240
중불전쟁 113
중앙아시아 95
중일전쟁 116, 119
쥐융관 314-17
증국번 113
증후을묘 83
지괴 266, 275
지로 87
지산성 220-23
지진계 89
지폐 99
진마오 타워 300-307
진시황 84-5, 257, 314
진 왕조 83, 84-5, 86
진용 270
질병 102, 129
집
  각주 주택 296-9
  동굴주택 132-5, 138-9
  신석기 80
  안뜰주택 32-3, 292-5
  우팡팅 288-91
  하카 주거지 282-7
집단이주 114-15
징더전 98, 103, 108, 109

ㅊ

차
  교역 111, 112
  농장 70-71
  다경 96
  시장 143
  차 공장 146-53
  차 따는 사람들 146-7
  차함 96-7
차이나타운 114

창닝 62-3
창조신화 234-5
창힐 252
채윤 89
책 97, 108, 252
천두슈 117
천이허 192-9
철제기술 83
철학 242-51
첨탑 342
첫 번째 황제(진시황) 84-5, 257, 314
청 왕조 79, 108
  건축 282
  극 277
  문학 267
  수미푸서우 먀오 350-55
  예술 260
  중기 청 왕조 112-13
  초기 청 왕조 110-11
  후기 청 왕조 116-17
청더 350-55
청동기시대 80-81
청옌추 292
청칸 288-91
첸카이거 125
초나라 문화 239
초상화 260
축제 208-15
축첩 108
춘절 214
충킹 119
췌컨바 마을 208-13
측천무후 94
칠기 86
침(술) 198, 200, 240
칭기즈 칸 101, 102, 103, 314
칭하이 호수 34-5

ㅋ

카드놀이 100
카슈가르 154, 159, 342
카스틸리오네, 주세페 110
카이펑 100
  대운하 92
  송 왕조 98
  점령 101
  회화 257
카이핑 103

캄 지방 12-13
캄파종 22-3
캐나다-태평양 철도 114
캘리포니아, 중국 이주노동자 114
커오자족 208-13
코룽반도 65
쿠빌라이 칸 101, 102, 103
쿤취 277
크락 도자기 109
키신저, 헨리 120

ㅌ

타이완 110, 118, 129
타타르 103
탄현조 279
탑 88, 251
  백탑 318-23
  현대건축에의 영향 300
탕글라 산 10-11
태극권 170-71, 240
태종 94
태평천국의 난 112, 113
태학 87
테무르 102
텔레비전 231
톈산 38-9
톈안먼 광장 121, 124, 127
톈진조약 113
톈진학살 117
톈치 호수 38-9
토곤 테무르 102
토목의 변 104, 105
투러우 282-7
투르케스탄 113
툭테무르 102
티베트
  독립 120
  불교 94
  중국보호령 111
  통일 91
  티베트 독립운동 126
티베트-칭하이 평야 10-17, 24-7
티베트 철도 125
틴하우 사원 328-31

ㅍ

판다 58-9
판첸라마 350

팔괘 235, 250
팔대산인 260
패왕별희 125
포르투갈 105, 109
포송령 273, 275
포스터, 노먼 126
포조 57, 76
포탈라 궁 111
폴로, 마르코 92, 103
푸이 119
풍경 9-77
풍경화 100, 256-7
풍수 104, 241, 251, 300
프랑스 113
피레스, 토메 105
피서산장 350

ㅎ

하 왕조 80, 81
하규 100
하카 건축 282-7
학교 174-81
한 왕조 79, 86-9
한 자녀 가정 124
한간 96
한국전쟁 120
한비자 83, 85
한산 23
한유 61, 97
한의사 192-9
한의학 192-201
한 자녀 가정 124, 174, 182
항저우 100, 108
해바라기 137
향신료 거래 109
허신 89
헝산 324
헤이룽장 60-61
현장법사 271
현종 94, 95, 96, 262
호부인 81
호수전 113
호유용 104
홍군 118, 122, 123
홍등 125
홍무제 104, 108
홍수 103, 237
홍위병 121, 122

홍콩 64-5
  건축에 미친 풍수의 영향 251
  영국에 이양 112, 114
  중국 반환 124
  틴하우 사원 328-31
화교 114
화신 112
화약 99
화염산 40-41, 43
화폐 99, 118
환경, 중국의 미래 129
환관 88, 108
황산 66-7
황소 94
황제 80, 236
황책 104
황토 132
황토지 125
황허 32-3, 81, 103, 132-3
황후화 125
회소 253
회화 256-60
  산수화 100, 256-7
  서예 140-45
  송 왕조 100
  인물화 257-60
효종 100
후, 황제 90
후궁 88, 108
후난 122
후아오방 124
후이족 158, 342
후진타오 125
휘종 100, 252
흉노족 86
흑룡담 50-51
흙점 251
희생제물 239, 253

ACKNOWLEDGMENTS

이 책에 사진을 (재)수록할 수 있도록 허락해준 분들과 기관들에 진심어린 감사를 전한다.

(Key: a–above; b–below/bottom; c–centre; f–far; l–left; r–right; t–top)

2 China Span/Keren Su: (tr). **8-9 Masterfile:** Jochen Schlenker. **10-11 ChinaStock:** Suichu Ru. **12-13 ChinaStock:** Liu Liqun. **14-15 Photolibrary:** Panorama Media (Beijing) Ltd/Weixiong Liu. **16-17 Panoramic Images:** Peter Weld. **18-19 Photolibrary:** Panorama Media (Beijing) Ltd / Zhinong Xi. **20-21 Lonely Planet Images:** Bradley Mayhew. **22-23 Photolibrary:** Panorama Media (Beijing) Ltd. **24-25 China Span/Keren Su. 26-27 ChinaStock:** Liu Liqun. **28-29 Photolibrary:** Panorama Media (Beijing) Ltd/Qianshun Cui. **30-31 Photolibrary:** Panorama Media (Beijing) Ltd/Qitao Yang. **32-33 Panoramic Images:** Peter Weld. **34-35 Jiang Ping / 798 Photo Gallery. 36-37 ChinaStock:** Liu Liqun. **38-39 Photolibrary:** Panorama Media (Beijing) Ltd. **40-41 Photolibrary:** Panorama Media (Beijing) Ltd. **42-43 Photolibrary:** Panorama Media (Beijing) Ltd/Xueliang Li. **44-45 Gil Azouri. 46-47 4Corners Images:** SIME/Giovanni Simeone. **48-49 China Span/Keren Su. 50-51 Gil Azouri. 52-53 Ding He. 54-55 China Span/Keren Su. 56-57 Photolibrary:** PanoramaStock. **58-59 FLPA:** Cyril Ruoso\Jh Editorial/Minden Pictures. **60-61 Photolibrary:** Panorama Media (Beijing) Ltd/Xueying De. **62-63 Photolibrary:** Panorama Media (Beijing) Ltd/Jin Chen. **64-65 Alamy Images:** Jon Arnold Images/Michele Falzone. **66-67 Getty Images:** Peter Adams. **68-69 4Corners Images:** SIME/Pignatelli Massimo. **70-71 China Foto Press:** Song Chunhui. **72-73 Getty Images:** Yann Layma. **74-75 4Corners Images:** SIME/Hans-Peter Huber. **76-77 Alamy Images:** Robert Harding Picture Library Ltd/Sylvain Grandadam. **80 China Foto Press:** (c). **Dalian Media Service Co. Ltd:** (bl). **Réunion des Musées Nationaux Agence Photographique:** Musée Guimet, Paris - Musée national des Arts Asiatiques/Richard Lambert (cr). **81 The Art Archive:** Beijing Institute of Archaeology / Laurie Platt Winfrey (br). **The Bridgeman Art Library:** People's Republic of China, Lauros / Giraudon (cl). **China Foto Press:** (bl) (cr). **82 The Bridgeman Art Library:** Bibliotheque Nationale, Paris, France, Lauros / Giraudon (bc). **Dalian Media Service Co. Ltd**: (c). **DK Images:** The British Museum (bl). **83 Ancient Art & Architecture Collection:** R Kawka (bc). **The Art Archive:** Jan Vinchon Numismatist Paris / Dagli Orti (bl). China Foto Press: (tc). **Corbis:** Asian Art & Archaeology, Inc./ (tl). **DK Images:** The British Museum (fbr). **84 Ancient Art & Architecture Collection:** R Kawka (bc). British Library: (tl). **84-85 Photolibrary:** Imagestate Ltd/Steve Vidler. **85 akg-images:** Laurent Lecat (br). **86 Ancient Art & Architecture Collection:** Uniphoto (bl). **DK Images:** The British Museum/David Gower (tc). **Werner Forman Archive:** Yang-tzu-shan, Szechuan (br). **87 The Art Archive:** Genius of China Exhibition (crb) (br). **DK Images:** The British Museum/David Gower (l). **Getty Images:** Ira Block (tr). **88 Ancient Art & Architecture Collection:** Uniphoto (tl). **China Tourism Photo Library:** (bl) (tr). **89 akg-images:** (tl). **Ancient Art & Architecture Collection:** Uniphoto (br). **Réunion des Musées Nationaux Agence Photographique:** Musée Guimet, Paris - Musée National des Arts Asiatiques/Robert Asselberghs (bl). **Science & Society Picture Library:** (tr). **90 Ancient Art & Architecture Collection:** Uniphoto (br). **Jon Arnold:** Demetrio Carrasco (cl). **The Bridgeman Art Library:** Museum of Fine Arts, Boston, Massachusetts, USA, Special Chinese and Japanese Fund (cr). **China Foto Press:** (bc). **91 Corbis:** Christophe Boisvieux (tl); Royal Ontario Museum (b). **TopFoto.co.uk:** Museum of East Asian Art/HIP (tr). **92 The Art Archive:** Bibliothèque Nationale Paris (tl). **DK Images:** The British Museum/Geoff Brightling (bc). **92-93 Corbis:** Dean Conger. **94 Alamy Images:** Eddie Gerald (cr). **The Art Archive:** British Library (cb). **China Foto Press:** (tl). **95 China Foto Press:** Shaanxi History Museum (bc). **Christie's Images Ltd.:** (tr). **Corbis:** Craig Lovell (bl). **TopFoto.co.uk:** Museum of East Asian Art / HIP (tl). **Werner Forman Archive:** rt Gallery of New South Wales, Sydney, Australia (tc). **96 The Art Archive:** Genius of China Exhibition (tl). **Corbis:** Asian Art & Archaeology, Inc. (br); Werner Forman (c). **Photo Scala, Florence:** The Metropolitan Museum of Art/Art Resource (clb). **TopFoto.co.uk:** British Library / HIP (bc). **97 Corbis:** Dean Conger (bc). Dalian Media Service Co. Ltd: (tl). **DK Images:** British Library (tr). **98 The Trustees of the British Museum:** (tr). **China Foto Press:** (tl). **Corbis:** Asian Art & Archaeology, Inc (bl); Burstein Collection (br). **99 China Foto Press:** (tl). **Corbis:** Richard Cohen (r). **Science & Society Picture Library:** (bc). **100 Alamy Images:** Tibor Bognar (b). **China Foto Press:** (cr). **101 The Art Archive:** British Library (tl). **The Bridgeman Art Library:** Museum of Fine Arts, Boston, Massachusetts, USA/ Special Chinese and Japanese Fund (br). **China Tourism Photo Library:** (bl). **Corbis:** Lowell Georgia (tr). **102 The Art Archive:** Genius of China Exhibition (bc). **British Library:** (bl). **China Foto Press:** (t). The Wellcome Institute Library, **London:** (br). **103 The Bridgeman Art Library:** (bc). **The Trustees of the British Museum:** (l). **Werner Forman Archive:** formerly Gulistan Imperial Library, Teheran (tr). **104 De Agostini Editore:** (tr). **Philadelphia Museum Of Art, Pennsylvania:** Gift of John T. Dorrance,1977 (c). **105 akg-images:** Francois Guenet (bl). **Corbis:** Jon Hicks (cr); Liu Liqun (tc). **106 The Art Archive:** British Museum (tl). **Photolibrary:** Panorama Media (Beijing) Ltd/Weibiao Hu (br). **106-107 China Tourism Photo Library. 108 The Art Archive:** Galerie Ananda Louvre des Antiquaires / Dagli Orti (br). **The Bridgeman Art Library:** (cl). **China Tourism Photo Library:** (t). **The Wellcome Institute Library, London:** (bl) (fbl). **109 The Bridgeman Art Library:** Bibliotheque Municipale, Poitiers, France; Giraudon (tr). **The Trustees of the British Museum:** (bc). **Réunion des Musées Nationaux Agence Photographique:** Musée Adrien Dubouché, Limoges/Jean-Gilles Berizzi (br). **Werner Forman Archive:** Private Collection (bl). **110 Art Resource, NY:** Adoc-photos (bc). **The Bridgeman Art Library:** Private Collection/The Stapleton Collection (tr) (br). **111 The Bridgeman Art Library:** Private Collection/Roy Miles Fine Paintings (bl). **British Library:** (br). **ChinaStock:** Liu Liqun (tc). **V&A Images:** (tr). **112 akg-images:** Erich Lessing (cl). **Corbis:** Michael Freeman (tc); Sean Sexton Collection (br). **113 The Art Archive:** School of Oriental & African Studies / Eileen Tweedy (bl). **The Bridgeman Art Library:** Peabody Essex Museum, Salem, Massachusetts, USA (tr); Private Collection (tc). **Réunion des Musées Nationaux Agence Photographique:** MuCEM, Paris, Musée des Civilisations de l'Europe et de la Méditerranée/Jean-Gilles Berizzi (br). **114 Corbis:** B.L. Singley (tl). **114-115 Corbis:** Jose Fuste Raga. **115 The Bridgeman Art Library:** The Illustrated London News Picture Library, London, UK (br). **116 akg-images:** (tr). **The Art Archive:** Private Collection / Laurie Platt Winfrey (bl). **Corbis:** (tl). **Imaginechina:** Yu Guiyou (cr). **117 China Tourism Photo Library:** (tr). **Corbis:** Bettmann (tl) (bl) (c). **118 The Bridgeman Art Library:** Private Collection/Archives Charmet (cr). **Corbis:** Bettmann (bl). **119 Corbis:** (tr); Bettmann (b). **120 akg-images:** (tl). **The Bridgeman Art Library:** Private Collection (c). **Corbis:** Bettmann (tr). **Imaginechina:** (bc). **121 The Bridgeman Art Library:** Private Collection. **Corbis:** Bettmann (tr) (bl). **122-123 Imaginechina. 123 Getty Images:** AFP (br). **124 Corbis:** Swim Ink (bl); Peter Turnley (tr). **Getty Images:** AFP/Toru Yamanaka (br). **125 akg-images:** (bc). **China Foto Press:** Fan Jiwen (bl). **The Kobal Collection:** Beijing New Picture/ Elite Group (tr); Guangxi Films (br). **126 Corbis:** Reuters/Sergio Moraes (tl). **126-127 Corbis:** Reuters/Andrew Wong. **127 Corbis:** Ho/epa (br). **128 Corbis:** Gideon Mendel (ca); Reuters/Bobby Yip (cl). **Imaginechina:** Jiang Ren (tr). **128-129 ChinaStock:** Liu Liqun. **129 China Foto Press:** Jiang Xin. **Corbis:** Li Gang (t). **Imaginechina:** Shen Yu (crb). **130-131 Yann Layma. 205 Camera Press:** Laif/ Michael Wolf (tl) (bc) (cb) (clb) (crb) (fclb). **206 Camera Press:** Laif/Michael Wolf (t). **232-233 China Foto Press. 234 Corbis:** Christie's Images. **235 China Tourism Photo Library:** (tr). **China Span/Keren Su:** (b). **236 The Wellcome Institute Library, London. 237 China Tourism Photo Library:** (tr). **238 China Tourism Photo Library. 239 Christie's Images Ltd.:** (bl). **The Palace Museum, Beijing:** (r). **240 Alamy Images:** ImageState (b). **China Tourism Photo Library:** (tr). **241 The Wellcome Institute Library, London:** (r). **242 The Palace Museum, Beijing. 243 The Trustees of the British Museum. 244 Ancient Art & Architecture Collection:** Uniphoto Japan (bl). **The Palace Museum, Beijing:** (r). **245 China Span/Keren Su. 246 Getty Images:** Walter Bibikow (bl). **247 V&A Images:** Seligman Bequest (r). **248 The Art Archive:** British Museum. **249 Alamy Images:** Neil McAllister (br); Urbanmyth (tl). **250 The Trustees of the British Museum. 251 The Bridgeman Art Library:** Private Collection, Archives Charmet. **252 Réunion des Musées Nationaux Agence Photographique:** Dist Guimet/ Ghislain Vanneste. **253 Werner Forman Archive:** National Palace Museum, Taipei (tr). **254-255 China Foto Press. 256 China Foto Press. 257 Christie's Images Ltd.:** (br). **Corbis:** Archivo Iconografico, S.A. (c). **258-259 China Foto Press. 260 The Bridgeman Art Library:** Museum of Fine Arts, Boston, Massachusetts, USA, John Ware Willard Fund (tr). **The Palace Museum, Beijing:** (bl) (bc) (br). **261 Alamy Images:** tbkmedia.de. 262-263 China Span/Keren Su. **263 The Art Archive:** Private Collection Paris / Dagli Orti (tl). **265 Heritage Images:** British Library (br). **The Palace Museum, Beijing:** (l). **266 Corbis:** Asian Art & Archaeology, Inc. 267 Sotheby's Hong Kong. **268 China Foto Press:** (bl). **Corbis:** Asian Art & Archaeology, Inc (tr). **269 China Tourism Photo Library. 270 China Tourism Photo Library:** (bl). **Sotheby's Hong Kong:** (t). **271 China Tourism Photo Library:** (b). **Corbis:** Gérard Rancinan/ Sygma (t). **273 The Bridgeman Art Library:** Private Collection. **274 The Bridgeman Art Library:** Allans of Duke Street, London, UK. **275 akg-images:** Private Collection (b). **Corbis:** Peter Guttman (tr). **276 China Foto Press. 277 China Foto Press:** (br). **Imaginechina:** (t). **278 China Foto Press:** Ma Hailin. **279 China Foto Press:** BJCB. **280-281 Getty Images:** Yann Layma. **288 Robert Powell:** (tl). **300 Masterfile:** F. Lukasseck (tl). **301 Grand Hyatt Shanghai:** (tl). **306 Grand Hyatt Shanghai:** (cl). **VRX Studios:** (bl). **307 Grand Hyatt Shanghai:** (c) (bc). **330 Corbis:** Randy Faris (bl). **332 Photolibrary:** Panorama Media (Beijing) Ltd/Weibiao Hu (tl). **334 Photolibrary:** Panorama Media (Beijing) Ltd (r). **Super-Stock:** Age Fotostock (tr). **335 Alamy Images:** Dennis Cox (l). **Getty Images:** Richard Nowitz (tr). **SuperStock:** age fotostock (cr). **342 Hedgehog House, New Zealand:** Colin Monteath (tl). **350 Alamy Images:** Jon Arnold Images/ James Montgomery (tl). **354 China Tourism Photo Library:** (cr) (br). **355 China Tourism Photo Library:** (tl)

All other images © Dorling Kindersley
For further information see:
www.dkimages.com

DK would like to thank Sandra He and Zhiping Gao at DK Beijing, Iris Chan for her help; London Institute of Chinese Medicine; Cathy Brear for the illustration of the endpaper map; Yukki Yaura for the half-title page and endpaper calligraphy; Lin Tao, Terry Jeavons, Philip Parker, and Steve Setford for additional help; Caroline Hunt for proofreading; and Hilary Bird for the index.

中國